中国科协新一代信息技术系列丛书

中国科学技术协会　丛书主编

U0879534

工业互联网导论

Introduction to Industrial Internet

刘韵洁　主编

中国工业互联网研究院　组编

中国科学技术出版社

·北　京·

图书在版编目（CIP）数据

工业互联网导论 / 中国科学技术协会丛书主编；刘韵洁主编. -- 北京：中国科学技术出版社，2021.5
（中国科协新一代信息技术系列丛书）
ISBN 978-7-5046-9012-8

Ⅰ. ①工… Ⅱ. ①中… ②刘… Ⅲ. ①互联网—络—应用—工业发展—高等学校—教材 Ⅳ. ① F403-39

中国版本图书馆 CIP 数据核字（2021）第 060444 号

责任编辑	李双北　韩　颖
装帧设计	中文天地
责任校对	张晓莉
责任印制	李晓霖

出　　版	中国科学技术出版社
发　　行	中国科学技术出版社有限公司发行部
地　　址	北京市海淀区中关村南大街 16 号
邮　　编	100081
发行电话	010-62173865
传　　真	010-62173081
网　　址	http://www.cspbooks.com.cn

开　　本	787mm × 1092mm　1/16
字　　数	315 千字
印　　张	16.5
版　　次	2021 年 5 月第 1 版
印　　次	2021 年 5 月第 1 次印刷
印　　刷	河北鑫兆源印刷有限公司
书　　号	ISBN 978-7-5046-9012-8 / F・921
定　　价	49.00 元

《工业互联网导论》编写组

主　编

刘韵洁　中国工程院院士

副主编

苏　森　北京邮电大学

徐晓兰　中国工业互联网研究院

编　者

王一涵　中国工业互联网研究院

王　平　重庆邮电大学

王智民　北京六方云科技有限公司

王源野　中国联合网络通信有限公司研究院

安　岗　中国联合网络通信有限公司研究院

李思阳　重庆邮电大学

李　勇　重庆邮电大学

李　琦　中国工业互联网研究院

杨　冬　北京交通大学

吴文昊　中国工业互联网研究院

宋辰超　中国工业互联网研究院

张云勇　中国联合网络通信集团有限公司

张宏科　北京交通大学

张皓翔　中国工业互联网研究院

张　焱　重庆邮电大学

邵星茂　北京科技大学

赵　敏　英诺维盛（北京）新技术发展有限公司

柳　旭　中国工业互联网研究院

武中力　北京六方云科技有限公司

段垚鑫　重庆邮电大学

祝烈煌　北京理工大学

高伟东　北京邮电大学
郭朝晖　上海优也信息科技有限公司
黄庆卿　重庆邮电大学
曹　浩　中国工业互联网研究院
解　仑　北京科技大学
魏　旻　重庆邮电大学

前言

为深入贯彻新发展理念，落实国家创新驱动发展战略，加速新一代信息技术人才培养，推动高质量发展，中国科学技术协会策划并组织全国学会动员专家编写了《云计算导论》《大数据导论》《人工智能导论》《区块链导论》等新一代信息技术系列丛书,《工业互联网导论》是新近出版的著作。本丛书编制委员会聘请梅宏院士为编委会主任，李培根院士、李德毅院士、李伯虎院士、张尧学院士、李骏院士、谭铁牛院士、赵春江院士等为编委会委员，统筹丛书编制工作。中国科协领导高度重视，多次组织专家论证，确保了丛书编制和推广工作的顺利进行。

人类社会经历了以机械化、电气化、自动化为代表的三次工业革命，生产效率不断跃迁、生产模式持续演进发展，当前，以数字化、网络化、智能化为本质特征的第四次工业革命正在兴起，工业互联网作为新一代信息技术与制造业深度融合的产物，通过对人、机、物的全面互联，构建起全要素、全产业链、全价值链全面连接的新型生产制造和服务体系，是第四次工业革命的重要基石。为抢抓新一轮科技革命和产业变革的重大历史机遇，世界主要国家和地区正在不断加快制造业数字化转型步伐、加速新旧动能转化、加强工业互联网战略布局，产业发展新格局正孕育形成。

我国政府高度重视工业互联网发展。习近平总书记连续四年对推动工业互联网发展做出重要指示。自 2017 年《国务院关于深化“互联网 + 先进制造业”发展工业互联网的指导意见》发布以来，我国工业互联网发展取得了积极成效，网络支撑能力显著提升，低时延、广覆盖、高可靠的工业互联网网络体系加快构建；平台带动效应不断增强，智能化生产、网络化协同、个性化定制、服务化延伸、数字化管理等新模式创新活跃；安全保障体系加快构筑，国家、省、企业三级联动工业互联网安全监测平台加快构建。

《工业互联网导论》内容涵盖体系结构、前沿理论、核心技术、产业应用等方面，旨在协同发挥教育、产业等资源优势，为不同专业背景的学生提供兼具可读性和专业性的普及读物，使非信息专业的学生也能全面系统地了解工业互联网。本书从政府、科研院所、企业等多角度多层次切入，可用于领导干部知识培训、高等院校课程教育等。该书的出版对贯彻落实党中央、国务院关于工业互联网发展的决策部署，推动制造业向数字化、网络化、智能化转型升级有重要意义。

本书由中国科协指导，中国科协信息科技学会联合体沟通协调，中国工业互联网研究院负责组织编写，中国科学技术出版社负责出版发行。苏森教授负责书籍编写的总体统筹工作，第 1 章由魏旻组织编写，第 2 章由解仑组织编写，第 3 章由张宏科组织编写，第 4 章由高伟东组织编写，第 5 章由祝烈煌组织编写，第 6 章由张云勇、杨冬组织编写，第 7 章由郭朝晖组织编写，第 8 章由赵敏组织编写，第 9 章由张焱组织编写，第 10 章由李勇、段垚鑫组织编写。

感谢中国科协对本书编制和出版的大力支持，同时一并感谢中国电子学会、中国科学技术出版社及各位专家学者为本书出版做出的重要贡献！由于工业互联网的概念较新，技术体系具有前瞻性，产业体系的外延性、融合性较强，本书在撰写时难免会出现错误或疏漏，恳请广大读者批评指正，为我们提出宝贵意见，给予帮助指导。

主编刘韵洁和编写组全体成员

2021 年 5 月

目 录

第1章 绪 论

本章主要介绍了工业互联网的背景、工业互联网的价值影响及其发展趋势。首先，从制造业的需求入手，从源头说明了工业互联网的诞生契机和定义；其次，介绍了工业互联网的价值及其对经济社会的影响；最后，详细介绍了工业互联网的发展态势。

本章最重要的内容是：①工业互联网的起源和关键定义。②工业互联网的核心价值。③工业互联网的发展态势。这部分内容能够让学习者对工业互联网有一个广义的理解，对学习后续技术章节的内容起到引导作用。

1.1 工业互联网的背景和定义

1.1.1 工业互联网产生的背景

世界金融危机后，新一轮产业革命孕育发展。与历次工业革命不同的是，第四次产业革命以指数级而非线性化爆炸式推进。全球经济版图、国家创新体系、产业竞争格局、企业生产组织方式都出现了颠覆性变革，而这其中最为核心的内容就是工业经济数字化、网络化、智能化发展。

十余年前的金融危机引发了发达国家对产业结构调整的深刻反思。一是对实体经济与虚拟经济的再认识。美国、德国、日本等发达国家在内需饱和、国际竞争压力加剧的情况下，借助全球化发展趋势将价值链中附加值较低的加工、组装等环节转移到低成本的发展中国家，而将包括研发、关键零部件生产及品牌营销在内的高附加值环节留置国内，着力发展以金融业为代表的非实体经济。金融危机使得各国意识到这种产业空心化的风险，对非实体经济要以实体经济为基础逐渐成为共识，看重实体经济对稳就业、增税收等方面的重要作用。二是对制造业与服务业之间关系的再思考。伴随着制造业服务化的进程提速，美国、德国、西班牙等国家的服务业占 GDP 比重普遍超过 70%，而美国、德国等支撑制造业的生产性服务业占服务业的 70%，仍以创造物质财富为主体功能，这是金融危机后美、德等国平稳复苏的关键所在。

金融危机后，再工业化和制造业回归的实质是高端制造业的回归，其根本目标是掌握新一轮产业竞争的制高点。随着数字经济时代的到来，国家和企业的生产方式、创新的组织方式正在发生深刻的变革。产业创新不断突破地域、组织、技术的界限，整合包括政府、企业、协会、高校 / 研究机构在内的各方优势资源。

1.1.2　工业互联网概念的提出

“工业互联网”的概念最早由美国通用电气集团（GE）研发部门在 2012 年提出，作为美国传统制造业巨头，GE 在传统制造模式发展成熟之际，率先意识到数字化转型的重要性，其对工业互联网最初的定义是“从机器上捕获数据，并将有价值的思想反馈给客户”，以帮助客户优化资产和运营效率。

工业互联网是新一代网络信息技术与制造业深度融合的产物，它的核心目标在于建设产品、生产线、供应商和客户之间全互联互通平台，通过对制造业核心要素数字化、网络化整合，帮助制造业形成跨设备、跨系统、跨领域的全新产业链，提高生产效率，推动整个制造体系与服务体系全面融合与智能化进程。它的本质是通过一个开放的、全球化的通信网络平台，把工厂内的各种设备、生产线、员工、工厂、仓库、供应商、产品、客户等信息要素紧密地连接起来，共享工业生产全流程的各种要素资源，使制造过程变得数字化、网络化、自动化、智能化，从而实现效率提升和成本降低。

1.1.3　工业互联网与其他概念的辨析

1. 工业互联网与消费互联网

工业互联网是互联网发展的新领域，是在互联网基础之上、面向实体经济应用的演进升级。通常所说的互联网一般是指消费互联网，与之相比，工业互联网有三个明显特点。

一是连接对象不同。消费互联网主要连接人，应用场景相对简单，工业互联网实现人、机、物等工业经济生产要素和上下游业务流程更大范围的连接，连接种类、数量更多，场景复杂。

二是技术要求不同。消费互联网网络技术特点突出体现为“尽力而为”的服务方式，对网络时延、可靠性等要求相对不是特别严格。但工业互联网既要支撑对网络服务质量要求很高的工业生产制造，也要支撑高覆盖高灵活要求的网络化服务与管理，因此在网络性能上要求时延更低、可靠性更强，同时由于直接涉及工业生产，工业互联网安全性要求更高。

三是发展模式不同。消费互联网应用门槛较低，发展模式可复制性强，完全由谷歌、脸书、亚马逊、阿里巴巴、腾讯等互联网企业主导驱动发展。工业互联网涉及应用行业标准杂、专业化要求高，难以找到普适性的发展模式，通用电气、西门子、航天科工等制造企业发挥至关重要作用。同时，互联网产业多属于轻资产，投资回收期短，对社会资本吸引大。而工业互联网相对重资产，资产专用性强，投资回报周期长，且还存在一些认知壁垒。

2. 工业互联网与物联网

物联网作为一个新概念最早由物联网之父凯文·艾什顿（Kevin Ashton）于1998年在宝洁公司的一次演讲中首次提出。1999年，凯文·艾什顿与美国麻省理工学院的教授共同创立了一个RFID研究机构——自动识别中心（Auto-ID Center），该实验室提出网络无线射频识别（RFID）系统。凯文·艾什顿对物联网的定义很简单：通过各种信息传感设备把物品与互联网连接起来，使物品参与到日常的信息交流与通信，从而实现对物品的智能化识别和管理。

2012年国际电信联盟（ITU）对物联网给出了更宽泛的定义。物联网（IoT）可被视为技术和社会影响方面的长期愿景。从技术标准化的角度来看，IoT可视为是全球信息社会的基础设施，以物质互连（物理和虚拟）的方式，在现有和新兴互操作信息通信技术（ICT）的基础上提供先进的业务。通过识别、数据捕获、处理和通信能力，IoT可充分利用“物”为各种应用提供服务，同时确保安全和隐私方面的要求。

IoT在“随时”和“随地”通信的基础上，为信息通信技术（ICT）提供了“所有物间通信”功能。在物联网中，“物”指物理世界（物理装置）或信息世界（虚拟事物）中的对象，可以被标识并整合入通信网。物存在静态和动态信息。物理装置存在于物理世界中，能够被感测、激励和连接。物理装置的实例包括：周边环境、工业机器人、端口和电器设备。虚拟事物亦存在于信息世界，能够被存储、处理和访问。虚拟事物的实例包括：多媒体内容和应用软件。

甲骨文公司指出，物联网是由物理对象（所谓的“物”）组成的网络，这些物理对象嵌入了传感器、软件和其他技术，以便可以通过互联网与其他设备和系统建立连接并交换数据。物联网设备种类繁多，既有普通家庭用品，也有复杂工业用具。目前，接入互联网的物联网设备已超过70亿，到2020年，这一数字将增长到100亿，到2025年将增长到220亿。

一种观点是将工业互联网视为石油和天然气、发电和医疗等行业中的机器和设备的连接，那里的风险更大，或者系统故障和计划外的停机会导致危及生命或高风险的情况。另外，物联网往往包括消费者级别的设备，例如心脏监测健身带或智能家电。它们具有功能并可以提供便利，但如果发生停机，通常不会造成紧急情况。例如，工业互联网设想的机器可以告诉操作员如何优化生产力或在故障发生之前进行检测，从而可以每年为企业节省数十亿美元，而物联网包括联网冰箱，可以在牛奶和鸡蛋用完之前在线购买更多的牛奶和鸡蛋。

3. 工业互联网与“两化”（信息化和工业化）融合

从世界科技和产业发展的历程看，人类已经历了三次产业革命，而每次产业革命都是由科技革命引发并推动的。物联网、云计算、大数据等新一代信息技术正在加速与制造技术、新能源、新材料等其他工业技术以及新的商业模式渗透融合，柔性制造、网络制造、智能制造、服务型制造日益成为生产方式变革的重要方向。传统的行业界限正在逐步消失，制造业创造新价值的过程正在发生改变，随之而来的是各种新的活动领域和合作形式的涌现，产业链分工将被重组。发达国家政府和企业正在积极布局新兴产业战略计划，争抢新一轮产业革命的制高点。在德国《高技术战略 2020》行动计划中，德国联盟政府为未来项目“工业 4.0”设立了雄心勃勃的目标：德国要成为现今工业生产技术（即网络物理融合式生产系统）的供应国和主导市场。在美国，制造业龙头企业 GE 正在积极推进工业互联网。与世界主要国家相比，我国一直大力推进信息化与工业化融合发展道路，2013 年 9 月发布的《信息化和工业化深度融合专项行动计划（2013—2018 年）》将促进实体经济实质性和持续发展的重任又放在了“两化深度融合”，提出了互联网与工业融合等创新行动。工业互联网的出现为“两化深度融合”提供了重要抓手，为进一步提高工业生产效率，促进生产力发展提供了新机遇。

1.2 工业互联网的价值和影响

1.2.1 工业互联网的价值

工业互联网是全球产业升级的必经之路，是全球工业化发展的浪潮。通过互联网将工业系统中的人、机、物互联，收集和分析海量数据，用于升级机器性能，并提升整个系统和网络的效率，针对不同的场景构建大量的模型，结合大数据、云计算技术，实现生产的智能化和资源优化配置，提高效率与生产力。

工业互联网的灵活性、透明性，让制造工厂制造过程与管理过程实现柔性一体化。工业互联网的灵活性，可以通过商业环境和工艺流程的动态结合，让工业制造根据需求的动态变化小批量生产。工业互联网的透明性，使终端用户可以参与整个制造流程，优化商业决策。工业互联网还可以利用云计算，根据社会资源与人口因素，有效组织整个价值链的资源以提升效率。工业互联网将彻底改变制造业的产业模式。

首先，制造生产设计将实现从物理空间到数字空间的转型升级。利用数字孪生、边缘计算、计算机网络等设计技术，构造具有数字化、智能化、海量数据库且面向产品全生命周期特征的制造系统，在大数据、云计算等平台技术的支持下实现产品的设计数字化、功能模块化，提高产品生产质量和生产效率，缩短产品生产周期，降低制造成本，提升产品市场竞争力。产品开发数字化将有利于制造业多样化创新发展。

其次，制造模式将由大规模生产标准化产品向按需生产、个性化定制生产转变。未来制造业如智能工厂建立在物理实体和数字虚拟融合的基础上，实现制造产品的智能化和网络化，优化产品生产过程，实现生产过程自动化，节约人力成本，提高产品生产效率，使得传统制造系统向智能制造系统、数字化车间方向发展。智能生产模式将使生产过程转变为具有产品模块化、产线柔性自动化、供应链透明化、用户中心化以及平台化等特征的个性化生产。

最后，制造价值的呈现形式将由生产有形产品向生产有形产品并提供整体解决方案转变。制造业与信息技术、操作技术的融合发展，使得制造企业实现产品柔性化管理，提高企业的市场灵敏度，并以客户需求为导向，提供最优的解决方案。新的制造模式为客户与企业之间提供了更加高效的沟通渠道，使得企业能够更加全面、及时地了解客户对于产品各方面的需求。

工业互联网是未来制造业发展的必由之路，是制造企业数字化转型的关键支撑，是制造业智能化必需的网络环境和基础设施，如何结合制造业发展需求快速发展工业互联网是未来社会建设的重要任务。

1.2.2 工业互联网对经济社会影响

新基建的大力推动将引发工业互联网新一轮投资高潮，工业互联网将在传统工业各领域进一步扩散和渗透，与新兴产业进一步融合发展，提升我国在全球价值链重构中的产业控制力，工业互联网将成为我国经济社会发展的关键动力。

1. 工业互联网带动投资

首先，工业互联网的快速发展带动了大量资本投入工业互联网领域，国家层面相关支持政策密集落地，各地以工业互联网为代表的新基建投资如火如荼，企业层面工业互联网领域融资规模和融资活动快速增长，产业、科技、金融良性互动的生态加快建立；其次，工业互联网在工业领域的快速渗透加快了制造业数字化转型步伐，带动工业企业在信息化、数字化等方面的投资；最后，工业互联网的发展有力提升了产业融合创新水平，通过与5G、大数据、区块链、人工智能等新兴领域的融合发展，带动了工业互联网相关新兴产业的投资。

2. 工业互联网带动消费

对于生活性消费需求，工业互联网通过供应链柔性生产、定制化生产能力迎合个性化、多元化的消费需求，通过对消费者的深刻了解，实时改进产品设计，最终带动消费品需求的增加。

对于生产性消费需求，随着制造业领域竞争日趋激烈、利润空间逐渐被压缩，工业企业迫切需要通过工业互联网的应用实现企业的转型升级，为满足生产过程中数字化转型和核心业务系统“上云上平台”的需要，在数字化相关劳动力培训、机器设备数字化改造等方面的需求将显著增加。

对于消费模式的转变，工业互联网改变了传统的消费模式。以医疗领域为例，工业互联网将在人、设备、医疗机构、社区之间建立互联互通，通过软件和工业互联网技术帮助医院实现高效率、低成本运营，在提供高品质服务的同时，实现医疗服务资源共享和利用的优化，以创新技术推动医疗行业变革。在我国广泛试点的远程医疗是工业互联网的典型应用之一。

3. 工业互联网带动对外贸易

对于制造业出口的影响。制造业在我国出口中具有重要地位，工业互联网的广泛应用不断推动制造业转型升级，通过工业互联网优化制造业结构、弥补产业链短板、增强产业链韧性、提升产业链水平，最终实现产品出口由量大转向质强。

对服务外包的影响。随着工业互联网等新一代信息技术的广泛应用，服务外包呈现出数字化、智能化、高端化、融合化的新趋势。工业互联网创新与融合应用，培育了一批数字化制造外包平台，发展服务型制造等新业态。

对全球物流运输的影响。由于工业互联网技术的快速发展，全球运输管理系统通过供应链来优化贸易流。物流环节的改善，提高了全球运输的效率，降低了全球运输的成本。

1.3 工业互联网的发展态势

1.3.1 工业互联网的全球态势

世界各国政府持续加大在新兴技术和产业方面的政策扶持力度。在雄厚制造基础和强大创新能力的支撑下，美国将工业互联网作为先进制造重要基础，着力推动工业互联网在各产业的横向覆盖，已形成多层次产业集群。得益于制造业数字化程度高、技术领先等优势，德国将工业互联网作为工业 4.0 的关键支撑，并依托工业 4.0 组织集聚了大量制造业实体，进一步加快工业互联网行动部署和产业布局，持续强化本国高端制造优势。相比之下，日本、法国、英国等国也都加快了追赶步伐。日本在产经省的推动下成立了工业价值促进联盟，囊括了几乎所有著名的日本制造企业，聚焦工业互联网研发与合作，并积极与美国工业互联网联盟（IIC）对接。法国企业积极引入 GE 工业互联网解决方案在本土落地，并推动本国智能制造领军企业施耐德成为 IIC 指导委员会主席。英国政府以智能化创新为导向重构制造业价值链，加快工业互联网布局，积极推动制造业转型升级，重振英国制造业。

1.3.2　我国工业互联网提出的背景

我国制造业规模和产业门类虽然在世界居首，但依然存在优势产业不足、拳头产品短缺的现象，总体还处于全球产业链的中低端。这种现象主要表现为三个方面：

一是制造业产出效率整体偏低，导致产品附加值不高。从制造大国到制造强国这条路并没有我们想象中的那么容易，我国制造业增加值总量世界第一，但人均制造业增加值仅为 3000 多美元，居于全球第 50 位左右，仅为发达国家水平的三分之一，在发展中国家群体内同样不是领头羊。这反映出我国制造业经济产出效率和利润附加值偏低，在全球产业链分工中处于中游加工及下游制成品位置。中国制造局面仍是主流，中国创造仍未全面实现。

二是制造业核心部件缺失导致生产成本偏高。我国制造业中的许多行业的核心零部件、机器人甚至高端产线整体都依赖进口，这显著提高了我国制造业的生产成本。在人口红利逐渐消失、人口条件不再有利的大背景下，制造业成本优势急需寻找新的突破口来弥补其带来的影响。与此同时，原材料价格上涨、社会资产价格上涨、融资成本提升等因素导致我国制造业成本不断提升，我国制造业传统成本优势正在逐渐削弱。

三是制造业科研投入不足导致部分核心高端技术领域受制于人。尽管近年来我国不断增加对科技创新的政策支持资金投入，研发费用占 GDP 比重由 2007 年的 1.3% 上升到目前的 2%，但距离发达国家 3% 的平均水平仍然有不小的差距。除去研发费占比，我国制造业服务化水平以及生产性服务发展也相对落后，同时在科研人员的培养、科研创新能力的培养以及科研资金的合理使用上也相对于发达国家较为不足。

基于上述原因，我国制造业面临着发达国家和其他发展中国家“双向挤压”的严峻挑战，推进产业转型升级，实现供给侧结构性改革，加速信息化与工业化融合，推进工业互联网创新发展战略，提高我国工业互联网在国际舞台的竞争力，充分发挥生产性服务业创新活跃、产业融合度高以及带动作用显著等优势已经成为国家能否抢占未来竞争制高点的关键。

1.3.3 我国工业互联网的发展探索

在激烈的国际竞争中，为紧抓战略窗口期，全面推进我国工业互联网发展，支撑制造强国和网络强国建设，应对制造业系统性变革新挑战，抢占制造业发展新技术红利，2017 年 11 月 27 日，国务院发布《关于深化“互联网 + 先进制造业”发展工业互联网的指导意见》(以下简称《意见》)，系统性阐述工业互联网的实质并为我国工业互联网全局发展指明了方向。

《意见》明确了“遵循规律，创新驱动”，“市场主导，政府引导”，“开放发展，安全可靠”，“系统谋划，统筹推进”的基本原则。

《意见》确立了三阶段目标。到 2025 年，我国基本形成具备国际竞争力的基础设施和产业体系；到 2035 年，建成国际领先的工业互联网网络基础设施和平台，形成国际先进的技术与产业体系，工业互联网全面深度应用并在优势行业形成创新引领能力，安全保障能力全面提升，重点领域实现国际领先；到 21 世纪中叶，工业互联网网络基础设施全面支撑经济社会发展，工业互联网创新发展能力、技术产业体系以及融合应用等全面达到国际先进水平，综合实力进入世界前列。

《意见》围绕打造网络、平台、安全三大体系，推进大型企业集成创新和中小企业应用普及两类应用，构筑产业、生态、国际化三大支撑，提出了工业互联网发展的七项主要任务。《意见》重点突出三大体系构建，将网络是基础、平台是核心、安全是保障的理念植入工业互联网体系建设全过程。在网络基础方面，重点推动企业内外网改造升级，构建标识解析与标准体系，建设低时延、高可靠、广覆盖的网络基础设施，为工业全要素互联互通提供有力支撑。在平台体系方面，着力夯实平台发展基础、提升平台运营能力、推动企业上云和工业 App 培育，形成“建平台”与“用平台”有机结合、互促共进的良好发展格局。在安全保障方面，着力提升安全防护能力、建立数据安全保护体系、推动安全技术手段建设，全面强化工业互联网安全保障能力。

为保障各项推进工作顺利进行，《意见》还提出了建立健全法规制度、营造良好市场环境、加大财税支持力度、创新金融服务方式、强化专业人才支撑、健全组织实施机制六大保障措施，尽早实现发展目标。

“十三五”期间，在党中央国务院统筹部署下，通过充分发挥市场主导作用，更好发挥政府作用，我国工业互联网发展驶入了快车道。一方面，网络、平台、安全三大体系全方位推进。网络基础设施建设进程加快，网络性能和速率显著提升。中国电信、华为等一批工业企业与信息通信企业积极探索利用5G等新一代信息技术改造企业的内网。标识解析体系取得积极进展，建成了北京、上海、广州、重庆、武汉等五大国家顶级节点，多个行业二级节点初步建立，标识注册量过亿。平台和科技创新供给能力越来越强。其中具备行业、区域影响力的工业互联网平台、重点平台平均工业设备、工业App等都达到了数量可观的新进展。安全保障水平也在稳步发展日益增强。中国移动、奇安信等公司持续推动工业互联网安全技术创新，保障数据安全和实时监管预警。另一方面，工业互联网在制造业各个领域的集成应用正深入推进。目前工业互联网已经在航空、石化、钢铁、家电、服装、机械等多个行业应用，网络协同制造、管理决策优化、大规模个性化定制、远程运维服务等新模式、新业态不断涌现，行业价值空间也在不断拓展，提质增效降本效果非常显著。

“十四五”时期是我国全面建成小康社会、实现第一个百年奋斗目标之后，乘势而上开启全面建设社会主义现代化国家新征程、向第二个百年奋斗目标进军的第一个五年。在政策和市场的合力驱动下，全球工业互联网发展正步入快车道。工业互联网的技术特点、演进规律、应用方向以及发展格局逐步清晰，正成为制造业转型升级的加速引擎和数字经济时代的基建核心，正成为我国经济高质量发展的关键支撑。随着新一代信息技术的加速应用，工业互联网正在更广范围、更深程度、更高水平上实现融合发展，从概念普及走向落地应用，从通用能力建设走向传统产业深耕，融合、赋能、开放、生态是工业互联网未来发展的主旋律。

1.4 本章小结

本章主要介绍了什么是工业互联网，工业互联网的主要特征有哪些，并将工业互联网与消费互联网、物联网等概念进行了辨析；讨论了工业互联网的价值及其对经济社会的重要影响；最后从工业互联网的全球态势和我国的工业互联网发展情况分析了工业互联网的发展趋势。

习题

1. 简述工业互联网的产生背景。
2. 工业互联网与传统互联网有何不同?
3. 从不同利益相关者角度分析工业互联网的价值。

4. 简述工业互联网未来的发展趋势。

5. 简述工业互联网给我们生活带来的影响。

参考文献

[1] 魏毅寅，柴旭东. 工业互联网技术与实践[M]. 电子工业出版社，2017.

[2] 余晓晖，刘默，蒋昕昊，等. 工业互联网体系架构 2.0[J]. 计算机集成制造系统，2019，25(12)：2983–2996.

[3] 陈肇雄. 工业互联网是智能制造的核心[J]. 中国信息化，2016，261(1)：7–8.

[4] 姚锡凡，景轩，张剑铭，等. 走向新工业革命的智能制造[J]. 计算机集成制造系统，2020(9)：2299–2320.

[5] 孙燕妮，白晓军. 中国制造 2025——中国特色的强国战略[J]. 智能制造，2020，300(10)：45–47.

[6] 金浩. 工业互联网的现状及发展趋势[J]. 科学技术创新，2020(18)：106–107.

[7] 贾向前. 企业私有云构建的策略研究与实践[J]. 现代信息科技，2020，4(8)：155–157.

[8] 陈肇雄. 工业互联网是智能制造的核心[J]. 中国信息化，2016，261(1)：7–8.

[9] 周宝冰. 工业互联网与智能制造到底是什么关系？[EB/OL]. 中国工业新闻网，2019–09–11.

[10] 李培楠，万劲波. 工业互联网发展与“两化”深度融合[J]. 中国科学院院刊，2014，29(2)：215–222.

[11] 徐甫. 工业互联网为“两化融合”发展搭建平台[C]// 中国钢铁工业协会信息统计部. 中国钢铁工业协会信息统计部，2014.

第 2 章　工业互联网体系架构

工业互联网体系架构是指导企业开展工业互联网的技术创新、应用推广与生态建设的关键。目前美国、德国、日本等国家已提出较为成熟的架构体系，美国工业互联网以价值定位和信息、操作技术融合推出工业互联网参考架构（Industrial Internet Reference Architecture，IIRA），德国工业 4.0 战略从工业视角出发并聚焦制造过程和价值链的生命周期推出工业互联网工业 4.0 参考架构模型（Reference Architecture Model Industrie 4.0，RAMI 4.0），日本着重于生产理念和松耦合理念推出工业互联网工业价值链参考架构（Industrial Value Chain Reference Architecture，IVRA）。此外，韩国、瑞典等国也纷纷推出制造业振兴计划，通用电气、微软、西门子、达索等国际巨头公司也相继加入工业互联网平台布局建设来提高数字化转型和行业服务能力以提高长期竞争力。

本章介绍各国工业互联网的体系结构。第一节介绍我国工业互联网体系架构；第二节介绍美国工业互联网体系架构；第三节介绍德国工业互联网体系架构；第四节从立足于通用性参考架构的设计、融入新一代信息技术创新活力、建立标准规则推动工业数据互联互通及安全防护成为工业互联网部署的关键要素四部分介绍了中、美、德体系架构的联系与区别；第五节介绍其他国家体系发展。

2.1　我国工业互联网体系架构

2.1.1　工业互联网体系架构 1.0

2016 年，我国工业互联网产业联盟发布了《工业互联网体系架构（版本 1.0）》，使我国工业互联网多方面发展有了部署方法与指导方针。

工业互联网体系架构 1.0 定义了网络、数据和安全三大功能体系，网络是工业数据传输交换和工业系统互联的支撑基础，实现各生产单位之间、系统之间的信息传递；数据是工业互联智能化的核心驱动，基于工业数据的计算与分析以实现生产过程与运营管理的智能化；安全是网络与数据在工业应用中的重要保障，避免互联的工业体系遭到内外部网络攻击，实现对工业生产系统与商业系统的全方位保护。

1. 网络体系

网络体系由网络互联体系、地址与标识体系、应用支撑体系构成。

网络互联体系分为工厂内部网络与工厂外部网络。工厂内部网络采用两层三级结构，两层指工厂（Operational Technology，OT）网络和工厂（International Technology，IT）网络，三级根据工厂管理层级的划分，分为现场级、车间级、工厂级 / 企业级，每个层级的网络配置与管理策略相互独立。工厂外部网络是连接企业上下游、企业与智能产品、企业与用户的网络，用以支撑工业产品全生命周期的全过程。

工业互联网中的标识与标识解析用于识别和管理设备、产品、信息等，是实现网络通信的基础。海量智能设备的互联构成一个庞大的工业互联网，而由于 IPv4 网络地址资源不足，严重制约了互联网的应用和发展。IPv6 不但可以提供工业设备所需的地址需求，同时其全球唯一地址的特性为更好的数据交互与信息整合提供了条件。

应用支撑体系包含三个层面：一是实现工业互联网应用、系统与设备之间数据集成的应用使能技术，它用以支撑工业企业与互联网数据分析平台之间的数据集成和互操作；二是工业互联网应用服务平台，它主要体现为可集成部署各类工业云服务能力和资源的平台，可以提供工业云计算服务；三是服务化封装与集成，它用于进行资源组织，为企业运营提供基础管理支撑。

2. 数据体系

数据是工业互联网的核心，其功能架构主要由数据采集与交换、数据预处理与储存、数据建模、数据分析和数据驱动下的决策与控制应用四个方面组成，各层自下而上形成依赖。其中，数据采集与交换层主要实现工业中来自生产设备与企业外部数据的采集与交换；数据预处理与储存层将工业系统与数据对象进行关联，用以实现数据的初步清洗、集成、数据储存等；数据建模层将工业互联网中的数据建立数字化模型进行数据分析，同时结合数据分析层为各类生产决策提供支持；决策与控制应用层利用其他层面的数据处理与分析结果形成优化决策的建议或直接生成控制命令，同时将命令执行结果进行保存与反馈。以上各层构成了数据从设备采集到生产现场到企业运营管理的持续优化闭环。

3. 安全体系

工业互联网的信息技术高度渗透融合，在提高效率的同时也面临工业生产与互联网两方面的信息安全隐患。工业生产过程中，智能化生产的连续性与可靠性是安全防护的重点，即智能装备与工业控制设备及系统的安全。互联网网络安全在于保证网络避免受到攻击，防止重要数据泄露，保证工业互联网应用安全、持续运行。因此，工业互联网安全体系框架包含了设备安全、网络安全、控制安全、应用安全和数据安全五大部分。

基于三大功能体系，工业互联网构建起面向工业智能化发展的三大优化闭环：面向机器设备运行的闭环，面向生产运营优化的闭环，面向企业协同、用户交互与产品服务优化的闭环。体系架构 1.0 推动了人、机、物全面互联的新型网络基础设施与智能化发展的新兴应用模型的规范与发展，形成了以智能工厂为载体、以生产关键制造环节智能化为核心、以端到端数据流为基础、以全面深度互联为支撑的智能发展工业体系。

2.1.2　工业互联网体系架构 2.0

新技术要素与实施落地需求不断推动着我国工业互联网体系的发展，丰富和多样化的企业实践和各类新技术的应用对工业互联网的体系架构提出了新的需求。随着实践应用，工业互联网体系架构 1.0 暴露出一些短板：较强的技术通用性但制造业特点不够突出，未结合制造业需求与生产工艺等特点；人工智能、边缘计算、5G 等新技术需要进一步结合；技术要素等详细应用实践指导仍待落地等。据此，我国《工业互联网体系架构（版本 2.0）》结合工业制造特点、软件和通信架构设计方面的不同方法论，融入网络、数据和安全新技术并突出数字孪生基本功能原理进行升级，强化数据智能优化闭环在技术解决方案开发与行业应用推广的实操指导性，以此支撑我国工业互联网下一阶段的发展。

体系架构 2.0 是对体系架构 1.0 的升级，强化了在技术解决方案开发与行业应用推广方面的实操性。体系架构 2.0 仍突出数据作为核心要素，突出数据智能化闭环的核心驱动作用及其在生产管理优化与组织模式变革方面的提升作用。体系架构 2.0 融入了新技术原理来拓展垂直领域、丰富细化要素来指引各个领域的系统性布局，给出详细的指南以推动技术发展与落地实施部署，以及构建完整体系从而加强国际对接，形成了更加系统的顶层设计和更详细的落地指导。

工业互联网体系架构 2.0 从业务视图、功能架构和实施框架三个角度进一步定义了工业互联网的参考架构，形成以商业目标和业务需求为牵引，进而明确系统功能定义与实施部署方式的设计思路。三个角度层层深入、自顶向下形成逐层映射，其目标在于从工业互联网促进产业发展的作用和路径出发，指引企业明确数字化转型的商业目标与业务需求。

2.2 美国工业互联网体系架构

2012 年，GE 公司发布《工业互联网：打破智慧与机器的边界》白皮书并指明，如果工业互联网的建设和推广可以为工业领域节省 1% 的成本，那带来的收益是极为可观的。同年，美国发布了工业互联网战略，其核心为设备数字化。美国政府坚信，以工业互联网为基石的先进制造业是推动国家经济发展的引擎。为了增强生产过程的互用性和简化工业互联网体系构建，美国工业互联网联盟（Industrial Internet Consortium，IIC）发布美国工业互联网体系架构（IIRA），其总体框架如图 2-1 所示。

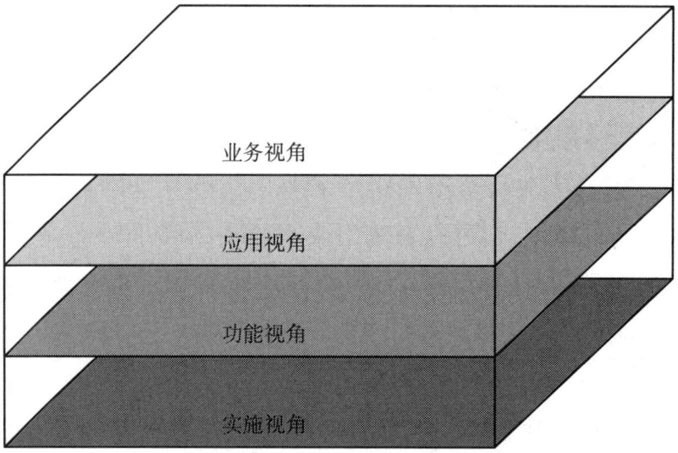

图 2-1 美国工业互联网体系架构

来源：The Industrial Internet of Things Volume G1：Reference Architecture

IIRA 参考模型是一个针对工业互联网标准的开放性框架，对各个工业领域具有广泛的指导作用，通过提高互操作性与匹配相应的应用技术来提高工业价值。IIC 依照国际标准《系统和软件工程——体系结构描述》（ISO/IEC/IEEE 42010-2011）定义了结构框架，根据具体应用领域和相关利益群体的实践活动，将美国工业互联网参考架构分为四个视角：业务视角、应用视角、功能视角和实施视角。其构建思路注重各行业间的通用性和互操作性，以标准化、流程化和层级化的方法论构建工业架构，从工业的视角出发，注重制造过程和价值链的生命周期，以业务价值推动系统的设计。IIRA 把数据分析作为核心，在纵向、横向、端到端三个维度实现集成，驱动工业联网制造环境的各个系统实现各要素全面互通互联。

IIRA 参考模型的业务视角以企业为主体，从关注利益相关者的企业愿景与价值观出发，通过基本的系统功能与系统建设实现既定目标。企业愿景表达了企业或行业的未来预期与确定的业务实施方向。在为业务问题提供解决方案时，需要对业务价值、预期投资回报、维护成本和产品责任等业务关注事项展开评估。

其中，企业愿景给出了一个组织或行业的未来发展状态，为业务的执行提供了方向。通常，企业的高级利益相关者策划并提出一个组织或行业的愿景。在这一阶段，高级业务和技术领导者等利益相关者的价值观和经验将影响愿景的部署和实现，他们为愿景的价值所在提供相应的解释。

在以价值观和经验为基础的情况下，关键目标是实现企业价值的可量化的高层次技术和最终的业务产出目标。关键目标是可衡量的、有时限的。在这一阶段，高级业务者和技术领导者为关键目标的确定提供指引。

基本能力则指系统完成核心商业任务所具备的关键能力，关键目标是识别基本能力的基础。在这一阶段，如何执行各项能力需要进行具体化。

企业愿景、价值和经验、关键目标、基本能力的关系如图 2-2 所示，这为确定、评估和解决业务问题提供了指导。

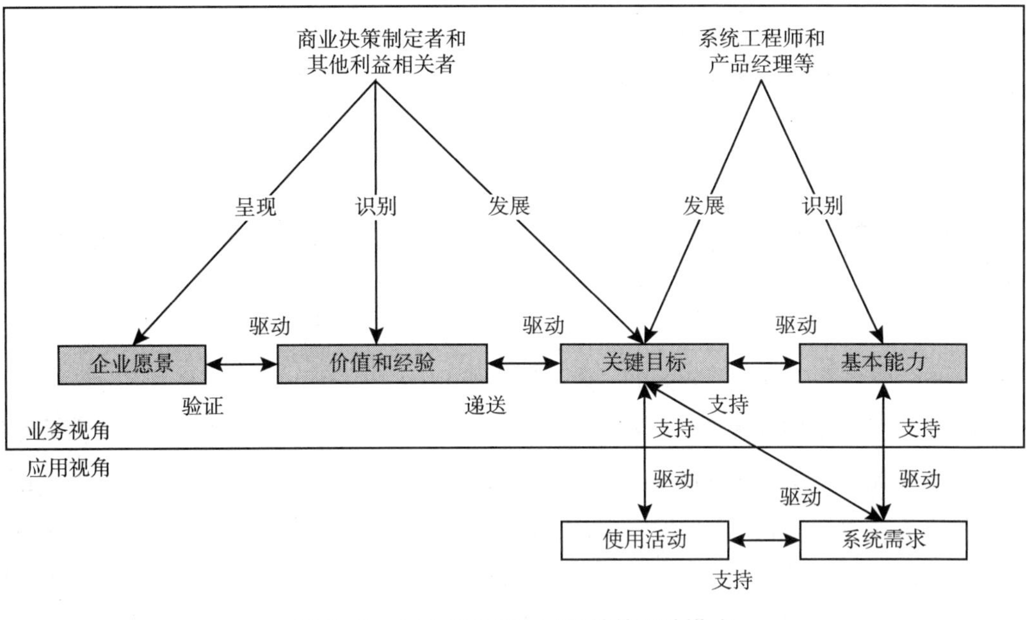

图 2-2 工业互联网愿景和价值驱动模式

来源：The Industrial Internet of Things Volume G1：Reference Architecture

IIRA 参考模型的应用视角描述了多个系统组件中各工作单元协同的相关活动，聚焦如何实现工业互联网系统中业务视角定义的关键能力。这些描述将作为系统需求分析的输入，包括关键系统特征，以及指导设计、应用、部署、运行和改进这些工业互联网系统的要求。工业互联网中角色、组织、活动和任务如图所示，图 2-3

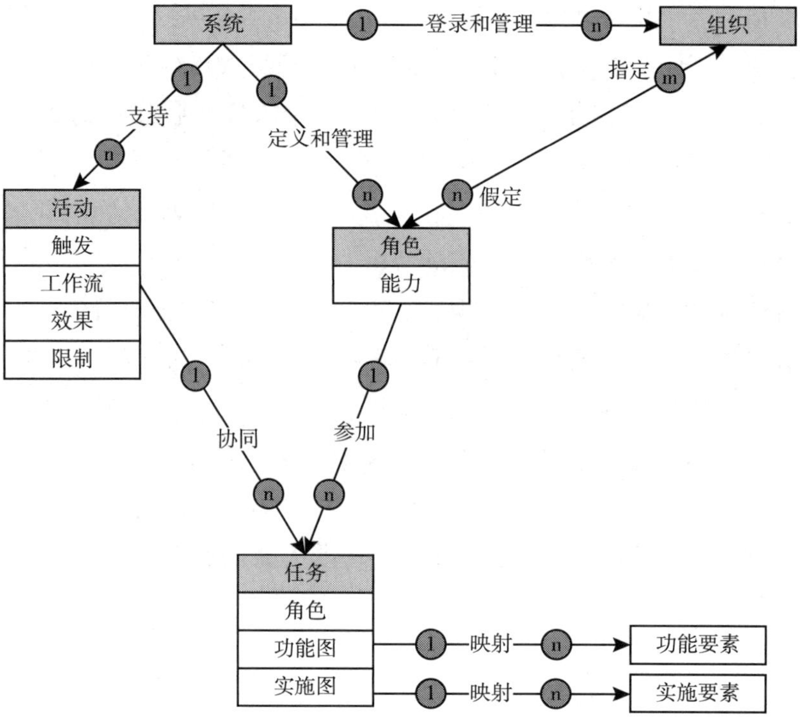

图 2-3 工业互联网中角色、组织、活动和任务

来源：The Industrial Internet of Things Volume G1：Reference Architecture

中描述了应用视角的主要概念和概念间的相互联系。

角色指具有承担执行任务能力的实体，它们在工业互联网中发起或参与不同的生产活动，不同的角色一般由不同的实体承担，当一个实体承担不同的角色时可以与不同的上下级设备进行连接。从应用视角看，基本的工作单位为一项任务，如调用一项操作或传递一项数据等，每项任务由承担角色执行。

活动指工业互联网系统实现指定的任务中的协调过程。一项活动可以被反复执行已达到系统预定的任务目标。其中，触发器指活动启动的一项或多项条件，它可能与负责发起或执行的一个或多个角色相关；工作流指任务执行过程中可能的发生的连续任务、平行任务、条件任务和反复任务；效果指工业互联网系统在成功完成一项活动后任务效果的区别；约束指在执行过程中和达到新状态后必须保存的系统特性，如数据完整性、机密性和恢复能力。

功能图描述了任务图的功能和功能元素，映射指特定活动下的执行环境的输入和输出。实施图描述了任务所依靠的执行元素，它定义了角色如何映射他们的能力到元素和相关操作上。

IIRA 参考模型的功能视角着重于对工业互联网功能架构进行描述，功能域是将架构系统中的整体功能进行分解后的单元功能，一个典型的工业互联网系统可以细分为控制域、操作域、信息域、应用域和业务域五大功能域，数据流和控制流发生在这些功能域内。工业互联网的功能域相互关联，如图 2-4 所示。

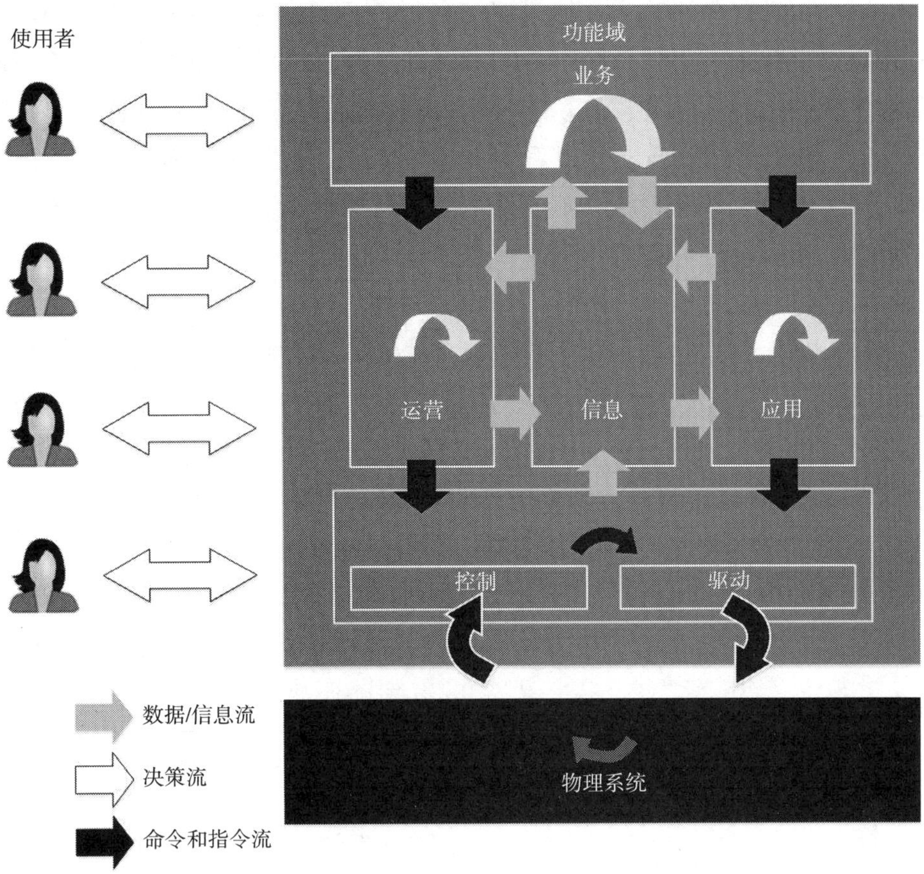

图 2-4 工业互联网功能域表示图

来源：The Industrial Internet of Things Volume G1：Reference Architecture

控制域表示工业控制系统所执行的功能的集合，这些功能的核心包含细粒度的封闭环路、从传感器中读取数据、应用规则与逻辑，同时通过驱动器对物理系统实施控制。图 2-5 描述了控制域的一套通用功能，通用功能的实施需要根据具体实例

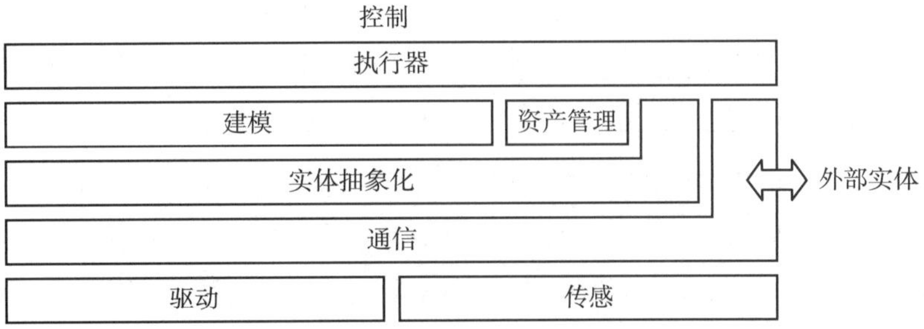

图 2-5 工业互联网控制域的功能分解

来源：The Industrial Internet of Things Volume G1：Reference Architecture

的复杂度和精密度进行分析。

传感指从传感器读取设备运行数据反馈到控制和驱动系统中，驱动指将数据与控制信号发送到控制器并驱使执行器进行工作。通信连接起传感器、驱动器、控制器和其他边缘系统，实现各要素之间的互通互联，实体化抽象将各要素之间的数据抽象化并表达它们之间的关系，建模指将状态转换之间的关系建立模型进行期望数据的输出。资产管理实现了控制系统的运行管理，包括系统入门培训、配置、系统、软件、硬件和软件的更新和其他生命周期管理活动。控制域的各要素实现了从设备数据读取到智能控制驱动的全过程。

操作域将控制域系统进行配置、管理、监控与优化，工业互联网将相关生产业务的全要素、全领域连接在一起，其控制系统需要具有横跨大范围的不同设备、工厂及客户的能力，实现更高等级的业务导向领域规定的附加业务价值与客户价值。工业互联网的操作域示意图如图 2–6 所示。

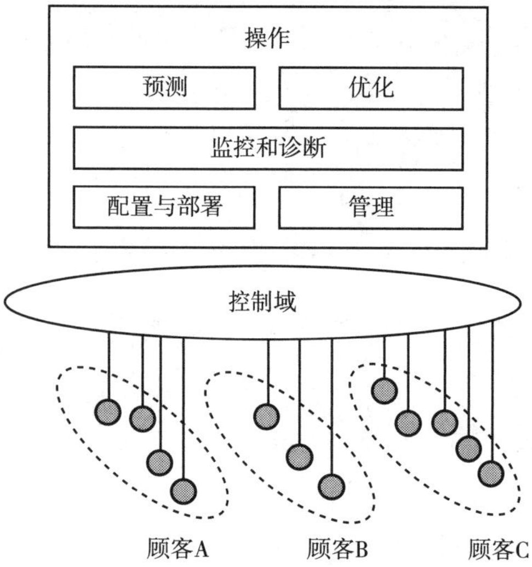

图 2–6　工业互联网操作域的功能分解

来源：The Industrial Internet of Things Volume G1：Reference Architecture

配置与部署包括业务实施过程中的配置、管理、注册与跟踪等，这些设备需要实现远程、安全、大规模地实现资产联网。管理功能包括控制域的资产管理向控制系统发出的管理命令和从控制系统向执行设备发出的驱动命令。监控和诊断指对生产过程的监测及发生问题的诊断。预测功能基于设备的历史数据对即将发生问题的预警和给出相应的解决方法。优化功能根据生产要素的配置方式进行优化以提高可靠性与性能。

信息域从各领域收集数据并进行数据的转换、保存和建模，对数据进行智能化分析来得到更深层次的数据特征。

应用域是实现特定业务功能的应用程序逻辑功能的集合。

业务域通过将工业物联网与传统或新型工业互联网系统的特定业务功能集成实现工业互联网的端对端操作。

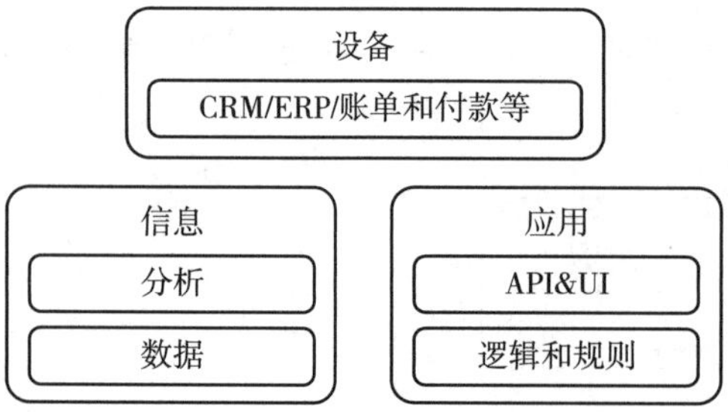

图 2–7　工业互联网信息域、应用域与业务域的功能分解

来源：The Industrial Internet of Things Volume G1：Reference Architecture

图 2–7 表示信息域、应用域与业务域

的功能分解。其中，数据指从生产设备获取的传感器与运行状态数据，在数据功能单元完成数据清洗、过滤等数据质量处理、语义转换、数据保存和储存、数据分布处理等功能；分析功能包括数据建模、分析和其他高级数据处理。逻辑与规则包含实施相关业务相关的规则、模型、引擎和活动流等具体的功能逻辑；应用程序接口（API）和用户界面（UI）功能实现与其他应用连接与人与操作交互的接口。业务域的业务功能包括企业资源规划（ERP）、客户关系管理（CRM）、产品生命周期管理（PLM）、制造执行系统（MES）、人力资源管理（HRM）、资产管理、服务生命周期管理、账单与支付、工作规划与调度系统等。

IIRA 参考模型的实施视角用于描述工业互联网系统的技术实现以及实施应用视角和功能视角功能所需要的技术和系统组件。其中，描述了包括结构、组件的分布和组件的连接拓扑结构等的工业互联网一般架构；接口、协议、行为和其他属性等组件的技术；应用视角的功能组件中活动的映射和从功能组件到实施组件的映射；关键系统特征的实施映射。

通常，工业互联网系统的实施遵循包括三层式架构模式、网关融合边缘连接与管理架构模式、分层数据总线模式的成熟架构模式。三层式架构模式的模型如图 2-8 所示。三层式架构包含边缘层、平台层和企业层，它们在处理应用活动中涉及的数据流和控制流中扮演特定的角色，并通过邻近网络、访问网络和服务网络三个网络进行层间连接。

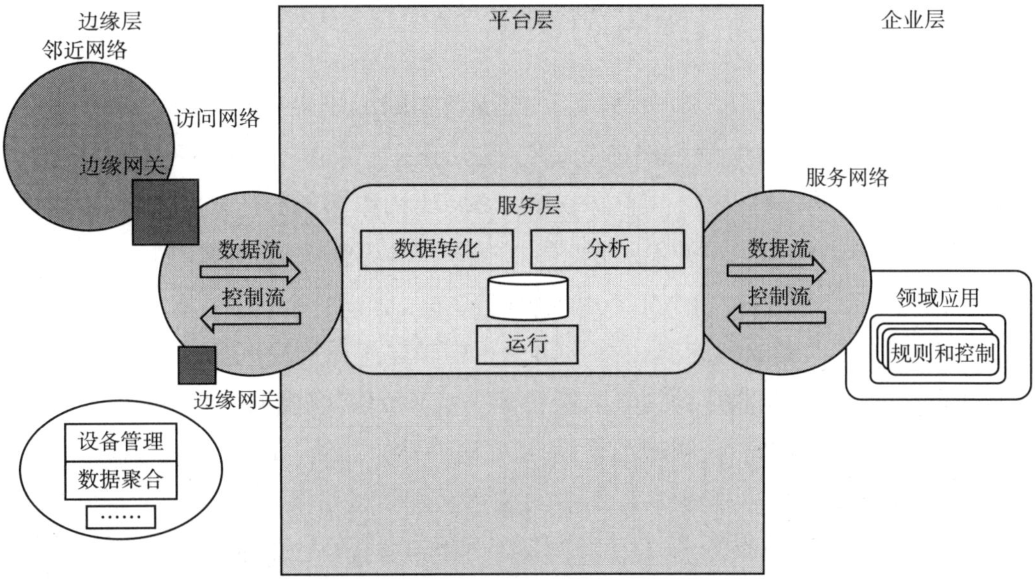

图 2-8　工业互联网三层式架构模型

来源：The Industrial Internet of Things Volume G1：Reference Architecture

边缘层通过邻近网络从边缘节点收集数据，这个层的具体应用情况视体系结构特征、分布的广度、位置、治理范围和邻近网络的性质确定。

平台层用于接收、处理并发送企业层到边缘层的控制命令，整合处理和分析边缘层和其他层的数据流，为设备和资产提供管理功能，还提供非特定领域的服务，如数据查询和分析。

企业层用于实施特定域的应用、决策支持系统并且提供包括运营专业人员在内的终端用户接口，它接收来自边缘层与平台层的数据并向它们发布控制命令。

各层通过邻近网络、访问网络、服务网络等不同网络进行连接。邻近网络将传感器、驱动器、设备、控制系统等边缘节点进行连接。访问网络实现边缘层与平台层之间的数据和控制流。服务网络实现平台层和企业层服务之间连接以及各层内服务之间的连接。

2.3 德国工业互联网体系架构

为巩固德国全球制造业的领先地位并在新一轮工业革命中占领优势，工业 4.0 战略在 2013 年的汉诺威工业博览会被首次提出，德国工业 4.0 的核心在于工业、产业和服务的全面交叉渗透，旨在建立一个分散式增强型控制模型，利用信息物理系统来实现“智能工厂”，推动制造业模式革新，形成高度灵活的个性化和数字化的产品与服务的生产模式。这种模型将不同的对象和主体考虑在内，其中既包括工业领域不同标准下的工艺流程也包括信息通信和互联网技术等，形成了一个工业领域纷繁复杂的巨型集合体。

为了在一个共同的模型中体现工业系统的不同方面并解决复杂系统的组成问题，德国电工电子与信息技术标准化委员会（DKE）对德国工业 4.0 标准化工作进行了顶层设计，于 2015 年公布了工业 4.0 参考架构模型 RAMI 4.0。其基本思路为在一个共同的模型中体现工业系统的不同方面互联互通，这意味着德国在工业标准化道路上迈向一个新起点。RAMI 4.0 架构模型如图 2–9 所示。

德国工业 4.0 参考架构模型 RAMI 4.0 通过横轴（生命周期和价值流）、纵轴（企业纵向层）、竖轴（功能层）三个维度构建了完整的三维模型，将工业 4.0 涉及的所有关键要素进行连接。它从产品生命周期及相关价值链、层级、架构等级三个维度对工业 4.0 进行多角度描述并对其中的关系和细节进行具体分析，以企业为出发点，理论上任何级别企业都可以从这个模型中找到适合自己的业务位置。

RAMI 4.0 模型的第一个维度横轴（生命周期和价值流）描述了全生命周期及其相关价值链，描述了以零部件、机器和工厂为典型代表的工业要素从虚拟原型到实

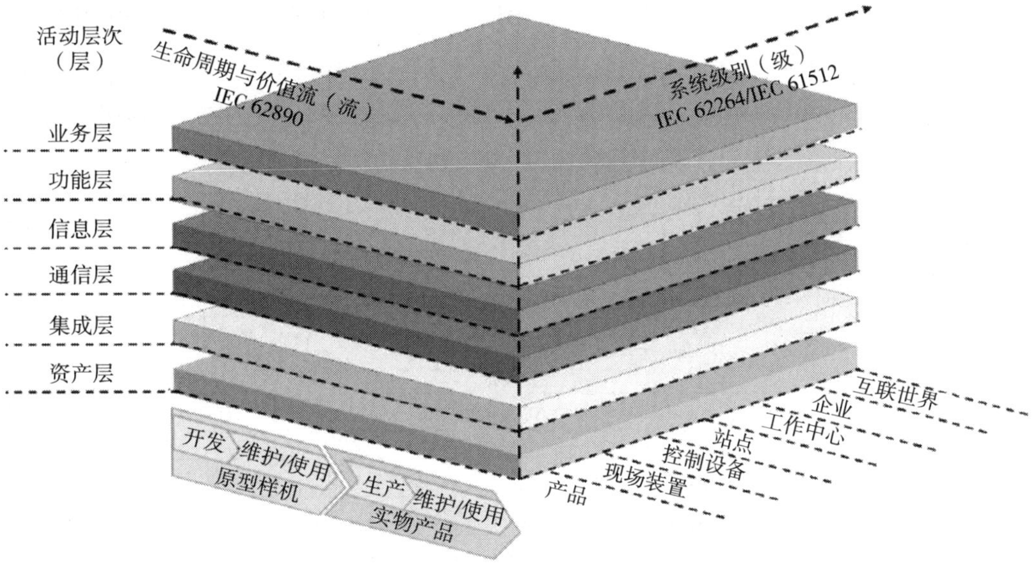

图 2-9 工业 4.0 参考架构模型

来源：Reference Architecture Model Industrie 4.0（RAMI 4.0）

物的全过程。其中，完整的生命周期包括产品规划、设计、虚拟仿真、制造以及销售和服务。

这一维度基于标准 IEC 62890《工业过程测量控制和自动化系统和产品生命周期管理》，将产品生命周期划分为样机（Type）和产品（Instance）两个阶段，其中，样机阶段指在开发阶段对产品的创造过程，这个阶段包括规划、开发、测试到制作第一个模具和模型。如果设计的样机通过了所有测试和检验，这个原型便可以用于批量生产用于产品阶段。每个产品都是依据原型制作出来的实物，它们最终通过销售环节到达客户的手中并提供给客户相应的服务。样机阶段与产品阶段各自都有资产的使用、维护和优化，并且互相之间反馈形成闭环，这为产品的升级改造带来了便利。

工业 4.0 强调将参与产品价值链过程的各要素连接起来，这有利于提高设计、生产、销售、服务各环节的优化能力，促使业务合作伙伴间、雇员间加强合作，创造共赢。因此，产品生命周期需要同相关的价值创造过程紧密联系，价值链的各个环节不应各自孤立，而是应该将从生产制造到销售服务整个工程链合作连接。

第二个维度纵轴（企业纵向层）是企业控制系统与管理系统等各层级的集成，从产品级到互联世界级依次包括产品、现场装置、控制设备、站点、工作中心、企业和互联世界，它呈现的是工厂或设备内部功能和职责的确定。该维度的标准来自 IEC 62264/IEC 61512，即企业（IT）和控制系统国际标准系统，在企业系统层级架构上增加了产品与互联世界内容，由单个生产企业扩展至连接世界，增加了产品本身与工厂外部的跨企业协同关系，图 2–10 表示了工业 4.0 在 IEC 标准上增添产品和互联世界这一变化。

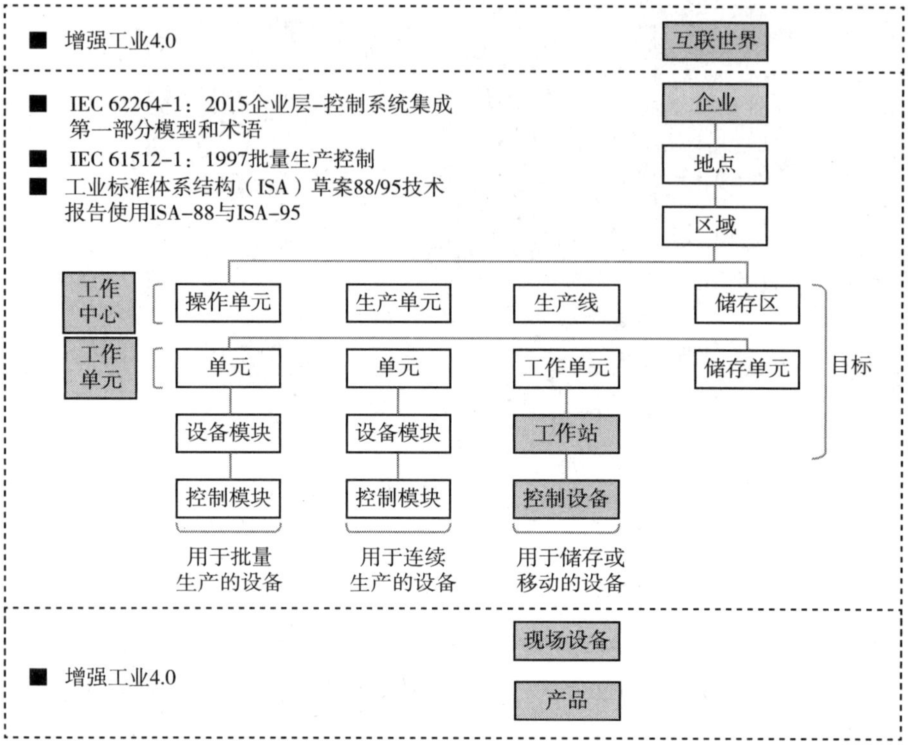

图 2–10　RAMI 4.0 的纵向分层模型
来源：Reference Architecture Model Industrie 4.0（RAMI 4.0）

第三个维度竖轴（功能层）是信息物理系统的核心功能，从信息技术角度描述不同的视角，如业务流程、功能描述、信息流通、通信互联、硬件和设备等，以垂直方向上各层级进行功能描述。智能电网架构模型（Smart Grid Architecture Model，SGAM）是描述电网从发电、输电到向用户配电整个过程的标准模型，RAMI 4.0 在智能电网模型的基础上用资产层替代了 SGAM 中的组件层并添加了集成层来对设备进行数字化，从而实现了将资产层进行虚拟表示。

多个系统互联互通构成了一个更大的总的系统，参考架构模型为各个系统和总系统之间的联系定义了标准，使各个层面的内容可以相互兼容。各个层面自上而下分别为：

业务层：制造企业的各类业务活动及相关的业务流程，其作用是确保价值链中各项功能的集成，描述了商业模式及形成全过程、企业业务衔接、任务下发与企业治理与监管，并对功能层的各项功能进行协调以及对构建系统时必须执行的规则进行建模；

功能层：企业运营管理的集成化平台，形式化定义必要的功能。其作用为支持业务流程功能的横向集成、构建数据分析环境、指定必要的规则与实现远程访问，提供相应的运行环境和技术功能；

信息层：提供事件处理的运行环境以及对数据进行处理分析与决策的过程；

通信层：专业化的网络架构、通信协议，以及数据和文件传输，在统一的数据格式下对通信进行标准化并提供控制集成层的功能；

集成层：将资产层的生产要素互通互联，实现计算机辅助对物理硬件、设备等进行数字转换与过程控制；

资产层：代表了物理世界中硬件、智能设备、人员、环境等，各生产环节的每个单元与虚拟世界通过集成层进行连接。

在 RAMI 4.0 的三维模型中，第三个维度竖轴（功能层）最能体现工业 4.0 的精髓。功能层的六个层级被划分为物理世界中的资产层和集成层，数字世界中的通信、信息、功能和业务层。物理世界完成的功能为生产设备的生产过程与这一过程中数据的采集，集成层完成了从真实世界到数字世界的转换，物理世界的构成层级被称为 CPS 的“物”，它是德国工业整体框架体系的“非工业 4.0 组件”。数字世界的主要功能则为在数据信息基础上的分析、管理和优化，被称为 CPS 系统的“管理壳”。对“物”增加一个“管理壳”构成了工业整体框架体系中的“工业 4.0 组件”，使物理世界的设备封装了自己的各种信息。工业 4.0 组件的构成使“物”能够对外进行有效的交流。“物”与“管理壳”为参考架构 RAMI 4.0 的构成奠定了重要的基础。工业 4.0 组件如图 2-11 所示。

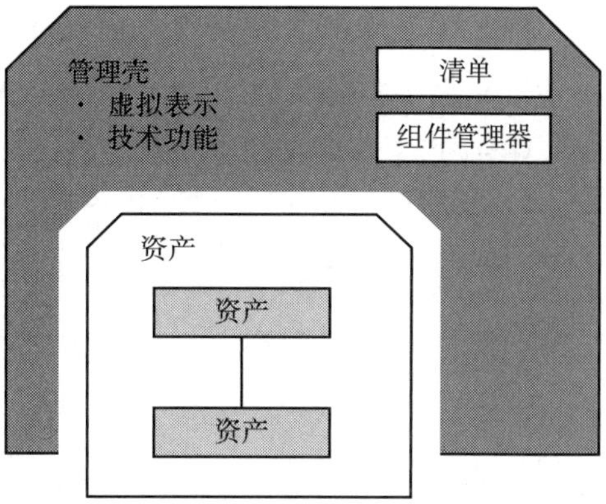

图 2-11 工业 4.0 组件

来源：Reference Architecture Model Industrie 4.0（RAMI 4.0）

工业 4.0 组件的管理壳有虚拟表示和技术功能表示两个功能，它对组件的资产特性进行了数字化描述。组件由清单与组件管理器组成，是一种自我描述式的数字化“资产说明书”。对应的管理壳可以对资产进行查询、读取管理、操作。其中，清单用来表示组件的内容目录，如功能、信息、通信等业务活动的层次范围。组件管理器可以对组件范围内的相关资产进行管理。管理壳对该组件所在层次、价值流、级别进行了明确的界定，成为标准系统组件的建设先决条件。

2.4 中、美、德工业互联网体系架构的联系与区别

当前，工业互联网成为新一轮科技革命和产业变革浪潮的关键支撑。美国工业互联网推出 IIRA 参考架构，德国工业 4.0 战略推出工业互联网 RAMI 4.0 参考架构，日本推出工业互联网 IVRA 参考架构，法国国家制造创新网络则推出智能制造标准路线图框架等，我国工业互联网产业联盟也提出我国工业互联网架构体系 2.0 版本。各个国家提出的工业互联网架构虽各有不同，但总体上涵盖了产品、制造、服务全生命周期中所涉及的理论、方法、技术和应用，现有的智能制造的参考架构大都从以制造为主题的价值维、以两化融合为主线的技术维和以人为本的组织维进行模型描述，在发展方向和关注重点上呈现出一定程度的一致性。

2.4.1 立足于通用性参考架构的设计

参考架构提出的目的是明确工业互联网的内涵，组织标准体系建设和标准制定，指导工业互联网的发展方向，因此参考架构需要具有通用性架构体系和共性功能要素来为各领域、各行业的系统性布局提供指导。

中国工业互联网体系架构 2.0 旨在定义一个通用化的架构体系打通各类企业数字化转型、业务体系、商业变革与工业互联网的关系以支撑丰富和多样化企业实践落地，为实体经济提供网络连接、计算机处理平台、数据服务模型等新型通用基础设施。统一的技术基础使互联网中的通用技术可以快速渗透到工业互联网中。

美国工业互联网参考架构 IIRA 立足于通用框架，将概念和模型都高度抽象化，确保其能够广泛应用于各个产业部门的工业互联网应用中。

德国工业互联网参考架构 RAMI 4.0 的基本思路是在一个共同的模型中体现工业系统的不同方面，基于 CPS 的自组织网络可以根据各企业业务过程的不同方面，如质量、时间、风险、价格等进行动态配置，还可以对生产领域中公司的所有位置进行全局优化，理论上任何级别企业都可以从 RAMI 4.0 模型中找到适合自己的业务位置。

2.4.2 融入新一代信息技术创新活力

随着大数据、人工智能、区块链、5G 等新一代信息技术的兴起，工业互联网的发展迎来了新的机遇期，中、美、德等国纷纷将新一代信息技术与先进制造业融合发展以推动本国工业互联网数字化与智能化发展。

中国工业互联网体系架构 2.0 提出工业互联网面向企业的活动，一方面支撑计

划、供应、生产、销售、服务全流程互联互通，另一方面通过叠加机器学习、边缘计算、工业大数据分析等新技术，面向单环节重点场景开展深度数据特征的分析优化，实现全价值链效率提升和重点业务的价值挖掘。

美国工业互联网参考架构 IIRA 则从互联网产业出发，强调人工智能对数据的认知和学习能力、大数据的储存平台和分析平台在应对传统的分析工具无法满足数据扩展性能需求的优势，突出了人工智能等新技术在实现未来工业互联网愿景中所占的重要地位。

德国工业互联网参考架构 RAMI 4.0 的企业纵向层以大数据、网络和海量计算为依托，使计算、通信、控制实现有机融合与深度合作，通过长期保存模型表示的数据来确保数据的完整性，不断集成不同数据并进行智能分析获取更高价值的数据信息。

以上各国均将新一代信息技术作为实现工业互联网长远发展的重要手段，体现出人工智能、大数据等新技术挖掘深度数据特征的强大能力并为工业互联网的发展注入新的活力。

2.4.3 建立标准规则推动工业数据互联互通

工业互联网以参考架构规范企业业务行为，制定标准规范和引导技术创新与产品解决方案研发，方便实现生产各要素、全行业互通互联。目前，以美国工业互联网联盟、德国工业 4.0 平台等为代表的国际组织正加快推进工业互联网标准化工作。

我国工业互联网参考架构 2.0 采用通用化和标准化的方法进行模型建立。例如，在架构设计方法论层面以 ISO/IEC/IEEE 系统与软件工程标准为主要方法进行开发设计，同时采用部署网关的方式将传统的工业总线和工业以太网技术转换为统一的标准化网络连接技术。

美国工业互联网参考架构 IIRA 同样采用 ISO/IEC/IEEE 架构规范和通用方法来定义工业互联网架构框架，通过具有广泛的行业适用性来实现价值最大化，驱动互操作性、映射适用的技术并指导技术和标准开发。

德国工业互联网参考架构 RAMI 4.0 是以现有国际标准映射为基础进行的顶层设计，包括数字工厂、安全与保障、能效、系统集成和现场总线等几个技术领域。

各国工业互联网参考架构与国际国内工业标准对接，提升了参考架构的实用性，同时为工业互联网技术、产业、标准等层面的国际合作与共识达成奠定基础。

2.4.4 安全防护成为工业互联网部署的关键要素

伴随新一代信息技术与工业经济的深度融合，工业互联网的安全保障体系建设的重要性愈发凸显，中、美、德等国提出的工业互联网参考架构中均建立了相应的安全保障机制。

为解决工业互联网面临的网络攻击等新型网络风险，我国工业互联网参考架构2.0安全框架将信息安全、功能安全和物理安全考虑在内，建立起综合性安全保障体系，通过网络协议实现数据信息传输安全通道的建立、加强工业互联网标识解析安全机制作为工业互联网应用的基础，同时强调软件功能和人身安全的可靠性，确保生产设备和软件能按照设计进行工作、制造设备与产品本身不对人和环境造成威胁。

美国国家标准与技术研究院发布《工业控制系统安全指南》，整理出工业控制系统典型威胁，并提出相应的安全防护措施。美国工业互联网参考架构IIRA将安全问题贯穿整个架构模型，即通过安全、可靠的工业互联网系统实现跨行业的通用性和互操作性。

德国工业4.0平台发布《工业4.0安全指南》《跨企业安全通信》《安全身份标识》等文件，提出以信息物理系统平台为核心的分层次安全管理思路。对接工业4.0，德国工业互联网参考架构RAMI 4.0中同样展示了安全问题的重要性。

中、美、德三国提出的工业互联网参考架构都面向制造业数字化、网络化和智能化，强调数据在工业智能化中的核心作用，但三者的参考架构具体内容略有差异。

美国在信息技术产业方面占据很大优势。所以，美国工业互联网参考架构IIRA从IT角度出发，把数据分析作为核心，更注重跨行业的通用性和互操作性。IIRA将信息技术驱动的机器控制、运营管理和商业优化作为主要目标，建立一套方法论和模型，以业务价值推动系统的设计，通过对传统工业进行物联网式的互联互通、依据大数据的智能分析与智能管理实现工业互联网从设备到业务信息系统的端到端的全面优化，以此来保持美国在工业互联网上的翘楚地位。

德国企业在精密制造、控制系统、嵌入式控制设备方面有着巨大的领先地位，德国则从传统制造业互联互通的角度出发提出工业4.0的参考架构RAMI 4.0。RAMI 4.0深度聚焦制造过程和价值链的生命周期，将“信息物理系统”功能映射到工业系统层级和工业价值链两个视角，强调虚拟仿真的重要性和三大集成特点，侧重与现有工业标准对接。模型强调以制造环境中不同的环节单元为单位，对它们展开功能分析与相应的标准制定。

我国工业互联网参考架构2.0强调数据智能闭环的核心驱动作用及其在生产管理优化与组织模式变革方面的变革作用，即重点建设三大优化闭环，即面向机器设备运行优化闭环，面向生产运营决策优化闭环，面向企业协同、用户交互与产品服务优化的全产业链、全价值链的闭环。中国将智能制造作为未来的主攻方向，将工业化和信息化两化融合作为主线，实现长期制约制造业发展的关键共性技术突破，加快部署和利用新一轮科技与产业革命的核心技术。

中、美、德三国工业互联网参考架构在发展方向和关注重点呈现一定程度的一致性，但具体内容存在着差异：德国是传统工业强国，因此德国工业互联网架构是基于工业架构方法论的，用信息技术促进生产方式的转变，偏重生产过程的智能化；美国是世界第一互联网强国，现代信息技术处于世界领先地位，因此美国工业互联网架构是基于软件架构方法论的，以新兴信息技术来改善对生产设备的管理，偏重生产设备的智能化；中国互联网已经是仅次于美国的第二大国，又具备比较完善的制造业体系，因此中国实施工业化和信息化同步发展，将智能制造作为主要目标。

2.5 其他国家工业互联网体系架构发展

智能制造、工业互联网的实质为数据智能驱动工业发展，面对科技创新发展的新趋势，世界各国纷纷投入智能工业发展中，寻找科技创新的突破口，抢占未来科技发展的先机。除中、美、德三个主要的工业大国和工业强国外，日本、意大利、法国、巴西、印度等国也发布了相应的工业智能制造战略。

日本以人为中心、以企业发展为目标，提出工业价值链参考架构，形成了日本智能制造的特有范式。意大利政府推出“支持工业 4.0 发展的国家计划”，为物联网环境中的 M2M 通信定义开源标准。法国推出智能制造标准路线图框架，成立了横跨工业和数字领域的未来工业联盟，以推动建立更互联互通和更具竞争力的法国工业。印度、巴西等发展中国家也都提出了先进制造计划，印度的工业基础比较薄弱则更倾向于前沿技术的开发利用，巴西的资源依赖性产业较多则重点关注物联网。

日本工业价值链计划（Industrial Value Chain Initiative，IVI）依据日本在制造业方面的优势并结合对工业互联网的发展愿景，于 2016 年 12 月提出了打造“智能工厂”的日本工业价值链参考架构（Industrial Value Chain Reference Architecture，IVRA），这一模型致力于探讨企业相互连接的问题，打造一个生态系统让企业集体受益。IVRA 是日本智能制造的顶层架构，该架构与德国工业 4.0 体系架构 RAMI4.0 相似，也是一个三维模型。

为了应对产业的多样性和个性化需求，IVRA 三维模型设计成由很多被称为“智能制造单元（Smart Manufacturing Unit，SMU）”的方块单元构成，SMU 是描述制造活动的基本组件，它们之间的连接既可以在一家企业内部实现，也可以在企业之间实现。IVRA 三维模型通过资产视图、活动视图、管理视图三个角度对日本工业互联网概念进行描述。日本工业价值链的参考架构如图 2-12 所示。

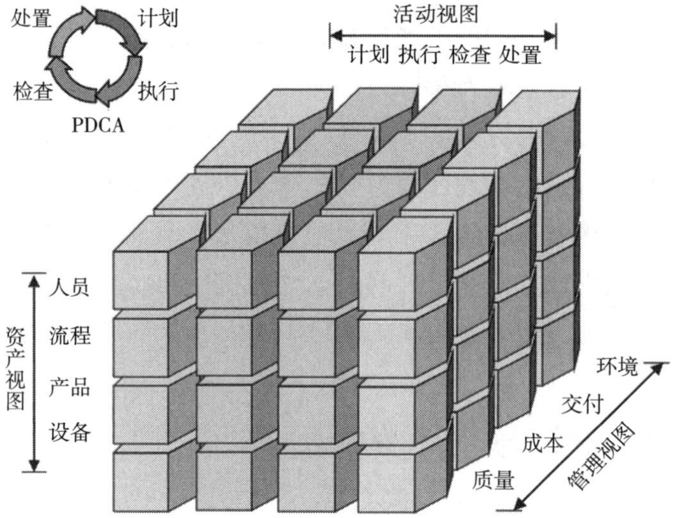

图 2-12　日本工业价值链参考架构

在日本工业价值链参考架构中，竖轴代表的资产视图展示了企业中进行业务活动的有价值的资产，任何业务活动的对象都可以称作资产，这一视图分为人员、流程、产品层和设备资产，同时，在制造过程与结果中，强调人员在制造体系中的重要作用。横轴代表的活动视图包含了各生产要素在物理世界制造现场从事生产制造的过程，这一视图分为计划、执行、检查和处置四种活动，它们构成了一个连续的动态循环 PDCA。纵轴代表的管理视图展示了资产和活动应关注管理目的和指标，它们分别为质量、成本、交付和环境，管理目标可以进行单独管理也可以进行整体优化。

在 IVRA 中，通用功能块（General Function Block，GFB）是通过多个智能制造单元（SMU）构建的针对企业的智能制造模型，其模型如图 2-13 所示，它的组织层级自下而上层层递进分为设备层、车间层、部门层和企业层。通用功能块的横轴为知识和工程流，可细分为营销设计、建造实施、制造执行、维护修理和研发；纵轴为需求和供应流，包括总体规划、材料采购、制造执行、销售和物流、售后服务五大过程。GFB 的横纵轴交互产生了各个层级的相关职能部门，根据企业实际的运作流程，赋予不同层级相应的活动类型和工艺方法。IVRA 通用功能块的横、纵、竖轴代表的生产过程交叉构成了多个具有行使各自功能的层级部门，进而构成了一个智能制造企业。

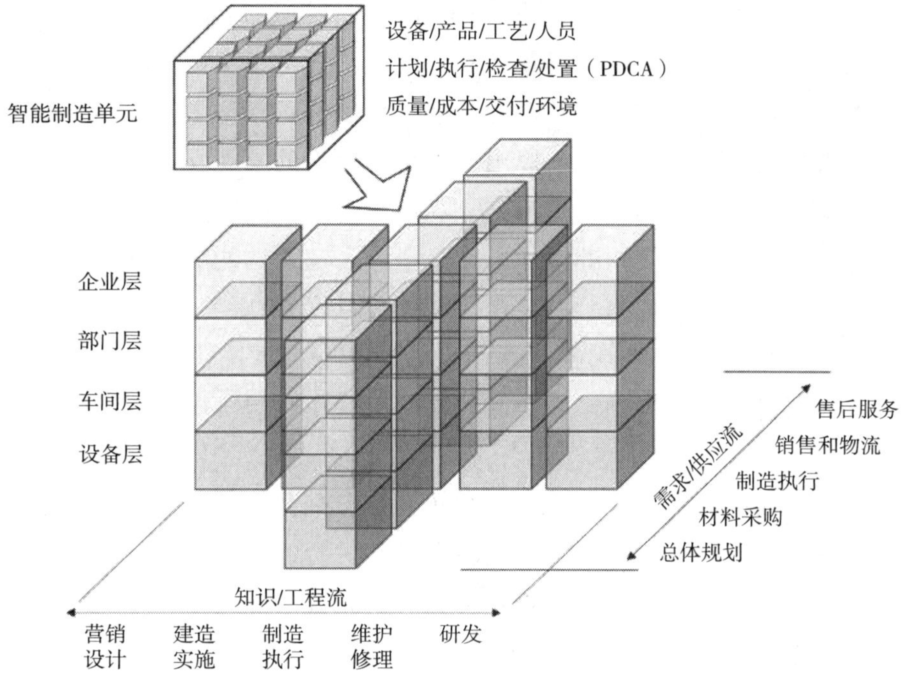

图 2-13　IVRA 中的通用功能块（GFB）

工业价值链计划基于物理生产系统构建参考架构，致力于创造每一个企业的价值。IVRA 遵照流程化、层级化和标准化工业架构方法论与精益生产、松耦合的理念，保证每一企业保持竞争优势。同时从智能制造单元价值强化出发，使每一个代表智能制造企业的通用功能块互通互联，协同推进整个产业链价值提升，从而建设一个让企业集体受益的生态系统。

2.6　本章小结

工业互联网旨在将工业制造成果与互联网发展联系起来，深度融合信息世界和物理世界，不断提高制造业创新发展水平，引领制造业不断向着数字化、网络化、智能化发展。工业互联网平台的建设将是一项长期且复杂的系统工程，当前正处于发展初期。我国工业互联网参考架构 2.0 从“供给侧”与“需求侧”两端发力，统筹布局网络、平台、安全三大功能体系，加快推进工业互联网平台的建设与使用落地。

工业互联网体系架构 2.0 从以业务视图、功能架构和实施框架三个角度进一步定义了工业互联网的参考架构，三个角度层层深入、自顶向下形成逐层映射，其目标在于从工业互联网促进产业发展的作用和路径出发，指引企业明确数字化转型的商业目标与业务需求。业务视图明确了我国工业互联网实现数字化转型的产业目标、方向、数字化能力和业务场景，其在宏观上提出了工业互联网驱动下的产业数字化转型的总体目标和方向以及构建数字化竞争的目标与举措。功能架构是工业互联网体系架构的核心，它整体上提出了以数字驱动的工业互联网功能原理总体结构，明确了企业支撑业务实现所需的功能并将这一机理作用于设备到产业等各层级。实施框架是整个体系架构的操作方案，描述了实现功能的软硬件部署，明确系统实施的层级结构、承载实体、关键软硬件和作用关系。

美国工业互联网 IIRA 参考模型是一个针对工业互联网标准的开放性框架，对各个工业领域具有广泛的指导作用，通过提高互操作性与匹配相应的应用技术来提高工业价值。

美国工业互联网参考架构分为四个视角：业务视角、应用视角、功能视角和实施视角。业务视角以企业为主体，从关注利益相关者的企业愿景与价值观出发，通过基本的系统功能与系统建设实现既定目标。应用视角描述了多个系统组件中各工作单元协同的相关活动，聚焦如何实现工业互联网系统中业务视角定义的关键能力。功能视角着重于对工业互联网功能架构进行描述，功能域是将架构系统中的整体功能进行分解后的单元功能，一个典型的工业互联网系统可以细分为控制域、操作域、信息域、应用域和业务域五大功能域。实施视角用于描述工业互联网系统的技术实现以及实施应用视角和功能视角功能所需要的技术和系统组件。

德国工业4.0参考架构模型RAMI 4.0通过横轴（生命周期和价值流）、纵轴（企业纵向层）、竖轴（功能层）三个维度构建了完整的三维模型将工业 4.0 涉及的所有关键要素进行连接。第一个维度横轴（生命周期和价值流）描述了全生命周期及其相关价值链，描述了以零部件、机器和工厂为典型代表的工业要素从虚拟原型到实物的全过程。第二个维度纵轴（企业纵向层）是企业控制系统与管理系统等各层级的集成，从产品级到互联世界级依次包括产品、现场装置、控制设备、站点、工作中心、企业和互联世界，它呈现的是工厂或设备内部功能和职责的确定。第三个维度竖轴（功能层）是信息物理系统的核心功能，从信息技术角度描述不同的视角，如业务流程、功能描述、信息流通、通信互联、硬件和设备等，以垂直方向上各层级进行功能描述。

日本工业互联网参考架构（IVRA）从智能制造单元价值强化出发，使每一个代表智能制造企业的通用功能块互通互联，协同推进整个产业链价值提升，从而建设一个让企业集体受益的生态系统。

中、美、德三国的工业互联网参考架构在发展方向和关注重点上呈现出一定程度的一致性：①立足于通用性参考架构的设计；②融入新一代信息技术创新活力；

③建立标准规则推动工业数据互联互通；④安全防护成为工业互联网部署的关键要素。

中、美、德三国提出的工业互联网参考架构都强调数据在工业智能化中的核心作用，但三者的参考架构具体内容略有差异：①中国工业互联网参考架构 2.0 强调数据智能闭环的核心驱动作用及其在生产管理优化与组织模式变革方面的变革作用；②美国工业互联网参考架构 IIRA 从 IT 角度出发，把数据分析作为核心，更注重跨行业的通用性和互操作性；③德国从传统制造业互联互通的角度出发，聚焦制造过程和价值链的生命周期，强调虚拟仿真的重要性和三大集成特点，侧重与现有工业标准对接。

在中共中央、国务院的重视下，我国工业互联网已取得了一系列发展，包括政策引导不断完善、重点领域实现突破和产业生态基本形成，但是我国工业互联网发展也存在着挑战和问题：技术上存在着瓶颈；工控领域技术标准话语权弱；不同行业、不同企业信息化基础差异大，使得工业互联网推广困难等，因此，对我国工业互联网体系架构未来发展提出以下建议：持续完善发展具有开放性、兼容性的工业互联网架构，研究各种新型技术在工业互联网中的集成应用；在工业互联网架构的引领下，加快相关重大战略产品以及核心软硬件产品的研发和试验验证，为工业互联网核心技术产业化推广制造前提；一些企业已经提出了根据工业互联网体系架构 2.0 指导部署工业互联网的需求，因此下一步需要根据不同行业和场景开展工业互联网实施架构研究，指引行业工业互联网发展和布局；中国工业互联网还需要加强与美、德等国相关机构组织合作，寻求数字化转型浪潮中的共同点与合作点，加强与国际主流架构的对接映射，探索形成国际认可的工业互联网标准体系。

习题

1. 智能制造的定义与目标是什么？
2. 中国工业互联网参考架构 2.0、IIRA、RAMI、IVRA 参考架构各由哪几个板块 / 视图构成？各板块 / 视图的功能分别是什么？
3. 中、美、德、日等国的参考架构有什么异同？
4. 请分析网络、平台、安全、标准在构建工业互联网参考架构中的作用。
5. 请进一步了解我国工业互联网在垂直行业的应用，并举例说明。
6. 请进一步了解学习工业互联网对工业转型升级的推动作用，了解打通产业链的互通互联对我国社会经济的推动作用。

参考文献

[1] 工业互联网联盟. 工业互联网平台白皮书 2019 [EB/OL]. 工业互联网联盟，2019-06-05.
[2] 余晓晖，刘默，蒋昕昊，等. 工业互联网体系架构 2.0 [J]. 计算机集成制造系统，2019，25（12）：2983-2996.
[3] 工业互联网联盟. 工业互联网体系架构（版本 2.0）[EB/OL]. 工业互联网联盟，2020-04-23.
[4] 周济，李培根，董景辰，等. 中国智能制造发展战略研究报告（征求意见稿）[R]. 北京：中国工程院，2018.
[5] 工业互联网联盟. 工业互联网体系架构（版本 1.0）[EB/OL]. 工业互联网联盟，2016-09-07.
[6] 赵敏. 基于 RAMI 4.0 解读新一代智能制造 [J]. 中国工程科学，2018，20（4）：90-96.
[7] 王春喜，王成城，汪烁. 智能制造参考模型对比研究 [J]. 仪器仪表标准化与计量，2017（4）：1-7，42.
[8] 陶永，蒋昕昊，刘默，等. 智能制造和工业互联网融合发展初探 [J]. 中国工程科学，2020，22（4）：24-33.
[9] Industrial Internet Consortium（IIC）. The Industrial Internet of Things Volume G1：Reference Architecture Version 1.9 [EB/OL]. www.iiconsortium.org/，2019-06-19.
[10] ISO/IEC/IEEE 42010：2011. Systems and software engineering-Architecture description [EB/OL]. https://www.iso.org/standard/50508.html，（2011-12-01）.
[11] Bill Lydon. RAMI 4.0：Reference Architectural Model for Industrie 4.0 [J]. InTech，2019，66（2）：30-33.
[12] 郑树泉，宗宇伟，董文生，等. 工业大数据架构与应用 [M]. 上海：上海科学技术出版社，2017.
[13] 王建伟. 工业赋能：深度剖析工业互联网时代的机遇与挑战 [M]. 北京：人民邮电出版社，2018.

第 3 章　工业互联网网络体系

本章主要介绍工业互联网的网络体系及相关技术。首先，介绍工业网络互联关键技术，包括企业内网和企业外网两个方面；其次，介绍工业数据互通关键技术；最后，就工业互联网标识解析技术进行分析介绍。

本章最重要的内容是：①工业网络互联关键技术。②工业数据互通关键技术。③工业互联网标识解析关键技术。

3.1　概述

工业互联网是以互联网为代表的新一代信息技术与工业系统深度融合形成的产业和应用生态，是工业智能化发展的关键综合信息基础设施。2017 年 11 月国务院发布了《关于深化“互联网 + 先进制造业”发展工业互联网的指导意见》的通知，工业互联网上升为国家战略。中国工业互联网产业联盟于 2020 年 4 月发布了《工业互联网体系架构（版本 2.0）》，指出工业互联网体系架构由网络、平台和安全三部分组成，其中“网络”是工业数据传输交换和工业互联网发展的支撑基础。根据《工业互联网体系架构（版本 2.0）》，工业互联网的网络体系包括三部分：网络互联、数据互通和标识解析。“网络互联”实现工业互联网要素之间的数据传输，“数据互通”实现要素之间传输信息的相互理解，“标识解析”实现要素的标记、管理和定位。网络互联、数据互通和标识解析三者共同协作，实现工业全系统的互联互通，促进工业数据的充分流动和无缝集成。下文将对三者进行详细论述。

3.2 网络互联

网络互联是指通过有线、无线方式，将工业互联网体系相关的人、机、物以及企业上下游、智能产品、用户等全要素连接，支撑业务发展的多要求数据转发，实现端到端数据传输。根据网络接入的形式，工业互联网网络化技术可以分为有线网络和无线网络。根据网络的范围和规模，工业互联网网络化技术可以分为企业内网和企业外网。本节将结合这两种分类方法，首先从企业内网和企业外网分类的角度，对工业互联网网络化代表性技术进行介绍；在分别介绍企业内网和企业外网时，先介绍有线网络技术，再介绍无线网络技术。

3.2.1 企业内网

企业内网用于企业内部生产要素以及IT系统之间的互联，包括人员、机器、材料、环境等。本节首先回顾两种已经长期使用的企业内部网络技术，即工业现场总线和工业以太网；然后通过分析工业现场总线和工业以太网存在的问题，引出时间敏感网络，并介绍一种可扩展时间敏感网络部署范围的新技术，即确定性网络；之后介绍工业软件定义网络；最后介绍三种应用于企业内网的无线网络技术：工业无线传感器网络、工业无线局域网和私有LTE/5G。

1. 工业现场总线

工业现场总线也称现场网络，是工业自动化领域中底层数据通信网络，实现工业现场各种传感器、执行器、操作终端和控制器间通信以及多个控制器之间通信的网络化。据不完全统计，目前国际上现存的现场总线通信协议数量高达40余种。每种总线大都有其应用的领域，比如MODBUS、PROFIBUS-DP、CAN适用于离散加工制造业；FF、PROFIBUS-PA、WorldFIP适用于石油、化工等行业的过程控制工业。这些划分也不是绝对的，每种现场总线都力图将其应用领域扩大，彼此渗透。

与以太网为代表的民用网络相比，工业现场总线具有高度实时性、安全性、可靠性等优势，适合工业应用使用。工业现场总线具有上述优势的重要原因是其可以根据具体工业应用的特殊需要，采用相应的底层网络通信技术，而不需要像以太网一样过多地考虑通用性和灵活性等。

工业现场总线的主要缺点是传输速率低和标准性差。由于不同国家和公司的利益之争，虽然早在1984年国际电工技术委员会/国际标准协会（IEC/ISA）就着手开始制定现场总线的标准，统一的标准仍未完成，严重阻碍了工业现场总线的发展。

2. 工业以太网

随着以太网技术的成熟，其软硬件成本不断降低，而且其高传输速率、技术开放透明、标准统一等优势非常显著。以太网进入了工业控制领域，形成了新型的工业以太网技术，逐渐取代了工业现场总线。由于工业应用的多样性，以及技术背后不同厂商阵营的利益，工业以太网虽然继承了以太网高传输率等优势，但是并没有像以太网一样完成标准的统一，工业以太网也出现了多种不同的技术。如表 3–1 所示，工业以太网主要分为三大类：①标准 TCP/IP 和以太网：协议基于标准 TCP/IP 和以太网，只是在应用层加入了实时机制。这种解决方案与互联网兼容性好，但是实时性和可靠性等性能较差，代表性技术有 Profinet 和 Ethernet/IP。②标准以太网：协议在标准以太网层之上实现，但是不支持 TCP/IP。这类解决方案充分利用了以太网的优势，相比第一种解决方案进一步提升了网络实时性和可靠性，代表性技术有 Powerlink 和 Profinet RT。③非标准以太网：修改了标准以太网层，最大限度提高了网络实时性和可靠性，代表性技术有 EtherCAT、SERCOS Ⅲ和 Profinet IRT。

表 3–1 工业以太网技术列表

<table>
<tr><th>标准 TCP/IP 和以太网</th><th>标准以太网</th><th>非标准以太网</th></tr>
<tr><td>Profinet
Ethernet/IP</td><td rowspan="2">Powerlink
Profinet RT</td><td rowspan="2">EtherCAT
SERCOS Ⅲ
Profinet IRT</td></tr>
<tr><td>TCP/UDP/IP</td></tr>
<tr><td>以太网</td><td>以太网</td><td>非标准以太网</td></tr>
<tr><td colspan="3">以太网电 / 光缆</td></tr>
</table>

基于表 3–1 的分析可知，工业以太网的三类实现方式差异较大，部署时需要根据具体的需要选择相应的技术。如果是对实时性和可靠性要求很高的工业控制和安全类应用，需采用非标准的以太网。若对性能要求一般，但是需要与其他以太网甚至 TCP/IP 网络设备互通，则采用其他实现方式。

3. 时间敏感网络

时间敏感网络（TSN）是一种具有有界传输时延、低传输抖动和极低数据丢失率的高质量实时传输网络。它基于标准以太网，凭借时间同步、数据调度、负载整形等多种优化机制，来保证对时间敏感数据的实时、高效、稳定、安全传输。IEEE 802.1 TSN 标准由 IEEE 802.1 TSN GP 起草并发布，是 IEEE 牵头研究的数据链路层协议标准，兼容现有的标准以太网，同时可以支持时间敏感数据流、视频语音流和普通尽力而为流共网传输。在 TSN 系列标准 802.1Qcc 中提出了三种管理模式，其中完全集中式管理的时间敏感网络架构是目前研究的主流，如图 3-1 所示。完全集中式架构共分为四部分：与用户交互的集中式用户配置 CUC、集中管理网络资源与调度的 CNC、实现数据传输的 TSN 交换机和 TSN 终端设备。

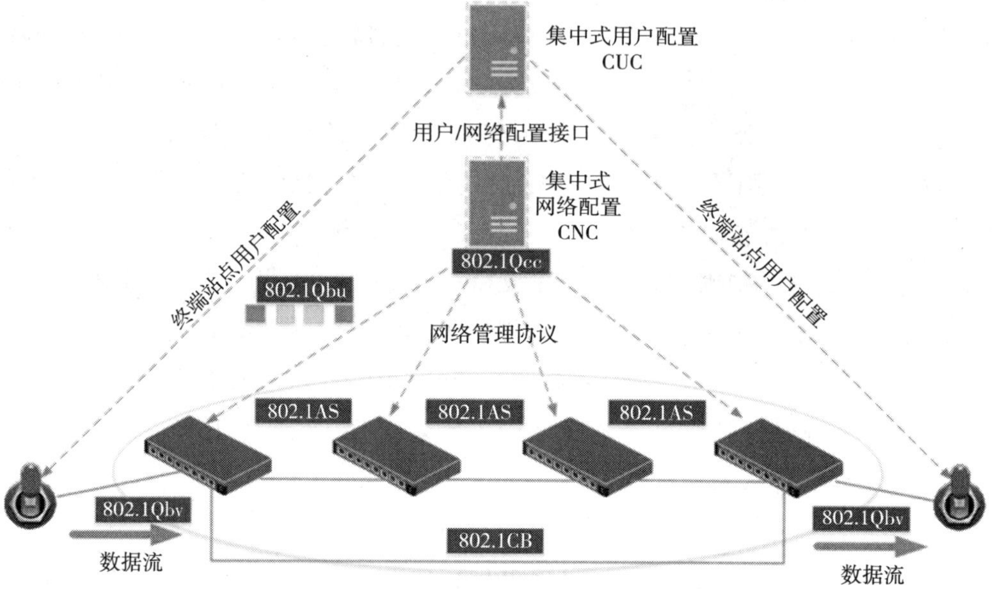

图 3-1　集中式 TSN 网络架构图

集中式用户配置 CUC 作为网络与用户交互的接口，可以进行终端用户配置，获取用户需求并下发至集中网络调度管理的 CNC；CNC 作为架构的核心部分，收集并掌握全网管理信息。在 TSN 交换机组成的网络拓扑中，交换机遵循 802.1AS 协议进行全网同步。TSN 交换机转发数据的端口具有多种不同的队列策略机制，包括时间门控（802.1Qbv），循环队列转发（802.1Qch），帧抢占（802.1Qbu）和异步流量整形（802.1Qcr）等。同时，为了保证可靠性，TSN 网络架构引入帧复制与重传机制（802.1CB），增加业务传输链路，提高可靠性。

表 3-2 总结了已经发布的 TSN 标准，下面从时间同步、流量调度、网络管理、安全可靠四个角度对这些标准进行简要介绍。

表 3-2　IEEE 802.1 TSN Task Group 部分已发布标准列表

标准编号	标题	状态
IEEEStd 802.1Qca-2015	路径控制和预留 Path Control and Reservation	2016 年 3 月 11 日发布
IEEEStd 802.1Qbv-2015	预订流量的增强功能 Enhancements for Scheduled Traffic	2016 年 3 月 18 日发布

续表

标准编号	标题	状态
IEEEStd 802.1Qbu-2016	帧抢占 Frame Preemption	2016 年 8 月 30 日发布
IEEEStd 802.1AS-2011	时间敏感应用的时间同步 Timing and Synchronization	2017 年 6 月 12 日发布
IEEEStd 802.1Qch-2017	循环队列与转发 Cyclic Queuing and Forwarding	2017 年 6 月 28 日发布
IEEEStd 802.1Qci-2017	流过滤与规则 Per-Stream Filtering and Policing	2017 年 9 月 28 日发布
IEEEStd 802.1CB-2017	帧复制和消除可靠性 Frame Replication and Elimination for Reliability	2017 年 9 月 28 日发布
IEEEStd 802.1Qcc-2018	流预留增强与性能提升 Stream Reservation Protocol（SRP）Enhancements and Performance Improvements	2017 年 10 月 31 日发布
IEEEStd 802.1Qcp-2018	YANG 模型 YANG Data Model	2018 年 6 月 14 日 发布

时间同步：TSN 网络通过 IEEE 802.1AS 标准来完成全网同步。IEEE 802.1AS 提供了可靠准确的网络时间同步，该标准使用 IEEE 1588–2008（1588v2）的通用精确时间协议的专用配置文件（gPTP）。gPTP 通过传递相关的时间事件消息来同步网络设备之间的时钟。所有 gPTP 系统都计算停留时间和链路延迟（传播延迟），并沿着以所选 GM 时钟为中心的分层结构交换消息，以准确地同步时间。

流量调度：针对工业中各种不同业务流的特性，TSN 在实施二层帧的转发、队列调度时，需根据需求灵活选择调度机制与优先级。IEEE 802.1 Qbv 提出了时间感知调度器（TAS）作为 TSN 的核心组件之一，首次引入了基于传输时间对传统以太网帧的数据传输进行优先排序，从而保证帧在指定的时间点进行转发和传输的可能性。TSN 工作组还引入了循环排队和转发（CQF）机制（蠕动整形器），作为同步入队和出队操作的方法。在网络同步的情况下，允许 LAN 网桥以循环方式在两条甚至多条队列中交替进行帧传输，从而实现零拥塞丢失和有界延迟，而与网络拓扑无关。

网络管理：IEEE 802.1Qcp 标准提出了 TSN 配置的 YANG 模型，以实现真正通用的即插即用（uPnP）应用。IEEE 802.1Qcp 标准使用统一建模语言（UML），其中很重要的是 YANG 数据模型。YANG 数据模型为定期状态报告以及配置 802.1 网桥提供了框架，是用于在配置数据、状态数据、远程过程调用和网络管理协议通知等过程中的数据建模语言。此外，IEEE 802.1Qcc 标准提供了一套用于全局管理和控制网络的工具。对于完全集中的网络，集中用户配置（CUC）节点通过标准应用程序编程接口（API）与 CNC 通信，可用于发现终端站、检索终端功能、对接用户要求以及配置优化终端等 TSN 功能。同时，802.1Qcc 仍然支持原先的流预留（SRP）协议完全分布式配置模型，允许集中管理的系统与分散的 ad-hoc 系统协同工作。

安全可靠：流完整性包括了提供路径冗余，多路径选择，以及队列过滤和监管等功能，流完整性可以防止桥接 LAN 网络上的未授权或管理不当的恶意流量。时间敏感网络的可靠性由 IEEE 802.1CB 协议定义（帧复制和消除），能够支持无缝数据冗余，可确保使用主动措施进行确定可靠的通信。IEEE 802.1CB 标准通过在不相交的网络路径上发送关键流量的重复副本，以最小化网络拥塞和故障（如电缆断裂）的影响。如果两个帧都到达目的地，则删除重复副本；如果一个副本未能到达其目的地，则仍然可以接收重复消息，以额外的网络资源为代价有效地提供无缝数据冗余。

未来，TSN 网络可以用于企业内 OT 系统的联网，并可与 IT 系统的以太网直接组网互通。另外，TSN 还可以与 OPC UA、边缘计算、5G 等工业互联网技术联合部署，创新更多工业互联网应用模式。

4. 确定性网络

2015 年，互联网工程任务组（IETF）成立了确定性网络（DetNet）工作组，致力于将 TSN 的二层技术扩展到三层，扩大 TSN 技术的规模，实现 IP 网络从“尽力而为”到“准时、准确、可靠”。与 TSN 目标类似，DetNet 旨在保障极低 / 零数据包丢失，数据传输延迟和数据包延迟变化（抖动）的时间确定性，实现将对实时性和可靠性要求很高的应用程序从专用现场总线网络迁移到 IP 分组网络，可用于实时视频 / 语言流、工业控制和车辆控制等实时应用。

DetNet 采用的主要技术包括资源预留、服务保障、确定路由和流量控制等。

资源预留：为了减少由于网络资源竞争导致的数据包丢失，DetNet 以从源到目的地的数据流为单位，将缓冲区大小、链路带宽等资源分配给有不同性能需求的数据流。流上的每个节点保持足够的缓冲区存储，并明确限制了最大的数据流端到端延迟。

服务保障：除了网络资源不足会导致数据丢包，交换机等设备的硬件故障也可以导致丢包。为了消除这类丢包问题，DetNet 使用了数据包复制和消除（Replication and Elimination）等技术为这类故障提供服务保障。数据包复制和消除的工作原理是将数据包复制多份后，在多个不同的路径上同时发送，并在目的地附近根据序列号或时间戳等信息删除重复的数据包，并对无序数据包进行重排序。

确定路由：在使用分布式路由协议大型网状网络中，网络拓扑故障和恢复等事件会影响数据流的时延、抖动和丢包率，也会导致数据包的乱序。DetNet 面向的实时视频 / 语言流、工业控制和车辆控制等实时应用的网络拓扑通常较为简单，可以采用确定的路由，网络拓扑动态性会极大降低。

流量控制：DetNet 采用了 TSN 的多个排队，整形和调度算法进行流量控制，提高流的可靠性和实时性等，包括 IEEE 802.1Qav 基于信用的整形器、具有时间调度功能的 IEEE 802.1Qbv 时间触发整形器、IEEE 802.1Qbu 以太网数据包抢占以及 802.1CB 帧复制和消除。

随着智能工厂的发展，远程控制的需求将逐渐显现，而目前的工作控制网络主要局限在局域网的范围，不能满足跨局域网的确定性业务传输需求。DetNet 专注于将 TSN 数据和控制平面扩展到网络层，从而将 TSN 的范围扩展到局域网之外。在企业内网应用中，DetNet 技术可以应用在如工厂设备联网、厂房办公楼的建筑自动控制等较大范围内，多个 TSN 等实时网络互联的场景。

5. 工业软件定义网络

软件定义网络（Software Defined Network，SDN）是一种旨在使网络更加灵活和易于管理的新型网络体系结构，其主要创新在于将控制平面与转发平面分离，即开放传统封闭的网络设备，提供上层控制接口，并实施通用的中心式控制器来管理网络设备，以集中控制的方式对网络行为进行编程，如实现流量调度、快速可重构、提高网络利用率等对网络拥有者或网络使用者都有实际价值的功能。

SDN 体系结构分为三层（图 3–2）：①应用层：在网络上运行的应用程序和服务。②控制层：SDN 控制器或网络的“大脑”。③基础设施层：交换机和路由器，以及支持的物理硬件。

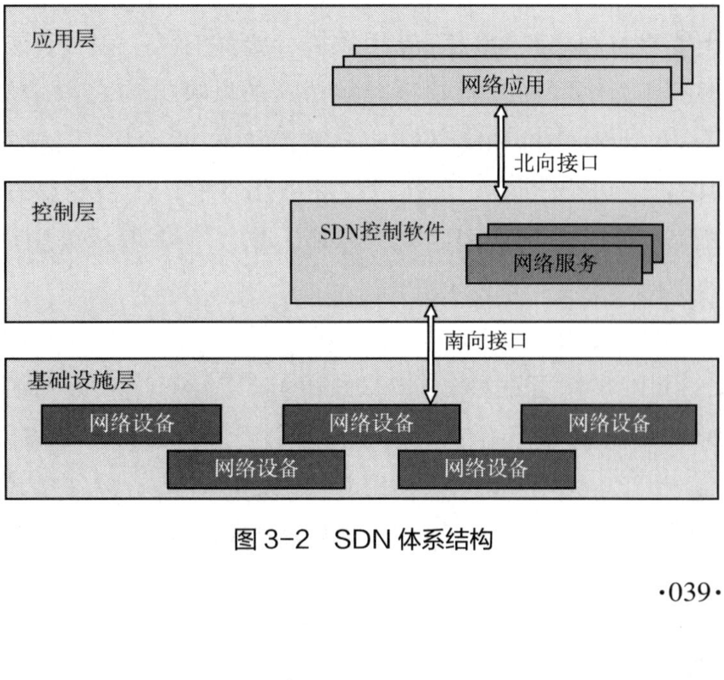

图 3–2 SDN 体系结构

SDN 采用了上述的分层结构，以实现控制和转发的解耦，并方便用户业务编程。用户可以根据业务需求，编写网络应用程序，并通过 SDN 控制器向基础设施层部署新的应用程序，从而实现网络业务的灵活部署和动态可重构。SDN 层与层之间使用北向和南向应用程序接口（API）进行通信，其中北向 API 负责应用应用层和控制器层的通信，南向 API 负责控制层和基础设施层的通信。

工业 SDN 网络由多种协议的终端设备、可编程的工业 SDN 交换机和集中式的工业 SDN 控制器构成。终端设备通过北向接口向工业 SDN 控制器提交数据的流量特征和传输需求，集中式的工业 SDN 控制器根据流量特征和传输需求，生成工业 SDN 网络的转发规则，通过标准化的南向接口下达到工业 SDN 交换机中执行。

工业 SDN 网络在能够保证工业控制业务实时性与可靠性的前提下，提高了网络的灵活性，适合在生产设备网络经常发生变化的场景中使用，如个性化定制或批量定制生产。在个性化定制或批量定制生产中，生产过程会根据订单的切换而发生变化，导致生产设备的管理和控制逻辑发生变化，进而影响设备之间的通信网络关系。工业 SDN 网络可以支持设备的灵活组网，重新组网之后的管理和控制业务同样可以得到相应的传输保障。同时，工业 SDN 网络具备网络的统一接入和管理能力，能够快速发现设备重新组网时出现的问题，指导现场人员快速进行处理。

目前国内外正在开展工业 SDN 网络的研制，我国沈阳自动化所和德国 SAP 公司联合发布了双方联合研发的国内首套工业 4.0 示范线。2016 年德国总理默克尔在沈阳考察期间实地参观了这条工业 4.0 示范线，并对生产线表现出极大的兴趣。上述工业 4.0 示范系统和解决方案是以沈阳自动化研究所自主研发的工业 SDN 智能管控系统等技术与产品为基础，融合了 SAP 公司的 HANA 平台、ERP 和 MES 软件系统，针对高度定制化产品的规模化生产与传统刚性制造模式的矛盾，提供了面向工业 4.0 的智能工厂整体解决方案。

6. 工业无线传感器网络

无线传感器网络的低成本、易用和泛在感知等特征，使得工业无线通信与无线传感器网络结合成为应用发展的必然趋势。基于无线传感器网络的工业无线技术已成为物联网技术领域非常活跃的发展方向之一，是提高生产效率、提升产品质量、节约能源和降低排放的重要技术。为此，国内外主要设备制造商和标准组织都开始积极推进相关技术的标准化进程，希望尽早进入和主导这一高技术含量、高附加值、市场份额巨大的领域。如图 3-3 所示为国内外工业无线传感器网络标准举例。

早在 2003 年，低速无线个人局域网（Low-Rate Wireless Personal Area Networks，LR-WPANs）标准 IEEE 802.15.4 的诞生为工业无线网络标准的研究奠定基石，并在 2006 年和 2015 年分别得到了补充和修订。2004 年，ZigBee 联盟基于 IEEE 802.15.4 推出了 ZigBee 协议，并相继推出 ZigBee Pro 等升级版本，2007 年，国际互联网工程任务组（IETF）发布了基于 IPv6 的低功耗标准 6LoWPAN，但是这些协议主要针

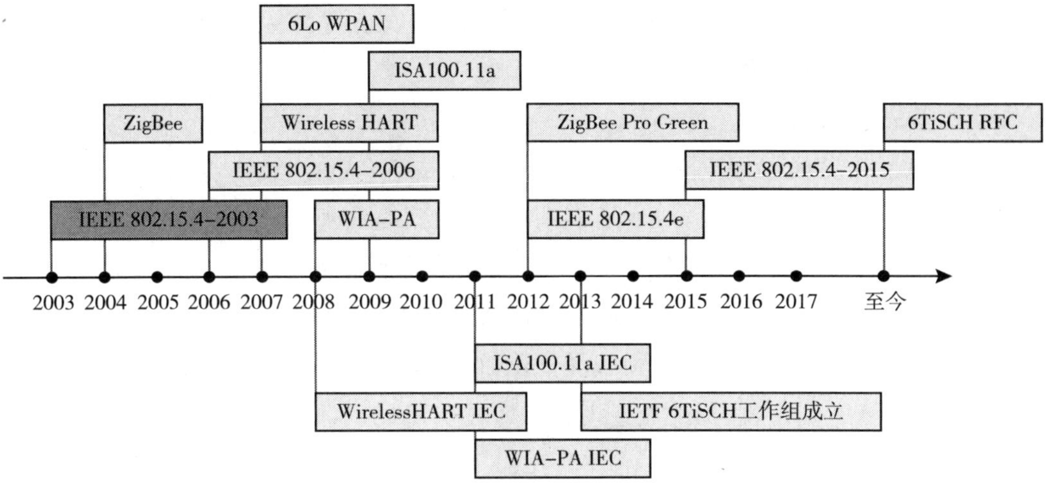

图 3-3　国内外工业无线传感器网络标准举例

对非关键应用。直到 2008 年 9 月 19 日，由 ABB 等主导发布的 WirelessHART 标准成为第一个国际电工委员会（IEC）认可的工业无线标准。随后，由霍尼韦尔、通用电气等提出的 ISA-100.11a 以及由沈阳自动化研究所主导制定的 WIA-PA 相继成为 IEC 认可的工业无线标准。2012 年，IEEE 802.15.4 工作组专门针对工业应用发布了 IEEE 802.15.4e 标准，次年，国际互联网工程任务组（IETF）成立了 6TiSCH 工作组，目标是在基于 IEEE 802.15.4e 链路上实现 IPv6 通信。目前，6TiSCH 的相关草案（RFC）已经在验证当中，将成为下一个工业标准的技术规范。

然而无线传感器网络应用于工业领域仍然面临如下挑战。①高可靠性：大部分的工业闭环控制要求数据的可靠传输率超过 99.9%。但是在工业现场使用无线通信来实现高可靠传输面临许多挑战。一方面，存在很多同频段无线设备，极易相互干扰；另一方面，工业环境中的射频通信条件较为恶劣，厂房中遍布的各种金属设备对信号的反射、散射造成的多径效应，以及马达、器械运转时产生的电磁噪声，都会干扰无线信号的正确接收。② 严格实时性：对于工业闭环控制应用，数据传输延迟应低于 1.5 倍的传感器数据采样时间，常见值是 100ms。无线传感器网络设施简单、设备的处理能力低，保证端到端通信的确定性比较困难。③低能耗：对于无法采用外接电源的节点，从运行和维护成本方面考虑，节点的电池寿命应达到 3—5 年。如何以较低的能耗实现信息采集任务是工业无线技术必须解决的问题。④安全性：随着工业控制系统网络化进程的推进，网络安全和数据安全问题日益突出，一些安全漏洞将给工业控制造成巨大的损失。无线通信由于信道的开放特征更容易受到攻击，其安全保障机制将更加复杂，而无线传感器节点由于资源限制很难实现复杂的安全算法。基于上述挑战，目前工业无线传感器网络主要应用于生产过程的数据采样监视和实时性要求较低的控制，实时控制和安全等高级工业应用是未来工业无线传感器网络发展的重要目标。

7. 工业无线局域网

IEEE 802.11 无线局域网（Wireless local area network，WLAN）技术在过去二十年中取得了巨大的发展。WLAN 由于具有低成本、灵活性、可扩展性和易部署等优点，已经成为众多领域的关键技术。工业 WLAN 继承了 WLAN 的基本功能和特性，但工业环境的复杂性和自身网络机制导致的不确定性，使得传统 WLAN 难以直接应用于工业通信中。因此，近来该领域涌现出许多相关研究。工业 WLAN 主要研究重点在于网络传输的确定性，该确定性定义为在确定的时限内完成可靠的数据通信，即以可靠性为前提的网络实时性。由于 IEEE 的 WLAN 标准本身仍在不断发展和改进，因此工业 WLAN 仍然是一个非常开放的研究方向。

下面分两个阶段，简要介绍 IEEE 的 WLAN 标准对可靠实时性支持的演进。

阶段一：IEEE 802.11/a/b/g 及 IEEE 802.11e 标准的 MAC 层协议。1997 年，IEEE 802.11 标准的原始版本发布。该版本可以在 2.4GHz 频段下支持最大速率为 2Mbps 的无线通信。1999 年，标准组陆续发布了 IEEE 802.11a 和 IEEE 802.11b 协议。IEEE 802.11b 工作在 2.4GHz 频段，支持最大速率为 11Mbps，而 IEEE 802.11a 工作在 5GHz 频段，支持的最大速率达到了 54Mbps。2003 年，IEEE 802.11g 标准发布。该协议工作在 2.4GHz 频段，支持的最大速率为 54Mbps。这些协议具有相同的基本 MAC 机制，即分布式协同功能（Distributed Coordination Function，DCF）机制和点协同功能机制（Point Coordination Function，PCF）。然而这两个基本机制无法提供良好的服务质量（Quality of Service，QoS），无法有效保证高优先级业务的实时性，如多媒体业务和工业通信。为了解决这个问题，标准组提出了 IEEE 802.11e 修订案。IEEE 802.11e 协议在 DCF 和 PCF 机制的基础上，提出了混合协调功能（Hybrid Coordination Function，HCF）。HCF 定义了业务种类（Traffic Categories，TC），并采用优先级的方案以满足包括工业应用在内的实时应用的需求。

阶段二：IEEE 802.11/n/ac/ax/ah 的 MAC 协议，以及 IEEE 802.11aa/ae 两个修订案。由于日益增长的高数据率与网络 QoS 需求。2009 年，IEEE 802.11 工作组颁布了 IEEE 802.11n 标准。该标准采用多输入多输出（multiple-input multiple-output，MIMO）技术，提供了最高 600Mbps 的传输速率。为了更有力地保障实时应用 QoS，在 IEEE 802.11-2012 修订版本中，加入了 IEEE 802.11aa 和 IEEE 802.11ae 两个修订案。2014 年，IEEE 802.11ac 协议颁布，最高可以支持达到 7Gbps 的数据率。2017 年，IEEE 802.11ah 协议发布。该协议工作在低于 1GHz 的免许可频段（sub-1-GHz license-exempt bands，S1G），可以提供远超于传统 IEEE 802.11 协议的传输距离。

IEEE 802.11ah 主要应用于物联网相关场景，其中也包括工业通信场景。即将颁布的 IEEE 802.11ax 协议是下一代的高吞吐量 WLAN 的修订案，也被称为 Wi-Fi 6。Wi-Fi 6 网络通过 OFDMA、UL MU-MIMO、1024-QAM 等技术，适用于高密度无线接入和高容量无线业务，不但支持接入更多的客户端，还能均衡用户带宽。在工业制造场景中，Wi-Fi 6 的应用场景丰富。例如，大量高清视频回传以进行质量检验的场景，使用 Wi-Fi 6 可以同时提供支持更多的高清摄像头同时回传更高质量的视频数据，同时提高检验质量和效率。

8. 私有 LTE/5G

随着工业互联网的发展，工业生产过程已不再局限在工厂内，开始逐步通过工厂外网络，以 LTE、5G 为代表的移动通信网络由于广覆盖、高速率、网络可靠性高和产业链成熟等特点，已经越来越多的用于工业生产中，极大拓展了传统工业网络的内涵和外延，为工业互联网的发展提供了良好基础。

LTE 是新一代的宽带移动通信技术，提供了更高的带宽和更快的传输速率。LTE 网络架构简化了网络架构，降低了系统复杂度、实现了全 IP 网络架构。LTE 网络可以提供丰富的无线多媒体通信服务，包括语音、数据、视频等业务，让用户可以在任何时间、任何地点接入系统中，实现用户的永远在线。LTE 是全球唯一主流的 4G 标准，全球 200 个国家和地区的运营商提供 LTE 网络服务，实现网络无缝漫游，具备成熟的产业链支持。

5G 是 LTE 技术的进一步发展。近年来，随着 5G 标准的逐渐制定，5G 吸引了全球的关注。5G 是工业互联网的重要基础设施，“5G+”工业互联网将成为发展方向。5G 是工业互联网的有力支撑，伴随着工业元素的联网和智能化，需要高速率、低时延的网络来支持工业互联网的发展。我国的 5G 产业高速发展，“5G+”工业互联网的基础逐渐完善，基础电信企业和大型工业企业强强联合，在多个行业加快布局，已形成 20 余种融合应用类型，重点聚焦工业制造、能源电网、智慧港口等领域。

对于公有 LTE/5G，通常由电信公司管理网络设备，使用公用基站向客户提供通用语音 / 数据服务，用户无需自建网络。而私有 LTE/5G 网络（也称为私用蜂窝网络）使用与公共网络相同的技术，允许企业拥有和控制自己的 LTE 或 5G 网络，使用专用设备，服务于有限的地理区域。这些私有 LTE/5G 网络可以在许可和 / 或未许可频谱上工作，可以由企业或服务提供商管理，并且可以针对特定数据或安全需求进行优化和配置。

私有 LTE/5G 应用于工业互联网的优势总结如下：①覆盖范围广：在偏远地区通常缺乏公共无线基础设施。此时，可以安装自己的私有网络，提供网络访问。广泛的覆盖范围还可以延伸到建筑物内部以及集装箱港口、仓库或其他交通枢纽等区域的设备。②网络定制性好：对于不同工业应用场景，可以针对应用交付优先级定制网络，确保通过服务质量（QoS）给予安全数据最高优先级。③网络安全性好：私有 LTE/5G 网络具有蜂窝级安全性，可以保护敏感数据的加密、验证、安全，以及本地保存。

目前，国内外都在积极开展私有 LTE/5G 的应用，包括公共安全机构，军队，公用事业，石油和天然气公司，矿业集团，铁路和港口运营商，制造商和工业巨头都在私有 LTE 网络上进行了大量投资。例如，奔驰汽车部门正在辛德芬根的“56 工厂”建立本地 5G 网络，以支持汽车生产过程。

下面介绍私有 LTE/5G 网络的一些可能的应用和布置案例：①一个大型矿场，使用私有 LTE/5G，支持各种安全和生产关键系统，如坑内闭路电视监控、智能土方测量、遥测以及其他监控服务和传感器。②一座复杂的仓库，使用机器人和控制软件拣选客户订单，仓库使用私有 LTE/5G 来满足移动性、连接密度、可靠性和低延迟需求。③大型发电和配电中心，支持预警诊断、劳动力管理、机器自动化和运营安全等服务。私有 LTE/5G 实现了人员、传感器、机器和应用程序之间的集成通信。

3.2.2 企业外网

企业外网是以支撑工业全生命周期各项活动为目的，用于连接企业上下游之间、企业与智能产品、企业与用户之间的网络。本节的结构组织如下所述：首先介绍四种有线企业外网技术，分别是工业专线、软件定义广域网和智慧标识网络。之后介绍两种无线企业外网技术：窄带物联网和公有 LTE/5G。

1. 工业专线

工业界在广域互联网中的业务需求主要包括工业实体间的互联、跨区域的互联、工业互联网与云的互联、不同工业网络对广域网承载性能的差异化需求。这些需求推动了工业专线的不断发展，目前工业界广泛使用的多协议标签交换虚拟专线（Multi-protocol Label Switching VPN，MPLS VPN）和基于光传送网（Optical Transport Network，OTN）的光网专线很好地满足了工业互联网的需求。

多协议标签交换技术 MPLS 是一种工作在 2.5 层的电信网路由技术，它基于最短路径标识技术实现了数据从节点到节点之间的转发，从而避免了复杂的查询路由表的过程，加快了数据包在网络中的转发速率。多协议标签交换技术的另一个优点在于它可以封装多种网络协议的报文，因此它支持多协议工作。

MPLS VPN 是一系列使用多协议标签交换技术（MPLS）来创建虚拟专用网

（VPN）的方法，与传统的虚拟专用网技术相比，MPLS VPN 在工业中具有很多应用优势，例如，它简化了异步传输模式 ATM（Asynchronous Transfer Mode）与 IP 的集成技术，有效地结合了二层和三层，降低成本，保护了用户的前期投资；它具有管控服务质量 QoS（Quality of Service）的能力，实现业务等级的区分及质量服务保障；它基于高速标签进行路由转发，无需查询 IP 报头，提高了转发效率和灵活性；它利用先进的加密技术对经过用户传输的数据进行加密，具备较高的安全性。

MPLS VPN 在工业网络中一般有三种部署方式，分别是点到点连接 Pseudowire、虚拟专用局域网服务 VPLS（virtual private LAN service）和虚拟专用路由网 VPRN（virtual private routed network）。其中 Pseudowire 和 VPLS 是部署在二层的，VPRN 部署在三层。二层的 MPLS VPN 可以在保留传统的二层 VPN 技术优势的基础上降低业务开通复杂度，尤其是在现有的 VPN 中增加新站点时，通常只需把供应商边缘路由器连接到新的站点上即可；三层的 MPLS VPN 与传统的三层 VPN 相比，它可以实现一些新的功能，例如支持地址重叠（即同时支持使用公有地址的设备和私有地址的设备），支持 VPN 重叠（即支持一个站点同时属于多个 VPN）等。

另一种工业网络专线是 OTN。OTN 的概念和架构是由 ITU.T 于 1998 年正式提出的，是通过 G.872、G.709、G.798 等一系列 ITU-T 的建议所规范形成的新一代“数字传送体系”和“光传送体系”。经过 20 多年的发展，其标准体系日趋完善，目前已形成一系列框架性标准。OTN 主要应用于长距离传输、大带宽业务和易于管理的统一传送平台的场景中。传统的波分复用（Wavelength Division Multiplexing，WDM）技术在保护、管理和调度方面有局限，不能很好地适应大颗粒带宽业务的传输需求，而 OTN 技术在 WDM 的基础上结合了同步数字体系（Synchronous Digital Hierarchy，SDH）电层处理机制，适应了大颗粒带宽数据业务。

与 MPLS VPN 相比，OTN 可以实现端到端的物理专网，具有更高的带宽承载能力和安全可靠性。随着工业网络应用需求的增加，引入 OTN 技术可实现大颗粒带宽业务调度的灵活性，尤其对于调度颗粒度达到 Gbps 单位量级的业务，应当优先考虑使用 OTN 网络。

2. 软件定义广域网

SD-WAN，即软件定义广域网，是将 SDN 技术应用到广域网场景中所形成的一种服务，这种服务用于连接广阔地理范围的企业网络、数据中心、互联网应用及云服务。这种服务的典型特征是将网络控制能力通过软件方式“云化”，支持应用可感知的网络能力开放。SD-WAN 发展有较强的持续性提升的趋势。IDC 预测，SD-WAN 市场从 2018 年到 2023 年期间将以 30.8%的复合年增长率增长，届时规模将达到 52.5 亿美元。可以肯定的是，SD-WAN 独特的技术满足了企业广域网需求，在海外与中国市场的发展趋势是显而易见的。

工业企业传统的多区域分布式的主体互联方式主要包含两种，第一种是直接通过 Internet 公网互联。采用这种方式成本很低，但是安全风险很大，同时由于公网链路状态的不可控，通信质量不能保证。第二种是租用专线、光纤或 MPLS 等构建跨地域的广域网。这种方式较为安全，且网络性能稳定，但是运营商的开通以及运维管理成本高，导致租金昂贵成本巨大。为了解决上述问题，SDN 逐渐被引入工业企业外网，其中最有潜力的应用为 SD-WAN。SDN-WAN 的基本架构如图 3-4 所示，它是将 SDN 应用到广域网场景构建而成的新一代广域网技术，通过集中式的管理 IPSec VPN、MPLS、4G、5G 等通信链路在普通上网链路上构建一个 Overlay 专网。以往的端与端之间的网络设备，配置路由策略，需要每台设备独立配置，而 SD-WAN 则建立了一个统一的控制器，对其管理范围内的网络设备，进行统一的策略修改和升级。

SD-WAN 在工业企业外网常见的两个应用场景如下：

1）基于 SD-WAN 的企业间协同网络。在该应用场景中，企业仅需要在各分支企业、工厂本地部署一个 SD-WAN 网关设备，在每个部署 SD-WAN 网关的站点进行实时的流量监控和流量调度，可以实现多链路和多 ISP 的均衡负载，可以为优先级较高的应用程序提供更高的网络性能。

2）基于 SD-WAN 的企业与工业云数据中心协同网络。在该应用场景中，企业在本地和云计算平台均部署 SD-WAN 网关，并与运营商骨干网进行高层次的协同。运营商提供的专用骨干网针对企业流经 SD-WAN 的流量进行了专门的调度优化，可以降低延迟和抖动，有效提高网络的性能。该模式适合拥有大量实时云计算应用的公司。

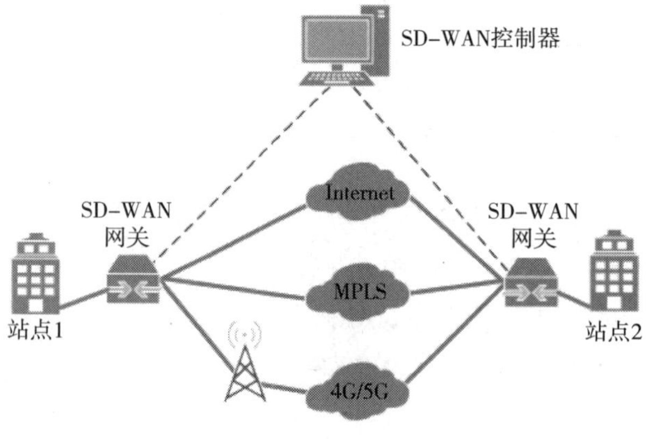

图 3-4 SD-WAN 基本架构

3. 智慧标识网络

随着各个行业开始向信息化以及智能化转型，网络应用的条件和场景均产生了巨大变化，而传统网络体系面临着行业应用带来的新需求与新挑战。为此，亟待进行网络体系与技术创新，满足其迫切需求。依托两期国家“973 计划”，我国下一代互联网互联设备国家工程实验室在深入探索现有网络工作机理的基础上，揭示凝练出造成现有网络存在一些亟须解决问题的根源，创建标识网络体系与组网机制，最后成功研制出智慧标识网络系统，有效突破高移动、低延迟、可靠通信的网络技术瓶颈并应用于高铁、工业制造专网。

智慧标识网络研究团队发现现有网络工作机理上存在“资源与位置”“控制与数据”“用户与网络”三重绑定限制，例如，IP 地址既代表用户身份又代表网络位置，这二者的绑定将带来安全隐患并使移动性支持变差。进而揭示出其体系结构在横向上：网络实体与行为紧耦合；纵向上：应用与网络缺乏适配、协同松散。由此凝练出，“横紧纵松，三重绑定”特性是造成传统网络难以满足新需求和新挑战的根源。

为解决上述问题，提出“三层”“两域”智慧标识网络体系模型，如图 3–5 所示，核心思想是横向采用实体、行为两域解耦的自动感知协同机制，纵向采用服务、适配、网络三层按需动态适配的解析映射机制。“两域”包括实体域和行为域，实体域负责网络的实际运行，相对静态；行为域负责网络的控制、计算与协同。“三层”包括普适服务层、资源适配层和网络组件层，普适服务层主要负责服务的标识和描述，以及服务的智慧查找与动态匹配等；资源适配层通过感知服务需求与网络状态，动态地适配网络资源并构建网络族群，以充分满足服务需求进而提升用户体验，并提高网络资源利用率；网络组件层主要负责数据的存储与传输，以及网络组件的行为感知与聚类等。上述设计从网络体系的根源上，解决了“横紧纵松、三重绑定”问题，实现从传统“用户被动适应网络”到“网络智慧适配用户”的转变。

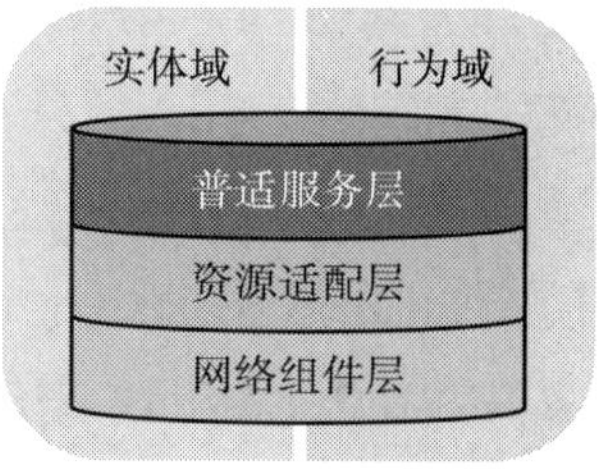

图 3–5　“三层”“两域”智慧标识网络体系模型

智慧标识网络在企业外网的应用主要通过智慧标识路由器实现。如图 3–6 所示，智慧标识路由器连通企业外部和内部网络。企业外部网络的主要功能包括：远程用户访问企业内部网络设备，以及企业内部网络数据向远端云服务器提交等。由于企业内部的大量设备产生了海量数据，为保证这些数据的可靠实时远程传输，需要充分合理的利用各种网络资源。现有解决方案中，用户采用单一的运营商网络进行通信，无法充分利用周边多种网络资源，难以提供高带宽、可靠的通信保障。智慧标识路由器可以感知用户需求与网络状态，通过服务与网络适配，自动连接网络状态较优的网络，若带宽不足可聚合协同联通、移动、电信、卫通等多家运营商带宽资源，有效解决跨运营商异构网络协同难题，和复杂环境下的高速数据可靠传输问题。外部网络控制器可以对分布在各地的智慧标识路由器进行全局管控和配置。

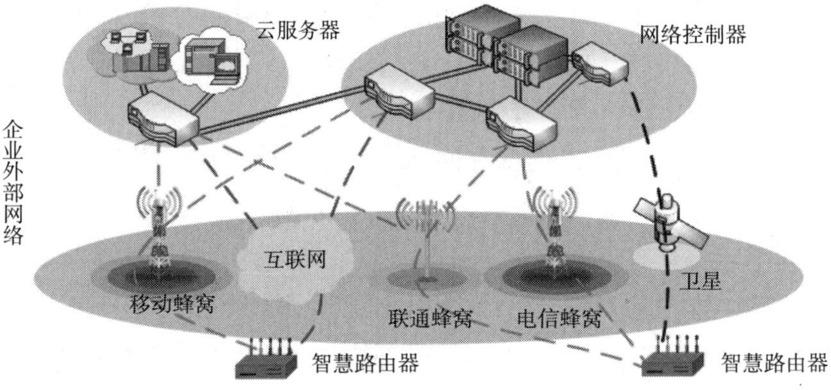

图 3-6　智慧路由器在企业外网应用

4. 窄带物联网

窄带物联网（Narrow Band Internet of Things，NB-IoT）是 3GPP 在第 13 版中引入的针对低功耗、广覆盖类型业务定义的新一代蜂窝物联网技术。NB-IoT 解决了物联网设备连接的最后一公里问题，广泛适用于工业智能计量、资产跟踪、设施监测、设备管理等场景。NB-IoT 采用了多种优化技术，具有低功耗、广覆盖、低成本、大连接的特点。①低功耗：NB-IoT 的物联网终端在电池容量为 5Wh 的情况下，预期最长待机时间可达 10 年。②广覆盖：NB-IoT 整个传输链路上允许的最大路径损耗为 -164 dB，相比 GSM 和现有 LTE 网络，NB-IoT 可以提高 20 dB 的覆盖增益。③低成本：NB-IoT 模组成本相对于 4G 大大降低。④大连接：NB-IoT 每个扇区可以支持数万个设备接入。

NB-IoT 物联网端到端网络部署如图 3-7 所示，一般包含四层：物联终端层、网络层、云平台层和应用层。①物联终端层由适用于多种工业物联终端组成，这些物联终端均配备 NB-IoT 通信模组。②网络层由运营商提供的 NB-IoT 接入基站和核心网组成。NB-IoT 核心网针对物联网小数据大连接的特点进行控制面和用户面的传输优化，由运营商具体提供。③云平台层部署于云计算数据中心，包含连接管理平台和业务使能平台。其中，连接管理平台用于 NB-IoT 物联终端连接认证、连接管理等；业务使能平台包含一系列的业务相关数据汇总、数据分析等功能，为上层应用提供业务数据支持。④应用层包含具体业务应用，通过业务使能平台获取的数据，根据具体业务逻辑，触发相关应用行为。

5. 公有 LTE/5G

对于公有 LTE/5G，通常由电信公司管理网络设备，使用公用基站向客户提供通用语音 / 数据服务，客户无需自建网络。公有 LTE/5G 在工业互联网的一些成功应用举例如下。

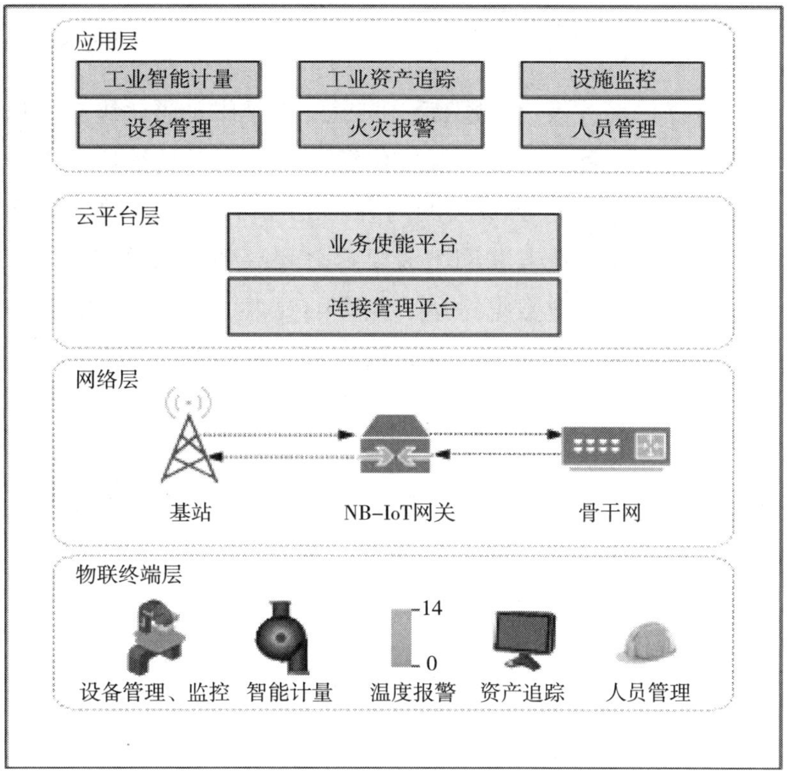

图 3-7 NB-IoT 物联网端到端网络架构

随着工业互联网的发展，AR/VR 等对带宽有较高需求的技术逐渐被应用到工业生产活动中，如产品组装，设备维护，远程专家支持和质量保证等。AR/VR 具有极强的灵活性，使维护工作更加高效，大大提升生产效率的同时还减少安全隐患。LTE/5G 所带来的高带宽，促进了 AR/VR 等对带宽需求较高的技术在工业互联网中的应用。

LTE/5G 技术使得远程控制工业设备或机器人来进行操作成为可能，即通过云计算实时控制流水线上的机器人，实现柔性生产和可定制化生产，或者在危险系数较高的工业生产活动中，通过远程操控智能机器人来代替人类进行生产活动，从而降低相关安全风险。

工业互联网时代，生产人员、物品物料和相关设备的联网是一项必然趋势，越来越多的传感器被部署在工厂、企业的生产设备和环境中，LTE/5G 使得大规模传感器的联网和及时的数据自动化收集成为可能，使得决策中心可以及时收集各个生产环节的数据，改善运营效果和定制灵活的生产策略，从而提高了效率，并降低了成本。

3.3 数据互通

网络系统的互操作性涉及三个层面：技术级互操作、语法级互操作和语义级互操作。在互联网分层模型种，技术级互操作属于传输层及传输层以下，语法级互操作和语义级互操作属于应用层面解决的内容。3.1 节介绍的“网络互联”就是解决技术级互操作，用于实现工业互联网组成要素之间端到端的数据传输。这种端到端的数据传输只是解决了将工业数据送达了相应的要素，之后还需要将数据交给应用层面处理。工业互联网是一个融合多种异构技术的完整系统，需要解决来自各种异构系统要素的工业数据能相互“理解”。尤其是近年来随着人工智能、大数据的快速应用，使得工业企业对数据互通的需求越来越强烈，标准化成为数据互通技术发展的趋势。本节的“数据互通”技术就是实现数据和信息在各要素间、各系统间的无缝传递，使得异构系统在数据层面能相互“理解”，从而实现数据语法级互操作和语义级互操作。

由于应用的场景和行业众多，工业互联网实现统一的语法级互操作和语义级互操作的难度很大，还需要开展大量的相关研究。本小节介绍以下几种相关技术：HTTP 和 MQTT 为应用层数据的请求、获取、通道建立、终断等提供统一的语法级互操作；YANG 模型提供了完备、统一的数据对象表达、描述和操作模型，为建立语法和语义级互操作提供信息模型基础；OPC UA 既可以提供语法级互操作，又可以支持语义级互操作，实现工业数据信息的发现、采集、查询、存储、交互等功能，以及对工业数据信息的请求、响应、发布、订阅等功能。

HTTP、MQTT 和 YANG 都是源于互联网和物联网的技术，不是为工业网络专门设计。OPC UA 是专门为工业自动化等应用设计，并且其功能完备，涵盖语法和语义级互操作，因此被认为是工业互联网的关键技术之一。融合 TSN 与 OPC UA 的 OPC UA TSN 是非常热门的研究，该技术可以将 IT 和 OT 无缝融合，实现从传感器到云端建立全面的通信基础结构，并且 OPC UA TSN 不与特定厂商绑定，其适用性、开放性和标准性也非常有优势。

3.3.1 HTTP

超文本传输协议（HyperText Transfer Protocol，HTTP）是一种用于分布式、协作式和超媒体信息系统的应用层协议，是万维网上进行数据交换的基础。HTTP 最初的设计目的是提供一种统一的发布和接收超媒体文档的方法，通过 HTTP 协议请求的资源由统一资源标识符（Uniform Resource Identifiers，URI）来标识。随着万维网成为互联网提供服务的最主要方式，HTTP 也成为互联网应用层重要的有协议之一。

HTTP 协议是基于“客户 / 服务器（client/server）”模式，一个基本的 HTTP 连接由客户端、服务端以及若干网络代理（路由器、交换机等）组成。如图 3-8 所示，其中，①客户端是任何能够为用户发起应用请求的终端或应用程序。网页浏览器是最常见的客户端，浏览器向服务器请求 Web 文档，实现网页浏览的应用。一个完整的 Web 文档通常是由不同的子文档拼接而成的，像是文本、布局描述、图片、视频、脚本等，这些资源均存储在服务器端。②服务器用来存储并提供客户端所请求的文档、音视频、网页广告素材等数据资源，它可以是单个服务器，也可是共享负载（负载均衡）的一组服务器组成的计算机集群。③在浏览器和服务器之间，网络代理（路由器、交换机和其他转发设备等）转发 HTTP 消息，其主要作用包括了浏览器缓存、网络过滤、负载均衡、资源权限管理认证、网页日志记录等方面，是整个 HTTP 连接中不可缺失的一环。

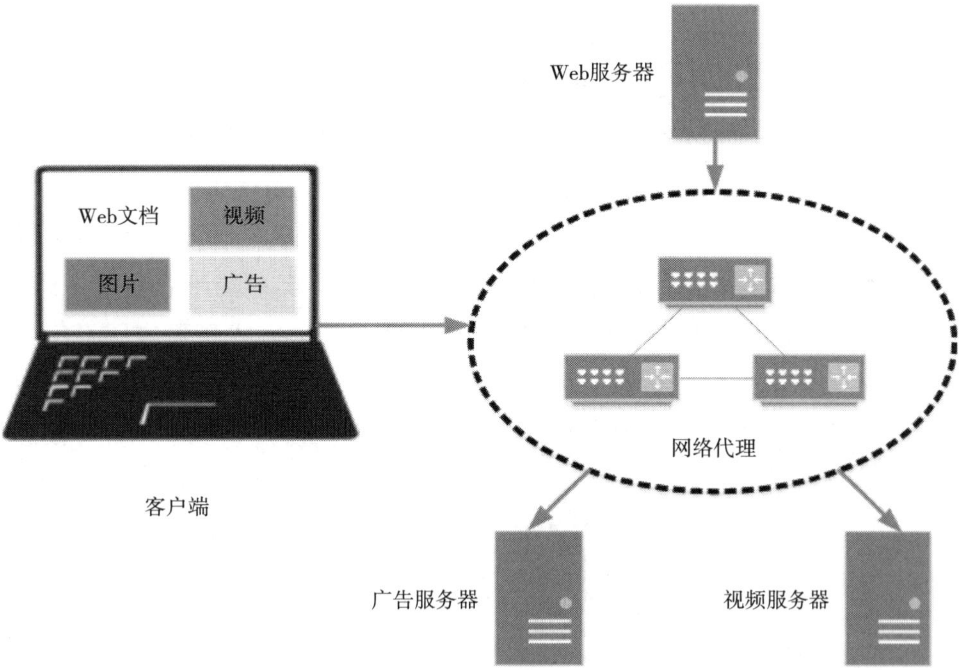

图 3-8　HTTP 连接基本框图

一个典型的 HTTP 应用处理包括如下的过程：①用户与服务器建立连接；②用户向服务器提出请求；③服务器接受请求，并根据用户请求返回相应的文件作为应答；④用户与服务器关闭连接。用户与服务器之间的 HTTP 连接是一种一次性连接，它限制每次连接只处理一个请求，当服务器返回本次请求的应答后便立即关闭连接，下次请求再重新建立连接。

在工业互联网中，终端种类非常多，包括物联网网关、通信模块以及大量的行业终端，其中尤以行业终端的种类最为丰富。HTTP 作为一个简单的请求 – 响应协议，面对物联网的行业终端种类繁多，体积、处理能力、对外接口等不尽相同的现状有着很好的兼容性，是在工业场景中工业网络应用层广泛使用的协议标准。

3.3.2 MQTT

随着物联网时代的来临，虽然 HTTP 仍然能够完成应用层数据统一获处理，但是设计专用于物联网的轻量级的应用层数据处理协议成为研究热点，涌现了大量新成果，其中消息队列遥测传输协议（Message Queuing Telemetry Transport，MQTT）是其中最为成功的技术。MQTT 是一种基于发布 / 订阅模式的轻量级通信协议。该协议构建于 TCP/IP 协议上，可以用极少的代码和有限的带宽，为连接远程设备提供实时可靠的消息服务。作为一种低开销、低带宽占用的即时通信协议，MQTT 在物联网、小型设备、移动应用等方面有着广泛的应用。

在通信过程中，MQTT 协议包括了三部分通信模块：发布者（Publish）、代理（Broker）（服务器）、订阅者（Subscribe），实现 MQTT 协议需要客户端和服务器端通信完成。如图 3–9 所示，消息的发布者和订阅者都是 MQTT 客户端，消息代理是 MQTT 服务器，MQTT 客户端与 MQTT 服务器建立连接后是一个会话，一个会话包含多个订阅，客户端和服务器之间有状态交互。MQTT 客户端可以发布其他客户端可能会订阅的信息，订阅其他客户端发布的消息以及退订或删除应用程序的消息；MQTT 服务器位于消息发布者和订阅者之间，可以接受来自客户的网络连接和应用信息，处理来自客户端的订阅和退订请求以及向订阅的客户转发应用程序消息等。

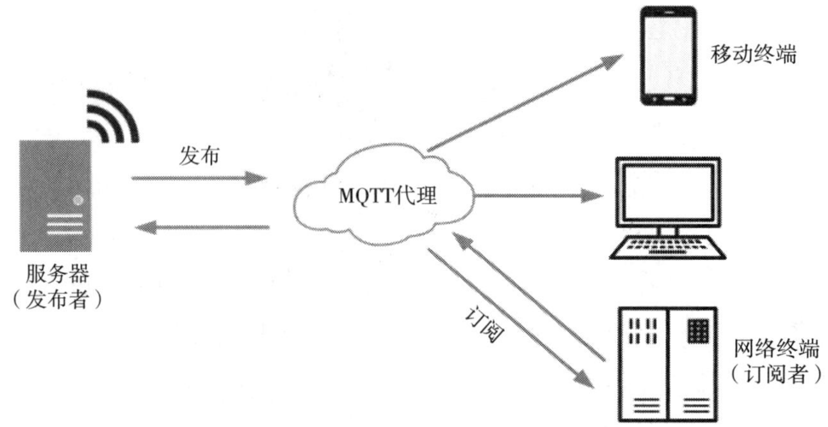

图 3–9　MQTT 协议原理实现框图

MQTT 传输的消息分为主题（Topic）和负载（Payload）两部分：主题为消息的类型，订阅者订阅后，就会收到该主题的消息内容；负载为消息的内容，是指订阅者具体要使用的内容。在客户端发起订阅传输后，MQTT 会构建起底层网络传输，它将建立客户端到服务器的连接，提供两者之间的一个有序的、无损的、基于字节流的双向传输。当应用数据通过 MQTT 网络发送时，MQTT 会把与之相关的服务质量（QoS）和主题名相关联。

工业互联网的不断发展推动着工业网络数字化转型，MQTT 简化了对数据的访问，并与一流的 ML 和 AI 应用程序配合使用，为组织构建智能工厂的经济、高效数字转换解决方案提供了良好的工具，在工业互联网的数据传输协议中具有十分重要的意义和价值。

3.3.3　YANG

YANG（Yet Another Next Generation）是一种数据建模语言，用于定义 NETCONF（Network Configuration Protocol）等网络管理协议传输的数据。YANG 模型的产生是为了对 NETCONF 协议所操作的数据进行建模，但是 YANG 是独立于 NETCONF 的，除了用于 NETCONF 的数据建模，YANG 也在其他领域得到了大量应用，如软件定义网络的控制器 OpenDayLight 使用 YANG 进行数据和功能建模。

YANG 建立的数据模型具有树形结构，其中树的每一个节点都包含名称、值或子节点，YANG 语言用于为这些节点之间的层次结构提供描述。YANG 语言定义了一系列内置的数据类型用于描述网络概念，在这些内建数据类型的基础上还可以定义新的派生类型。为了满足用户需求，YANG 还可以在所定义的数据之上添加约束，使得数据在相应范围之内取值。YANG 语言建模所需的主要描述信息如表 3-3 所示。

表 3-3　YANG 语言的描述

描述	功能
module	YANG 建模的基本单元，表示一个模块
typedef	用于在 module 中定义一个派生类型
type	用于描述 YANG 中定义的基础数据类型或派生类型
leaf	YANG 的基本节点，用于定义叶子节点，其仅包含一个特定类型的值，且没有子节点
list	YANG 的一种数据结构，用于定义一组节点，可以包含任意数目的子节点
container	用于将数据层次化组织起来，呈现出子树的样式

续表

描述	功能
grouping	表示一组可重用的节点，可以被本 module 或其他 module 引用
uses	用来引用 grouping 定义的节点
rpc	用来定义远程过程调用操作，包含 input 和 output 参数

基于表 3-3 中的各种描述信息，YNAG 可以对来自不同厂商的网络设备提供统一的描述模型。因此在工业互联网中，使用 YANG 可以实现对异构系统统一建模，进而达到异构系统之间的数据无缝传递。此外，YANG 语言具备很好的可读性并且支持编程接口，其构建的数据模型可以完整的转换成 XML 或 JSON 等格式，因此得到业内广泛认可和支持。

如图 3-10 展示了基于 YANG 语言定义的一个用于对交换机的网卡进行操作的模型，以及该模型转换成 XML 格式的实例。其中，“module”描述“switch-oper”，表示该模型是一个模块，可以被其他模块引用；“yang-version”用于描述该模型的版本号信息；“prefix”用于描述该模型的唯一识别名称，当其他模型需要引用该模型时，需要将“prefix”所描述的内容作为前缀；“list”描述“interface”，表示可以操作交换机的多个网络接口；“leaf”描述的节点作为叶子节点，只有一个值，其类型通过“type”描述；“grouping”描述的“address”为一组可重用的地址类型，包

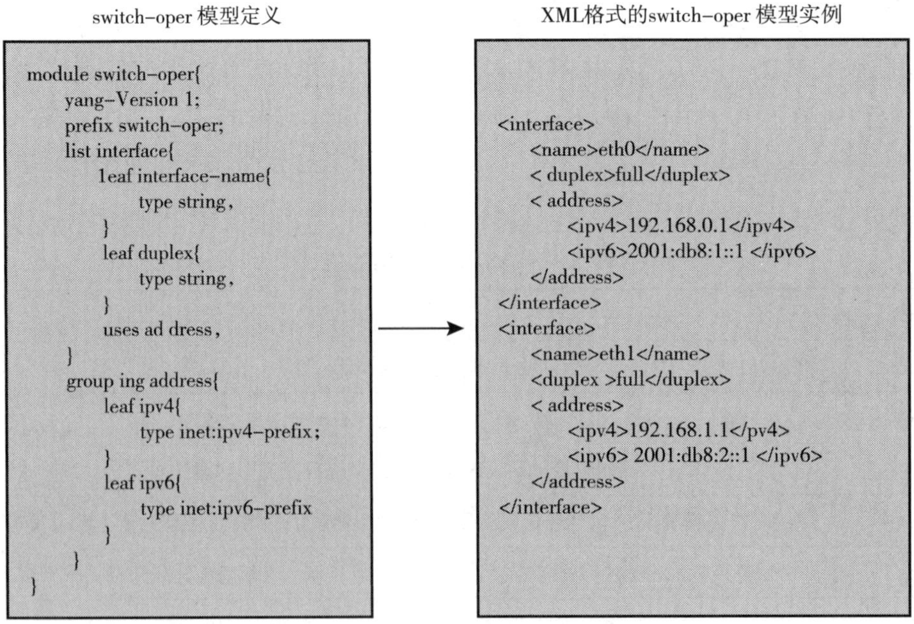

图 3-10　基于 YANG 的 switch-oper 模型及其 XML 实例

含 IPv4 地址类型和 IPv6 地址类型，其在“interface”结构中通过“uses”引用。总体而言，该模型定义了交换机的网卡属性，包括网卡名称、通信方式、IPv4 地址以及 IPv6 地址，根据该模型的总体描述，可以生成图 3-10 所示的 XML 格式的实例。

YANG 模型作为工业互联网中十分重要的数据模型，对于建立互通、加速数据传输发展和工业网络自动化的进程，发挥了底层数据传输的重要支撑作用。随着工业互联网的不断演进，IETF YANG 将不断发展成熟，为工业网络自动化的数据可靠传输提供坚实的基础。

3.3.4 OPC UA

在工业互联网领域，不同厂商的设备机器和服务之间需要进行标准化的数据和信息交互。为解决传统工业网络平台相互独立、安全机制不足、使用与实现过于复杂等缺点，OPC 基金会引入 OPC 统一架构（OPC Unified Architecture，OPC UA）。OPC UA 是新一代面向工业机器与机器之间的通信和信息模型标准，面对当前多种工业总线间无法实现语义互联互通的问题，OPC UA 协议可作为未来工业总线的统一解决方案，是工业互联网重要的技术之一。

相比传统工业总线标准而言，OPC UA 采用了平台无关性的传输机制，扩大了其应用范围，在国内的冶金监测、海上采油、公共节能等许多场景中已有实际应用。2017 年 9 月 5 日，《OPC 统一架构》国家标准发布、相关智能制造基础共性标准研制，以及 OPC/OPC UA 认证测试实验室的建立，标志着 OPC UA 规范正式被国家推荐，是智能制造标准化工作及标准实施的一个重要阶段性成果，对实现“中国制造 2025”和智能制造有着重大支撑意义。

OPC 统一架构具有完备的信息模型。OPC UA 信息建模框架将数据转换为信息，通过完全面向对象的功能，即使是最复杂的多层级结构也可以建模和扩展。这一框架是 OPC 统一架构的基本元素。它定义了利用 OPC UA 公开信息模型所需的规则和基本模块。虽然 OPC UA 已经定义了应用于多个行业的核心模型，但是合作组织可以在这基础上建立其自己的专属模型，并通过 OPC UA 公开其专属信息。OPC UA 还定义了信息模型的统一访问机制，包括：查找机制（以查找实例及其语义）、当前数据和历史数据的读写操作、执行方法、通知数据和事件等。

在语法互操作性方面，OPC UA 定义了统一的通信模式。OPC UA 目前的传统模式是客户 / 服务器方式，其中服务器是信息提供方，客户是服务获取方。客户发出希望获取信息的请求，服务器根据情况做出回应。但是当网络上有许多节点时，客户机 / 服务器系统会产生大量的连接，极大浪费网络资源，而这种情况在工业互联网中很常见，如图 3-11（a）所示。为此，OPC UA 又提出了发布 / 订阅模式，该

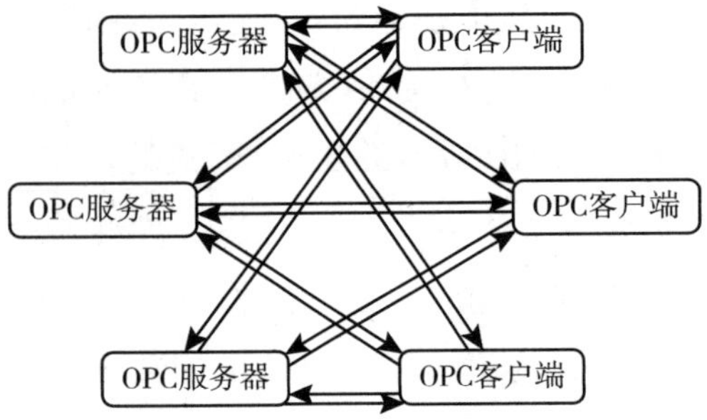

（a）客户/服务器

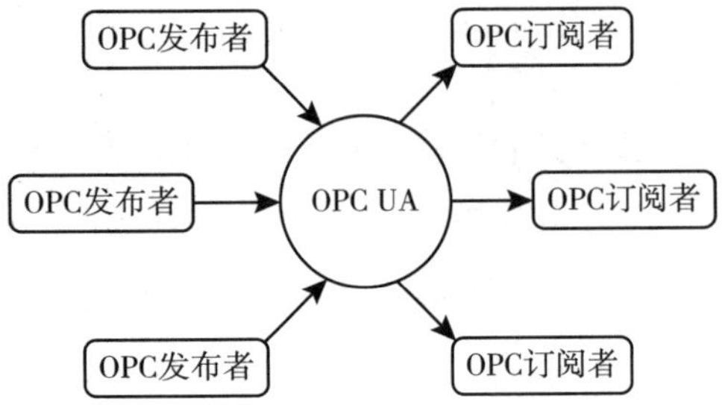

（b）发布/订阅

图 3-11　OPC UA 统一通信模式

模式支持一对多和多对多通信。服务器将其数据发送到网络（发布），每个客户端都可以接收此数据（订阅），如图 3-11（b）所示。

在语义互操作性方面，OPC 统一架构拓展了丰富的语义互操作。目前，OPC UA 已发布了《OPC 10000-19-UA 规范第 19 部分——字典参考》，描述了对 OPC UA 信息模型和外部词典（如 IEC 通用数据字典）进行引用时的基础结构。OPC UA 的对象是由被参考连接的各种节点组成。不同的节点类传输不同的语义。例如，变量节点代表"值"可以被读或写，变量节点有相关的数据类型来定义实际值，如字符串、浮点数、结构等。方法节点代表可以被调用的功能。每个节点都有大量的属性包括唯一的识别号 NodeID、用于浏览的名称 BrowsName、用于给用户显示的名称 DisplayName、节点描述 Description 等。

OPC UA 作为一种统一的工业数据传输标准格式，为工业错综复杂的数据格式传输提供了一种统一的参考标准。相比于传统的 OPC 以及一般的工业总线技术，信息建模能力是 OPC UA 的独特优势所在。OPC UA 的信息模型能提供更多的信息，包括测点的传感器设备类型，测点的厂商信息，所支持的类型层次等。这些信息经过服务端的统一组织和管理后，能够允许客户端对这些语义信息进一步解释和处理，完成应用层的复杂任务，如设备状态监控以及生产流程管理等。OPC UA 加速了制造行业数字化转型，提升工业现场网络的信息交互效率，将在未来工业互联网的发展演进中具有越来越重要的应用前景。

3.4　标识解析

工业互联网的重要目标是实现工业全要素、各环节信息互通，以及工业互联网数据共享共用。这就需要采用标识解析技术，给予每一个工业物件（产品、零部件、设备等）唯一的"身份证"，记录从物件的产生到使用过程中（材料来源、生产制造、物流运输、分发销售到用户使用）任一环节的相关信息，最终可以对物件进行解析溯源获取相关流程的所有信息。

当前，企业多采用企业自定义的私有标识体系，标识编码规则和标识数据模型均不统一，“信息孤岛”问题严重，当标识信息在跨系统、跨企业、跨业务流动时，由于标识体系冲突，造成企业间无法有效进行有效的信息共享和数据交互，产业链上下游无法实现资源的高效协同。针对上述问题，工业互联网标识解析系统应运而生，目标是依托建设各级标识解析节点，形成了稳定高效的工业互联网标识解析服务，国家顶级节点与 Handle、OID、EPC 等不同标识解析体系根节点实现对接，在全球范围内实现了标识解析服务的互联互通。

工业互联网标识解析体系主要包括标识技术和解析技术。

标识技术：编码给予每一个物件（产品、零部件、设备等）唯一的“身份证”，身份证上记录了物件的所有相关信息。目前国内外主流的编码技术体系包括 Handle、OID、Ecode、EPC 等。Handle 由美国研发，应用于产品溯源和数字图书馆资料检索；OID 为国际标准组织提出，应用于医疗卫生和信息安全领域；Ecode 为我国自主研制，应用于农产品质量溯源；EPC 由国际物品编码歇会（GS1）组织，应用于物品流通领域。

解析技术：产品经历生产、加工、物流、销售等多个环节，每个环节其标识都会留下信息，而每个环节都由不同管理主体管理。通过对产品标识进行解析，可获得存储其关联信息的服务器地址，从而准确、高效地获取对象标识所对应每一个环节的信息。目前国内外主流的解析系统包括 Handle、OID、Ecode、EPC 等为实物对象（产品或者设备等）进行信息解析的技术。

3.4.1 Handle 标识解析技术

Handle 是“互联网之父”Robert Kahn 发明的一种标识解析技术，不仅实现了数字对象的标识管理，同时满足了工业互联网发展中对标识解析的需求，是工业互联网标识解析的重要支撑系统之一。Handle 系统由非营利性国际组织 DONA 进行统一管理的全球范围分布式系统。DONA 在全球设立 10 个根节点 MPA。MPA 向下再划分为行业平台和企业平台，实现分段管理。由上述所有根节点、行业平台和企业平台构成的整体，统称为全球 Handle 注册处（Global Handle Registry，GHR）。Handle 分布式系统如图 3–12 所示。

Handle 的系统编码由斜线“/”分开的两个部分组成，具体表示如下：

<Handle>::=<Handle Naming Authority>“/”<Handle Local Name>

当创建一个 Handle 编码时，由 GHR 生成前一部分的机构命名。其中，机构命名用“.”隔开分为三个层级：国家级 . 行业级 . 企业级，也称为“根 . 一级 . 二级”。

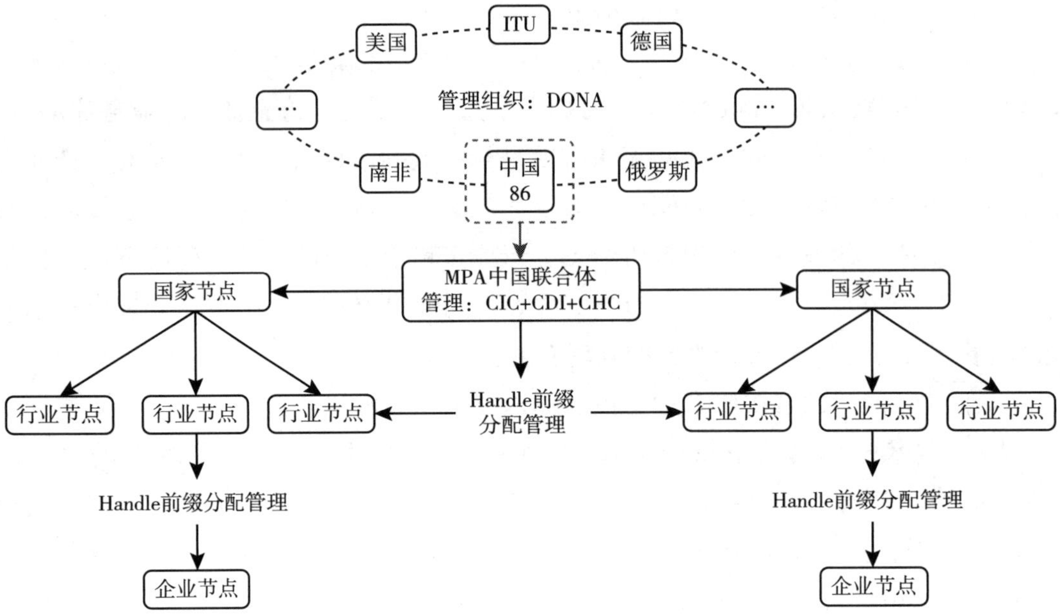

图 3-12　handle 分布式系统

示例：<Handle>::=86.1100.12 /<Handle Local Name>

86 表示中国，1100 表示平台 A，12 表示某某企业。机构代码表明其为中国 A 平台的某某企业相关的编码。

第二部分的 Handle 本地命名由本地 Handle 服务（Local Handle Services，LHS）确定。

示例：<Handle>::=86.1100.12 /BJTU-IP

“BJTU-IP”为本地命名。

本地命名部分提供了用户自定义的编码能力，用户可以根据实际需求在该部分自定义编码规则。

Handle 的整体编码视图如图 3-13 所示。

上述为 Handle 的标识编码过程，即赋予每一个物件一个唯一编码：例如中国 A 平台的某企业给一个产品编码为“86.1100.12 /BJTU-IP”。根据编码逆向获得产品信息称为解析过程，即通过“86.1100.12 /BJTU-IP”可知是中国 A 平台的某企业生产的该产品。由于机构按照层级依次命名，管理有序，使得 Handle 具有唯一性，能够轻松在全球同步实施；Handle 的分布式系统，使得根节点之间平等互通，能够根据我国需求自主设立顶级节点，实现自主规划部署；本地命名部分提供的用户自定义编码能力使得 Handle 系统有良好的兼容性；分布式的各节点之间内置安全认证机制，全面保障了数据的安全性。

目前，Handle 体系注册和管理了超过 10 亿个唯一标识符，早期应用主要集

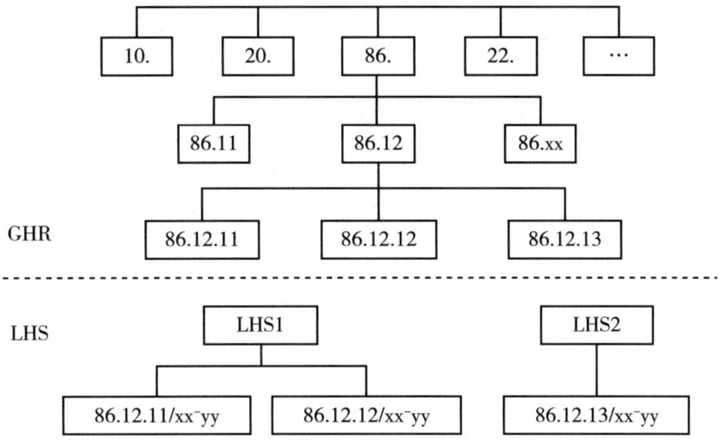

图 3-13 Handle 视图

中于数字图书馆检索相关领域，随着产业数字化转型的深化和工业互联网的发展，Handle 体系在工程机械、轻工业等制造领域获得成功应用与实践。

3.4.2 OID 标识解析技术

对象标识符（Object Identifier，OID）是由 ISO/IEC、ITU-T 两大国际标准化组织共同提出的标识机制，采用分层树形结构对对象进行全球无歧义、唯一命名，一旦命名，该名称终生有效。OID 编码结构为树状结构。在标识对象时，从根节点开始依次顺着各枝丫组合形成一串独特的标识符。枝丫涵盖了各种层次，其层数无限制，标识符中不同层次之间用“.”分隔。OID 编码结构如图 3-14 所示。

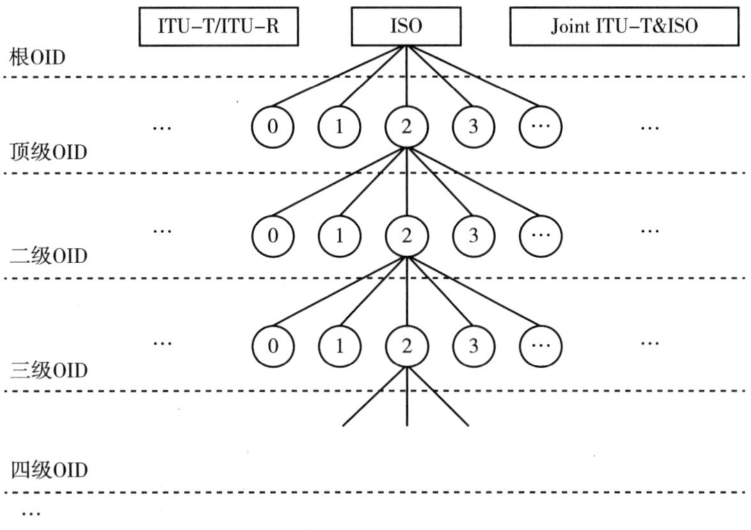

图 3-14 对象标识符树

OID 标识体系编码方式如下。对象标识符树中的每个节点均由分配机构控制，该机构可以在该节点下定义子节点，并为子节点建立委托分配机构。如图 3–15 所示，OID 基础编码结构为“行业 / 管理机构码 + 第三方平台码 + 企业码 + 内部编码 + 对象标识码”。前三者为注册主体码，由企业向国家 OID 注册中心提交申请进行统一分配；后两者由企业内部自主决定，内部编码涉及产品的类别和批次等信息，对象标识码为产品码。

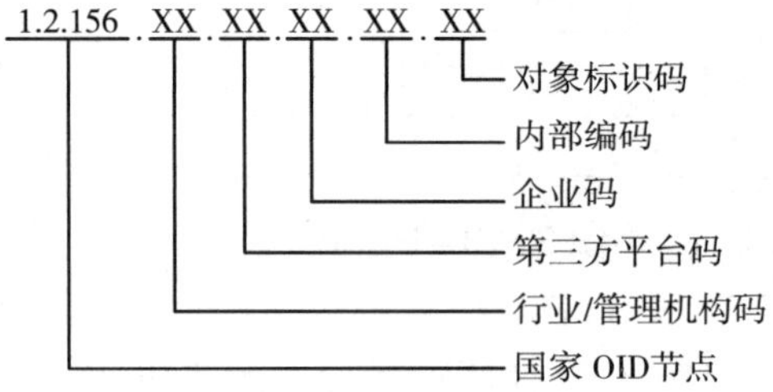

图 3–15　OID 标识体系编码

例 1　OID 编码为 1.2.156.3001.05.03.20200704.1234

1.2.156. 表示中国，3001 表示智能制造领域，05 表示家电平台，03 表示企业 A，20200704 表示生产批次，1234 表示该台产品。因此该 OID 码可代表中国家电制造企业 A 生产的一台产品。

OID 的一个重要优势是可兼容其他标识体系编码。当有其他非 OID 标识编码需与 OID 标识体系进行融合时，OID 可兼容其他标识体系编码，但需要为该体系分配一个公共标识代码，标识代码码段范围为 20001~47999。兼容其他公共标识体系架构如图 3–16 所示。

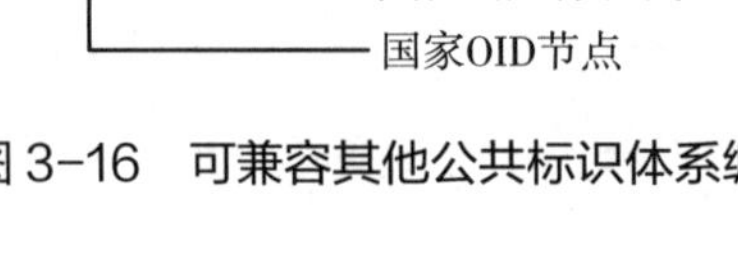

图 3–16　可兼容其他公共标识体系编码

例 2　某企业采用其他公共标识体系编码为 86.1000.512.74867

其他公共标识代码为 30000

OID 编码为 1.2.156. 30000. 86.1000.512.74867

当为其他私有标识体系编码时，需引入私有标识代码。私有标识代码由国家、行业 / 管理机构和企业自行决定，用于识别国家内部、行业内部和企业内部的各种私有编码。其他私有标识体系架构如图 3–17 所示。

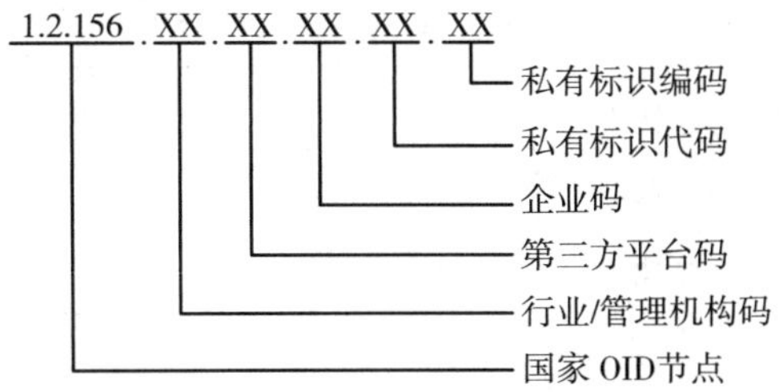

图 3-17　可兼容其他私有标识体系编码

例 3　某企业行业代码为 3001，第三方平台码为 05，企业码为 01，采用其他私有标识体系时，私有标识代码为 01，对象原有标识为 12345678。

OID 编码为 1.2.156. 3001. 05.01.01.12345678

上述编码即为 OID 的标识编码过程，OID 解析是由对应的编码逆向获得产品信息的过程，此处不再赘述。

OID 标识解析系统能够面向各行业领域提供注册功能，按照公开、规范的统一标准对其分配编码，给各行业领域信息系统的建设带来便利，同时实现各行业、地方、企业间数据互联互通和共享。OID 的应用非常广泛，目前 OID 已覆盖全球 202 个国家 / 地区，应用领域涉及医疗卫生、信息安全等领域，能够精准、唯一地标识“通信和信息处理世界中的任何事物”。依托 OID，我们可以得到互联网世界中任意对象的相关特性、信息。

3.4.3 Ecode 标识解析技术

2011 年，我国编码中心组织召开第一次标识项目组会议暨编码标识技术研讨会，提出了具有我国自主知识产权的 Ecode 国家物联网标识体系（Entity Code for IoT，Ecode）。目前，Ecode 编码体系正在不断发展与完善之中。Ecode 是我国自主研制的，遵循唯一性、兼容性、可扩展性、安全性和实用性等原则的一套物联网标识编码技术。

下面简要介绍 Ecode 编码技术。Ecode 编码结构由版本（Version，V）、编码体系标识（Numbering System Identifier，NSI）及主码（Master Data code，MD）组成，具体结构如表 3-4 所示。

表 3-4　Ecode 编码结构

物品编码 Ecode			最大总长度	代码字符类型
V	NSI	MD		
$(0000)_2$	8 比特	≤ 244 比特	256 比特	二进制
1	4 位	≤ 20 位	25 位	十进制
2	4 位	≤ 28 位	33 位	十进制
3	5 位	≤ 39 位	45 位	字母数字型
4	5 位	不定长	不定长	Unicode 编码
$(0101)_2$ ~ $(1001)_2$	预留			
$(1010)_2$ ~ $(1111)_2$	禁用			

注 1：以上 5 个版本的 Ecode 依次命名为 Ecode-V0、Ecode-V1、Ecode-V2、Ecode-V3、Ecode-V4。
注 2：V 和 NSI 定义了 MD 的结构长度。
注 3：最大总长度为 V 的长度、NSI 的长度和 MD 的长度之和。
注 4：比特为二进制，位为十进制。

版本：Ecode 编码中，用于区分不同 Ecode 编码结构的代码。

编码体系标识：Ecode 编码中，用于指示某一标识体系的代码。

主码：Ecode 编码中，某一行业或应用系统中主数据的代码。

其中，需要注意的是，Ecode-V1 中有称作“Ecode64”和“Ecode96”两种特殊情况，Ecode-V2 中有一种特殊情况称为“Ecode128”，各自的编码结构如表 3-5 所示。

表 3-5　Ecode-V1 与 Ecode-V2 特殊情况时的编码结构

	V	NSI	MD			总长度	代码字符类型
			DC	AC	IC		
Ecode64	1	0064	—	6 位	6 位	17 位	十进制
Ecode96	1	0096	1 位	1~9 位	18~10 位	25 位	十进制
Ecode128	2	0128	1 位	1~9 位	26~18 位	33 位	十进制

分区码（DC）作为分隔符表示应用码（AC）与标识码（IC）长度范围；应用码（AC）表示一级编码；标识码（IC）表示二级编码。

上述内容简要地介绍了标识过程中编码结构，接下来将对逆向过程，即编码信息的解析进行阐述。Ecode 编码解析服务用于将 Ecode 与其对应的网络资源进行关联，定位某一对象对应的信息服务器地址。根据 Ecode 编码类型的不同，解析体系结构由分为 Ecode 标头结构解析系统和 Ecode 通用结构解析系统。

1. Ecode 标头结构编码解析服务功能要求

Ecode 标头结构编码解析为三层架构，依次为编码体系解析、编码数据结构解析和主码解析，流程如图 3–18 所示。

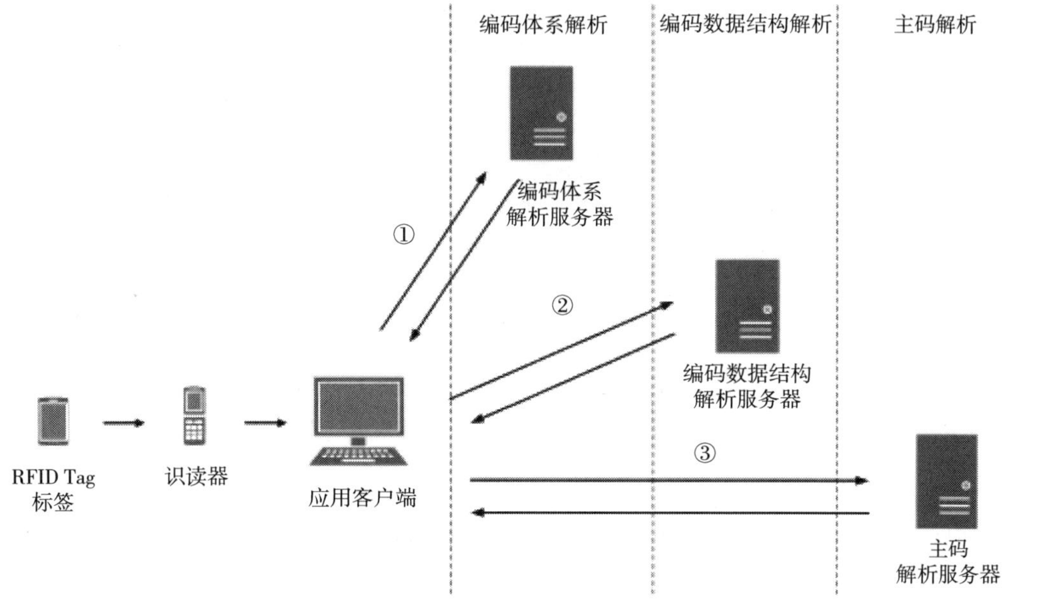

图 3–18　Ecode 标头结构编码解析流程

编码体系解析服务根据 V 和 NSI 识别 Ecode 编码类型，将 V、NSI 和 MD 从 Ecode 整体编码中分离，并转换为标识识别域名。具体转换规则为：NSI.V.iotroot.com。

编码数据结构解析服务通过编码数据结构解析服务器，提供任意标识识别域名到与其对应的主码域名转换规则的解析，并完成 Ecode 编码到主码域名的转换。主码解析服务根据主码域名获得对应的信息服务器地址。

2. Ecode 通用结构编码解析服务功能要求

Ecode 通用结构编码解析为二层架构，依次为编码体系解析和主码解析，解析流程如图 3–19 所示。

编码体系解析服务通过编码体系解析服务器，处理来自应用客户端 Ecode 编码的解析请求，完成 V 和 NSI 与编码体系的对应。对于 Ecode 通用编码，提取 V 和 NSI 并返回应用客户端。主码解析服务根据来自应用客户端的 V、NSI 和 MD 字段，向 Ecode 平台主码解析服务器查询编码对应的信息地址，并返回应用客户端。

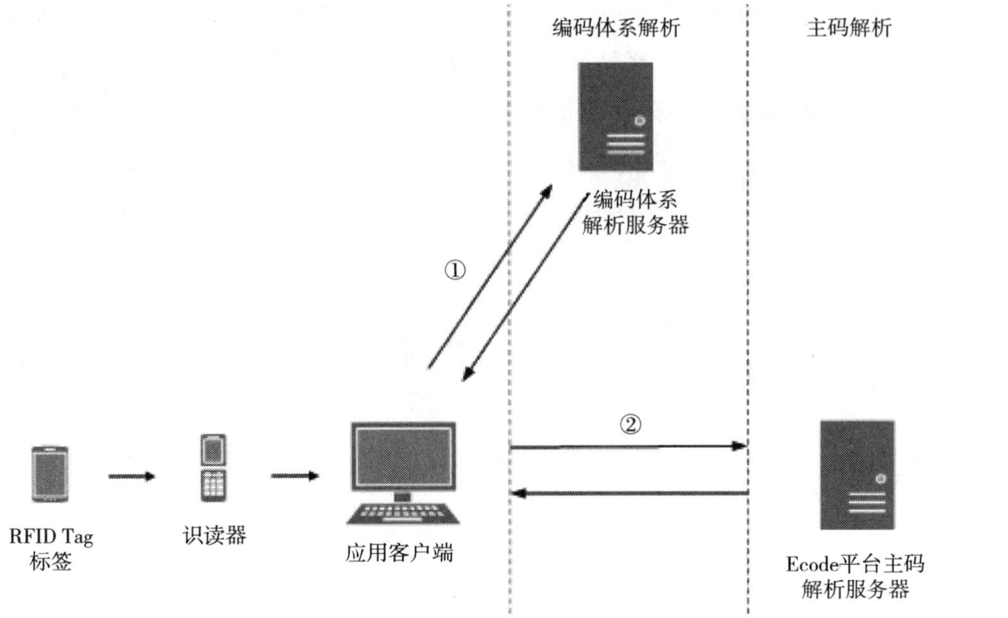

图 3-19　Ecode 通用结构编码解析流程

在工业互联网中，因 Ecode 编码具有唯一性，故每个产品的编码都是唯一的；在实际应用中，因 Ecode 编码采用先进的编码生成算法，故在提供标识码的同时又能保证其安全性。为了能向社会提供标识解析服务，国家物联网标识管理与公共服务平台以 Ecode 标识体系为基础，构建了基于编码技术服务的云数据中心。

Ecode 标识体系作为国家物联网标识体系，它可以为产品提供产品追溯、防伪验证、精准营销等应用服务，也可以为不同领域之间跨平台数据共享提供技术保障。在工业互联网中，Ecode 编码体系通过追踪工业各组成原料加工过程实现全流程追溯；通过编码标识技术实现产品的信息化记录；通过生命周期的监督式管理实现良好的售后服务，促进我国工业互联网快速发展。

3.4.4　EPC 标识解析

产品电子代码（Electronic Product Code，EPC）是一种通用标识符，旨在为世界上所有可能的物理对象提供唯一的标识。EPC 大多在 RFID（射频识别）标签上编码，该标签用于检查库存，资产和人员等对象的身份并进行跟踪。EPC 是与 RFID 标签相关联的 96 位二进制编码结构，编码结构由国际物品编码协会（GS1）的标签数据标准（Tag Data Standard，TDS）制定。EPC 系统包含编码体系、射频识别系统和信息网络系统三大部分。

（1）EPC 编码体系

EPC 编码的基本组成如图 3–20 所示。

图 3–20 EPC 编码构成

各组成部分含义如下：

头部（Header）：8bit，表示不同切分规则等版本方案。

EPC 管理代码（EPC Manager Number）：28bit，表示公司制造商。

对象类别（Object Class）：24bit，表示产品的类别。

序列号（Serial Number）：36bit，表示产品的序号。

（2）EPC 射频识别架构

EPC 射频识别架构由标签和读取器组成。标签包含着能够指定对象的序列号，由两部分组成，一个是用于存储和处理有关该对象的信息的微芯片，另一个是与阅读器一起接收和发送信号的天线。读取器用天线捕捉编码在标签上的信息。

（3）信息网络系统

信息网络系统由本地网络和 Internet 组成，是实现信息管理、信息流通的功能模块。主要由 EPC 中间件、对象名称解释服务（ONS）和信息服务（EPCIS）三大部分组成。

EPC 中间件：通过 EPC 中间件（如 Savant 管理系统）实现数据校对、识读器协调、数据的传送和存储以及任务管理等功能。

对象名称解释服务器（ONS）：为 EPC 中间件指明存储相关产品信息相关服务器的地址。

信息服务（EPCIS）：提供 EPC 相关的产品信息接口，用于保存产品信息文件，该文件可由 EPC 中间件复制，使产品信息传到供应链，对物流进行管理。其采用可扩展标记语言（PML）进行信息描述，PML 是用于描述有关产品信息的一种计算机语言。

在实际应用过程中，当用识读器读取被检测物品上的带有 EPC 编码的电子标签后，具体工作流程如图 3–21 所示。

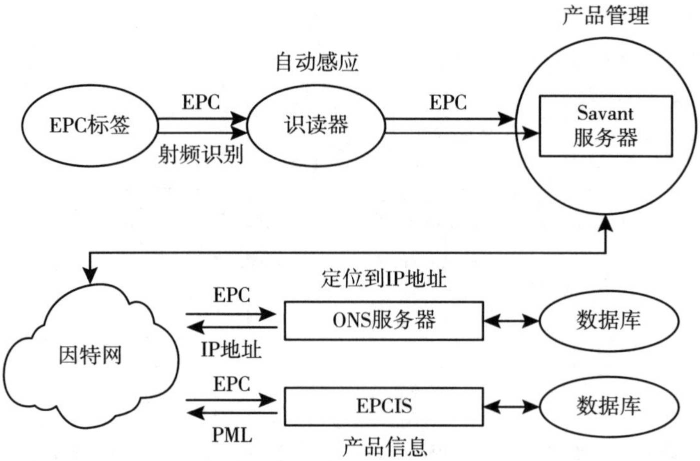

图 3-21　EPC 工作流程图

当将独特的 EPC 编码到各个 RFID 标签上时，可以使用无线电波以极高的速率和远超过 10 米的距离捕获独特的标识符，而无需视线接触。RFID 的这些特性可以用来提高供应链的可见性并提高库存准确性。

3.5　工业互联网网络技术发展展望

企业内网 IT 与 OT 融合是未来的发展趋势。企业内连接需要适应工业现场的数据收集的广度和深度不断提升的发展趋势，但目前工厂网络中技术体系和网络结构相互隔离的状况使 IT 系统与生产现场 OT 系统之间的通信存在较多障碍。一是工业控制网络与工厂信息网络的技术标准各异，难以融合互通。二是工业生产全流程存在大量“信息死角”，亟需实现网络全覆盖。企业内网 IT 与 OT 融合是未来的发展趋势。

企业外网要实现企业外部连接的云化、平台化。目前，大量工业企业已经与公众互联网之间实现互联，但互联网为工业生产带来的价值仍比较有限。从互联形式上来看，工厂的生产流程和企业管理流程仍封闭在工厂内部，从公众互联网的角度来看，工厂内部仍是一个“黑盒”。从应用形式上看，工厂与互联网的结合主要是在产品销售环节，互联网在工业生产生命周期中的资源优化配置作用仍未充分体现。连接企业举措系统希望利用云计算技术实现价值链、企业链和供需链的优化配置和提升。

3.6　本章小结

本章依据中国工业互联网产业联盟 2020 年发布的《工业互联网体系架构（版

本 2.0）》对工业互联网网络体系的划分，从网络互联、数据互通和标识解析三方面进行了介绍，重点对每个方面的代表性技术进行了介绍，希望能通过这些具体的技术让读者对工业互联网网络体系有一个直观和系统的理解。

习题

1. 工业以太网分哪几种类型？各类型代表性技术是什么？
2. 现有企业内有线网络存在的两个问题？
3. 时间敏感网络主要特性包括哪几方面？这些方面的具体含义？
4. SDN 体系结构分为哪三层？各层的主要功能是什么？
5. 什么是 SD–WAN？SD–WAN 有哪些工业应用场景？
6. 窄带物联网 NB–IoT 的特点有哪些？
7. 网络系统的互操作性涉及哪些层面？
8. Handle 主要组成有哪些？完整的解析编码过程是什么样的？
9. 中国的某企业 A，计划在人工智能领域的家电行业中采用 OID 的私有标识体系编码，其中的一台电视编码为 1.2.156.3001.01.02.03.04。请解释各部分数字的代表含义。

参考文献

[1] 工业互联网产业联盟：工业互联网体系架构（版本 2.0）[R]. 2019–10.

[2] 工业互联网产业联盟：工业互联网网络连接白皮书（版本 1.0）[R]. 2018–10.

[3] Nasrallah A, Thyagaturu A, Alharbi Z, et al. Ultra–Low Latency (ULL) Networks: A Comprehensive Survey Covering the IEEE TSN Standard and Related ULL Research [J]. IEEE Communications Surveys & Tutorials, 2019, 21 (1) 88–145.

[4] 马剑. 面向工业应用的无线传感器网络链路资源调度研究 [D]. 北京：北京交通大学，2019.

[5] 黄清江，李俊周，梅林常，等. 基于 WirelessHART 技术的电力无线传感网络设计 [J]. 制造业自动化，2021，43（2）：130–133.

[6] 琚成，杨会甲，成斐鸣，等. 基于 Dijkstra 算法的 ISA100.11a 路由策略 [J]. 物联网技术，2019，9（1）：39–43.

[7] 陈怡帆，所辉. 工业无线网络标准 WIA–PA 协议在船舶通信系统的应用 [J]. 舰船科学技术，2020，42（14）：151–153.

[8] 杨伟，何杰，万亚东，等. 基于 IEEE802.15.4e 标准的工业物联网安全时间同步策略 [J]. 计算机研究与发展，2017，54（9）：2032–2043.

[9] 程煜钧. 工业无线局域网 MAC 协议确定性机制研究 [D]. 北京：北京交通大学，2019.

[10] 张国新，李昀，叶春. OTN 技术与组网应用 [J]. 光通信技术，2010（4）：15–17.

[11] Zhang H K. Smart identifier network: A collaborative architecture for the future internet. [J]. IEEE Network, 2016.

[12] Zhang H K, Ping D, Shui Y, et al. A Scalable and Smart Hierarchical Wireless Communication Architecture Based on Network/User Separation [J]. IEEE Wireless Communications, 2017, 24 (1): 18–24.

[13] Zhang H, Quan W, Song J, et al. Link State Prediction–Based Reliable Transmission for High–Speed Railway Networks [J]. IEEE Transactions on Vehicular Technology, 2016: 9617–9629.

[14] 贾雪琴，张云勇. NB–IoT 运营策略 [J]. 中兴通讯技术，2017 (1): 21–24.

[15] 杨军平，孙志敏，赵巧玲. OPC UA 技术在工业物联网中的应用及趋势 [J]. 新技术新工艺，2020，395 (11): 7–11.

[16] 邹慧，马迪，王伟，等. Handle 系统与域名系统互联互通机制：一种基于标记语言描述协议数据单元的实现 [J]. 计算机应用研究，2019，36 (1): 200–204.

[17] GB/T 36461–2018，物联网标识体系：OID 应用指南 [S].

[18] GB/T 36605–2018，物联网标识体系：Ecode 解析规范 [S].

[19] 李海燕. EPC (产品电子代码)——物联网时代的基石 [J]. 电脑知识与技术，2014，10 (30): 7208–7210，7219.

第 4 章　工业互联网平台体系

本章在介绍工业互联网平台背景和发展的基础上，重点论述了工业互联网平台的架构、关键技术，以及工业互联网平台在工程机械、电子信息、轨道交通、电力、钢铁、服装、石化和家电等 8 个垂直行业领域的应用。最后，介绍了工业互联网平台的发展趋势。

本章最重要的内容是：①工业互联网平台参考架构及工业互联网平台的功能；②工业互联网平台包含的关键技术；③工业互联网平台的应用场景以及在典型行业中的应用。

4.1　概述

4.1.1　工业互联网平台的功能和作用

工业互联网平台是能够支持开发和运行多种工业互联网应用的综合性平台。工业互联网平台是工业云平台的扩展，不仅可以支持工业云平台的所有功能，还可以支持各种工业物联网应用。工业互联网平台实现了海量工业数据的采集、汇聚、存储和分析，实现了信息技术和操作技术的融合，支持无所不在的连接、灵活的供给和高效的工业资源配置。工业互联网平台作为工业资源分配的中心，在工业互联网体系结构中异常重要，支持在工业制造过程中全流程、全生命周期、全产业链的智能管理和控制，以实现智能生产、网络协作、个性化定制和服务扩展的目标，并成为支持工业创新和发展的新型综合信息基础设施。2017 年 11 月，国务院发布《深化“互联网 + 先进制造业”发展工业互联网的指导意见》，明确把构建工业互联网网络、平台和安全三大功能体系作为重点任务，从而确立了工业互联网的地位。

1. 工业互联网平台是工业云平台的升级和演进

从工业云平台演进到工业互联网平台，经历了五个发展阶段，分别是成本驱动阶段、集成应用阶段、能力交易阶段、创新引领阶段和生态构建阶段。在共享软件工具及业务系统集成的基础上，工业互联网平台提升了开放式制造能力，增加了知识和经验建模以及开发者集聚功能，能够大大提高工业知识固化、传播和利用的效率，形成应用程序和用户相互促进的生态系统。

2. 工业互联网平台是新一代工业体系的"操作系统"

工业互联网的兴起和发展突破了原有工业体系封闭、孤立、固化的束缚，形成了新一代具有扁平化、灵活性和高效组织架构的工业体系。工业互联网平台凭借高效的设备集成、强大的数据处理引擎、开放的开发环境以及组件化的行业知识，能够对接海量的工业设备、仪器仪表，并支持工业智能应用的快速开发部署，起着类似于 Microsoft Windows 系统、Google Android 系统和 Apple iOS 系统的作用，基于软件定义构建灵活和智能的工业体系。

3. 工业互联网平台是汇聚共享工业资源的载体

工业互联网平台通过在云端汇聚信息流、制造工具和制造能力，实现制造企业、信息通信企业、互联网企业及第三方开发者在云端汇聚，促进工业科学、信息科学、计算机科学及管理科学的有效融合，从而形成社会化的生产协作和组织模式。

4. 工业互联网平台是制造企业形成竞争优势的抓手

国际上，GE、西门子等领先的制造企业专注于"云平台 + 智能机器 + 工业 App"形态的功能架构，集成了平台提供商、制造企业、应用程序开发者等生态资源，抢占工业数据入口的主导权，培育海量第三方开发者，不断提升用户黏性，建立和巩固了以平台为载体、以工业数据为中心的工业智能化优势，抢占了新工业革命的制高点。

4.1.2 工业互联网平台国内外发展现状

市场格局瞬息万变，差异化的竞争趋势变得越来越明显，技术更新、市场需求升级以及商业模式创新都迫使工业企业寻求新的出路。工业互联网平台是制造业数字化、网络化和智能化发展的基础。

工业互联网平台产业的发展涵盖了不同学科、不同层次和不同主体的整个产业链。在产业链上游，专业技术公司（包括数据收集和集成、数据管理、数据分析、云计算和边缘计算企业）为构建工业互联网平台提供技术支撑；在产业链中游，行业领先企业（包括设备自动化企业、工业制造企业、信息通信企业和工业软件企业）正在加速工业互联网平台部署；在产业链下游，垂直行业用户和第三方开发者通过部署工业 App 和协作创新不断向工业互联网平台注入新的价值。

2019 年 2 月，工业互联网产业联盟发布《工业互联网平台白皮书》。相关数据显示，从全球范围来看，截至 2019 年 2 月全球总共有 360 多个工业互联网平台应用案例，主要聚焦在设备管理、生产过程管控和企业运营管理三大场景，占比分别为 38%、28% 和 18%。资源配置优化和产品研发设计虽然已获得初步应用，但总体占比较低，分别仅为 13% 和 2%。由于国内外制造企业的数字化基础不同，在工业互联网平台的应用路径上也各有特点。

1. 国外工业互联网平台产业发展现状

国外企业工业互联网平台发展较为成熟且应用案例较多，已基本实现了跨行业、跨领域的规模化应用，应用案例遍布全球多个国家，如图 4–1 所示。例如，全球领先的制造业企业、ICT 公司和 Internet 公司正在根据各自的优势，从不同层次和角度构建工业互联网平台。

在纳入统计分析的国外工业互联网平台应用案例中，平台应用更加侧重于设备管理服务（如设备健康管理、产品售后服务）。同时，在已有生产管理系统的基础上，依托工业互联网平台进行更加高效的生产过程管控重点（如生产监控分析、能耗与排放管理、产品质量管理）也是国外工业互联网平台应用的重点。

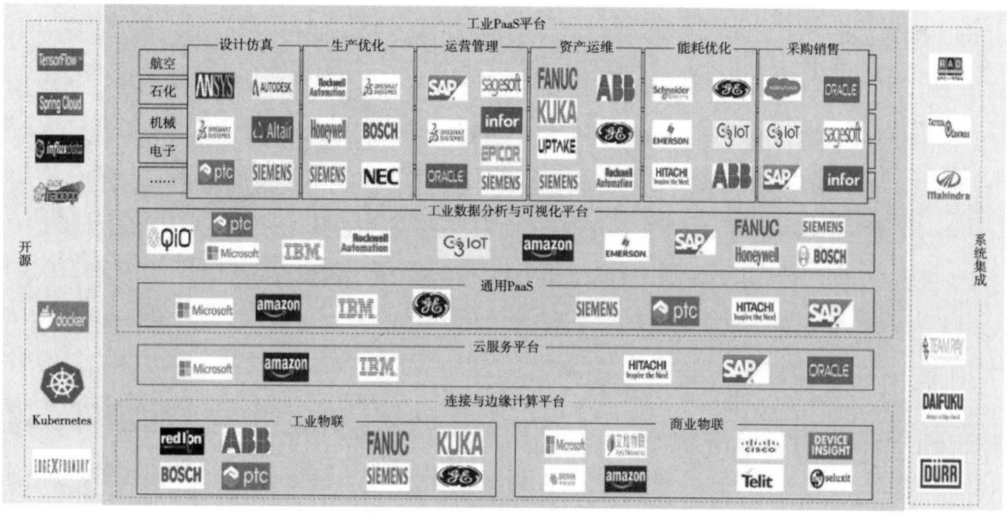

图 4–1　国外工业互联网平台产业发展情况

2. 国内工业互联网平台产业发展现状

在国家政策大力支持、省市各级政府高额补贴的刺激下，制造企业、工业设备提供商、工业软件提供商以及 ICT 企业凭借各自优势分别从工业知识、信息技术方向切入工业互联网平台建设。互联网企业及信息通信企业主要发挥其自身具有的 IT 技术优势，在已有云平台基础上向工业领域延伸，构建包含 IaaS 层、通用 PaaS 层及边缘层的工业互联网平台。制造企业、工业软件提供商及工业设备提供商则主要基于工业领域知识和经验构建工业互联网平台。规模较大的企业具备构建完整的工业互联网平台的能力，中小型企业则通常选择在 ICT 企业已建立的通用 PaaS 层之上构建具有特定功能的工业互联网平台。2020 年 12 月 22 日，工信部公示了 15 家“2020 年跨行业跨领域工业互联网平台”，比 2019 年十大双跨平台增长 50%。

纵观国内企业近几年发布的工业互联网平台，可以看出均尚处于市场初级阶段，大多聚焦于少数垂直领域，跨行业和跨领域的综合性平台较少。我国工业互联网平台应用更加注重生产过程管控和资源配置优化等场景。如图 4–2 所示，在纳入统计分析范围的国内应用案例中，生产管控服务占比最高，其次是设备管理服务，尤其在电力、石化和钢铁等流程制造业及装备领域的应用最为普遍。

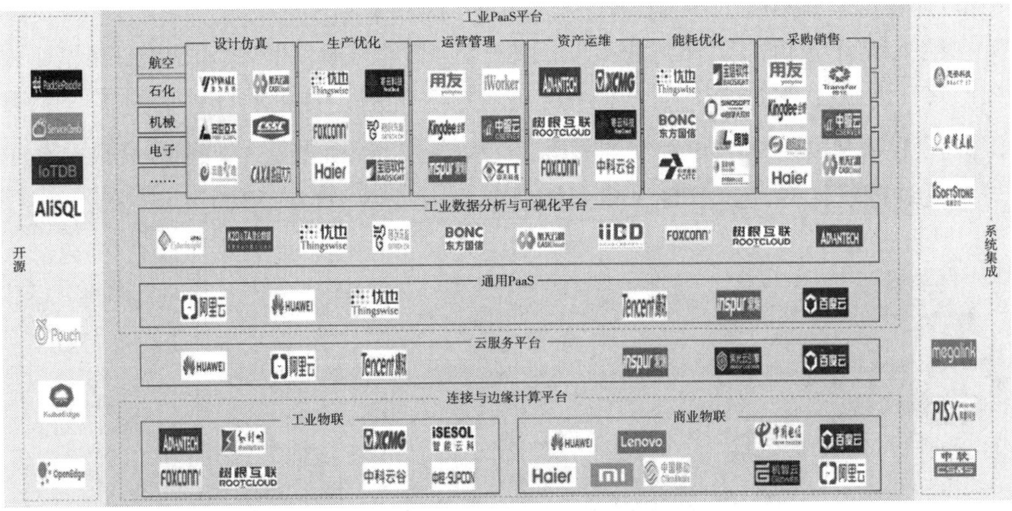

图 4–2　国内工业互联网平台产业发展情况

3. 国内外工业互联网平台发展情况对比

通过对比国内外工业互联网平台的产业发展情况发现，我国工业互联网平台发展的主要特点是政府引导，制造企业、自动化企业、信息通信企业和互联网企业负责具体实施，这与其他国家由领先的制造企业和 IT 企业领导的工业互联网平台的建设不同。

从全球工业互联网平台的行业分布来看，数字化水平较高的行业其工业互联网平台应用的占比也较大。总体来看，在国内外的行业应用中，工业互联网平台在机械与能源行业的应用最为广泛，占比高达 58%。从全球工业互联网平台的应用场景来看，工业互联网平台目前主要应用于生产设备管理、生产过程管控、产品研发设计与制造工艺管理、企业运营管理和资源配置协同等领域。综合来看，在国内外的应用案例中，设备管理及生产过程管控应用是占比最高的场景，产品研发与制造工艺管理则占比较低，需要进一步发展培育。

通过对比国内外工业互联网平台应用场景发现，由于国内与国外的工业数字化发展水平以及工业基础能力不同，国内外探索工业互联网平台的发展路径也不尽相同，应用场景的分布差异较大。目前，我国工业数字化水平较低，工业基础能力较差，导致工业互联网平台应用价值不高。

4.2　工业互联网平台体系结构

4.2.1　工业互联网平台架构

面向制造业网络化、数字化和智能化的需求，工业互联网平台构建集数据采集、汇聚和分析为一体的服务系统，通过无处不在的连接、灵活的供给和有效的制造资源配置支持各种工业应用。工业互联网平台的本质是在现有工业云平台的基础上，整合物联网、大数据和人工智能等新技术对工业云平台进行扩展，建立更加准确、更加实时和高效的数据采集分析系统，以实现工业经验和知识的模型化、软件化和复用，并以工业 App 的形式面向制造企业提供各类创新应用服务，形成集资源汇聚、多方参与、合作共赢的智能制造生态环境。2017 年，工业互联网联盟发布了首个《工业互联网平台白皮书》。白皮书中在对国内外主流的工业互联网平台架构进行总结和分析的基础上，提出了工业互联网平台的参考架构，包括数据采集层、工业 PaaS 层和工业 App 层，如图 4-3 所示。

1. 边缘层

工业互联网平台的最基本功能是数据采集，其通过广泛部署的工业传感器采集工业数据，并支持对多种协议数据的汇聚功能。边缘层是工业互联网平台数据的来源，主要包括两个功能。

1）通过传感器、物联网和工业控制系统访问各类工业设备、系统和产品，实现全面的数据收集。例如，借助嵌入式通信模块和智能控制器等传统的工业连接和控制技术，平台可以直接实现基本数据的集成。利用协议转换技术，还能够实现多源、异构数据的集成。

2）作为具有代表性的边缘计算设备，边缘网关能够实现从传感器和设备收集数据的聚合和分析，并将边缘分析的结果发送到云平台。多种类型的边缘连接方法可实现无处不在的连接，丰富了可在工业互联网平台上进行数据收集和分析的范

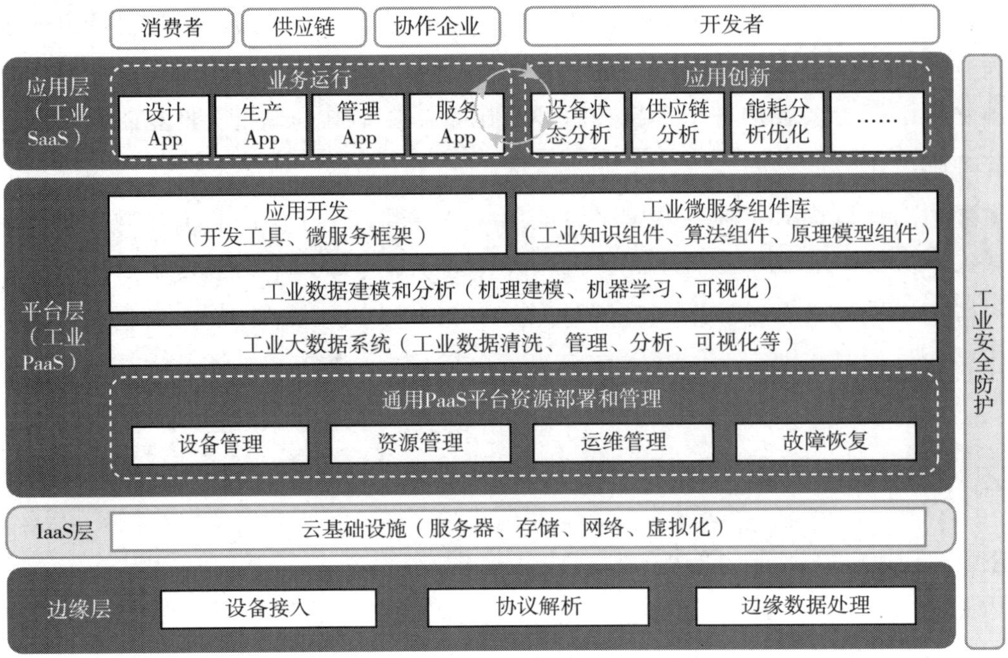

图 4-3　工业互联网平台参考架构

围，并成为工业互联网平台数据收集、聚合和边缘处理基础功能。

2. 平台层（工业 PaaS）

平台层是工业互联网平台的核心。它基于工业 PaaS 架构，不仅集成了设备管理、运维管理等管理功能，还集成了工业微服务、大数据分析和应用程序开发功能，其地位等同于工业互联网的操作系统。平台层将云计算、大数据、人工智能和工业经验知识进行有效结合，形成基本的工业数据分析能力。平台层还将行业技能、知识、经验以及其他资源固化为应用程序模型库、专家知识库或专用软件库，形成可移植、可重用的工具和微服务，为存储、共享和分析工业数据及构建工业模型提供完整的解决方案。平台层还集成了各种传统的数据处理方法和最新的智能分析工具，能够辅助用户快速地进行工业数据的价值挖掘。平台层构建的基于工业数据服务的应用程序开发环境使用户可以快速构建专用的智能应用程序 App，并创造商业价值。

3. 应用层（工业 App）

应用层是工业互联网平台的核心功能之一。它基于开放环境进行应用部署，为各类工业场景和工业流程提供全方位的服务。对于智能制造和工业互联网的常见应用场景，如智能生产、网络协作、个性化和延伸服务，可为用户提供智能工业 App，并支持定制开发个性化解决方案。在智能生产中，设备预测性维护和生产过程优化能够帮助企业有效提高管理水平。在网络协作中，生产协作和众包等创新服务可以实现社会生产资源的优化共享配置。在个性化定制服务中，通过挖掘用户的需求、开展大规模定制生产，能够满足消费者的个性化需求，杜绝千篇一律的产品形态。在延伸服务中，智能产品的远程运维可以使传统制造企业加快服务转型。

4.2.2　工业互联网平台的价值

工业互联网平台通过整合工业设备和工业系统所产生的海量数据，实现对业务和资源的智能化管理，促进了行业知识、经验的积累和传承，不断推动着工业应用和服务的创新。工业互联网平台是整个智能制造系统的核心，在制造企业的业务升级和转型中起着关键作用，已经成为企业智能转型的重要抓手。工业互联网平台面向工业现场、开发者和企业分别提供不同的功能价值。

1. 面向工业现场提供数据接入存储与边缘计算

工业互联网平台通过各种通信方式接入多种工业设备和产品，采集海量的工业数据；工业互联网平台凭借协议转换技术实现多源异构工业数据的集成；工业互联网平台利用边缘计算设备实现对底层工业数据的汇聚，并完成数据向云端平台的集成。

2. 面向开发者提供工业微服务组件和开发工具

工业互联网平台把技术、知识和经验资源固化为可移植、可复用的工业微服务组件，供开发者进行调用；工业互联网平台构建应用开发环境，结合微服务组件和工业应用开发工具，帮助开发者快速构建工业 App。

3. 面向工业企业提供各类业务应用

工业互联网平台面向工业企业提供工业设备预警和故障诊断、预测性维护、生产过程优化、经营分析、趋势分析、综合报表和性能计算等多种标准应用服务。

4.3　工业互联网平台关键技术

如图 4-4 所示，工业互联网平台主要包括七个方向的关键技术，分别是数据采集技术、IaaS 技术、平台使能技术、数据管理技术、工业数据建模与分析技术、工业微服务技术以及工业互联网安全技术。

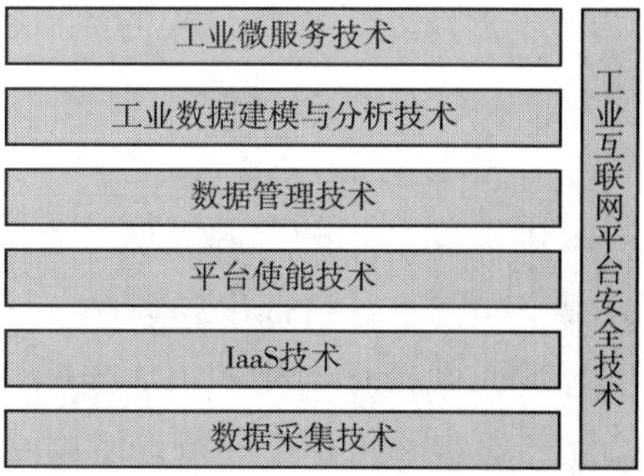

图 4-4　工业互联网平台关键技术

4.3.1　数据采集技术

采集数据是工业互联网平台的基本技术之

一，是在云端实现产品全生命周期数据管理的关键。数据采集包括设备接入、协议转换和边缘数据处理几方面的技术。

1. 设备接入

基于以太网、工业总线等工业通信协议，以太网、光纤通信等有线通信协议，或者4G/5G、NB-IOT等无线通信协议，将工业设备进行联网，接入工业互联网平台边缘层。工业设备联网的方式有两种：

第一种联网方式：直接接入。直接接入网络需要工业设备本身具备联网的能力，或者支持在设备端嵌入4G、5G和NB-IOT等通信模组。具备通信功能的设备可以直接接入网络。

第二种联网方式：网关接入。工业设备本身不具备联网能力，需要在本地组网后通过网关接入网络。例如，设备通过Zigbee/LORA等无线组网，然后设备通过网关统一接入到网络。常用的本地无线组网技术包括Zigbee/LORA/BLE/WiFi等。

2. 协议转换

协议转换是指利用MQTT等技术将多源、异构数据格式转换为工业互联网平台能够解析的格式。在实际平台中，可利用协议转换器（如网关）实现底层工业通信协议（包括MODBUS、PROFIBUS、HART等）之间的互通。

3. 边缘计算

通过在网络边缘部署工业应用程序，在靠近工业数据源的一端部署边缘计算设备，对海量工业数据进行过滤和预处理，提取出工业数据的关键特征，并将处理后的数据传输到云平台，实现边缘计算与云计算的协同，大大降低对网络传输带宽的需求，并且降低了时延。

4.3.2 IaaS技术

工业互联网IaaS层采用分布式存储、并行计算、虚拟化和负载调度等技术，实现对网络、计算和存储等系统资源的池化管理，使得能够按照实际需求弹性分配资源，并能够确保资源分配的隔离和安全使用，为用户提供完善的云计算基础设施服务。

1. 虚拟化

虚拟化是一种资源管理技术，即将计算机的各种实体资源（包括计算、内存、磁盘空间等）进行抽象和转换，呈现出来后可供分区、组合成为一个或多个电脑配置环境。虚拟化架构的组成包括：宿主机，即物理服务器；虚拟机，也称客户机、虚机；进程管理程序，负责协调硬件资源的访问并施加防护。

虚拟化的作用包括降低运营成本、缩短上线周期、提高可靠性、提高资源利用率、动态资源调度。当服务器启动并执行进程管理程序时，它加载所有虚拟机客户端的操作系统，同时分配给每一台虚拟机适量的内存、CPU、网络和磁盘。

2. 并行计算

并行计算是指同时使用多种计算资源解决计算问题的过程。并行计算是相对于串行计算来说的，分为时间上的并行和空间上的并行，时间上的并行是指流水线技术，而空间上的并行是指利用多个处理器并发地执行计算。

并行计算的主要目的有两个方面，即加速求解问题的速度和提高求解问题的规模。并行计算处理问题的步骤包括：①将任务分离成离散独立部分，有助于同时解决；②同时并及时地执行多个程序指令；③将处理完的结果返回给主机，经一定处理后显示输出。

3. 分布式存储

分布式存储是指将大量的、分散在不同地方的服务器进行网络互联，作为一个整体提供数据存储服务。传统的网络存储系统通常采用集中的存储服务器存放数据，使得存储服务器成为可靠性和安全性的焦点，形成系统性能的瓶颈，不能满足大规模工业数据存储应用的需求。分布式存储系统采用可扩展的系统结构，利用多台独立的存储服务器承担存储负荷，不但提高了系统的可靠性和可用性，还非常容易扩展。

4.3.3 平台使能技术

1. 资源调度与管理

通过实时监控云端应用的动态业务量，结合资源调度和管理算法，为应用程序分配合适的资源量，使得云端应用能够适应动态变化的业务量。可以利用 Mesos 和 Kubernetes 等工具实现对存储、计算和网络资源的调度和管理，并依托合理的资源隔离机制实现对系统的可靠运行保障。

2. 多租户管理

对多租户的存储、计算和网络资源进行管理，在多租户场景中实现资源的动态调度，保证不同租户之间的应用程序运行环境和数据的隔离，避免不同租户之间的应用程序相互干扰。

4.3.4 数据管理技术

1. 数据处理框架

目前主流的分布式数据处理框架包括 Hadoop、Spark 和 Storm，采用这些数据处理框架能够满足海量工业数据对批处理、流处理计算的需求。

2. 数据预处理

数据采集以后往往存放在数据库或文件系统中，需要把它们导入算法模型中进行训练，进而得到想要的模型。但是采集的数据往往杂乱无章，一般存在数据类型多种多样、数据格式错误、数据中存在离群异常值等问题。

数据预处理采用剔除冗余数据、异常检测和归一化等方法对原始数据进行清洗，为后续的数据存储、管理和分析提供高质量的数据源泉。

3. 数据存储与管理

工业数据对数据质量和精确度的要求以及数据读写处理和计算效率的需求已经远远超出了传统关系型数据库的能力，如果没有高效的工业数据存储与管理技术，工业数据的持续累积将会成为重大问题，后续工业数据的分析和价值挖掘更无从谈起。所以，工业互联网首先要解决的是数据存储和管理问题，实现高效和无限制储存以及快速的读写处理和计算。数据存储和管理利用分布式文件系统、关系数据库、NoSQL 数据库和时序数据库等各种数据管理引擎，实现对工业数据的存储与索引。

4.3.5 工业数据建模与分析技术

要解决工业生产中发生了什么、为什么发生、下一步发生什么以及如何改进优化四个问题，优化和提高制造资源的配置效率，离不开工业数据建模与分析。工业数据建模与分析是构建制造业实现数据驱动的快速迭代、持续优化的新方式，是工业互联网平台具有智能数据分析功能的关键。工业数据建模与分析包括工业数据分析与工业机理建模。

工业数据分析：利用数理统计、机器学习和人工智能算法，针对特定工业应用场景下的工业数据进行深入分析和数据挖掘，创建可调用的特征工程和数据分析建模工具包。

工业机理建模：依托机械、物理、电子信息和化学等各领域行业知识，结合工业生产经验，构建各种工业机理模型。

4.3.6 工业微服务技术

工业微服务技术是工业互联网平台的核心技术，为企业用户提供面向特定工业场景的服务应用。工业微服务技术包括服务通信技术和服务发现技术。

1. 服务通信技术

在微服务架构中，服务应用部署在不同的节点上，服务之间的交互需要通过网络进行服务通信。服务通信包括同步模式和异步模式两种形式，同步通信模式可以采用基于 HTTP 协议的 RESTful API 和 Thrift 来实现；异步通信模式可以采用

ActiveMQ、RabbitMQ 和 Kafka 等成熟的消息传递系统来实现。

2. 服务发现技术

在服务之间进行互相调用时，需要通过服务发现来识别每个服务的动态创建和网络位置的变动。服务发现包括两种实现方式——客户端发现方式和服务端发现方式。在客户端发现方式中，客户端从服务注册表中查询服务的所在位置，然后向其发出调用请求；在服务端发现方式中，客户端请求首先被发送到负载均衡器，然后负载均衡器查询、选择服务实例并转发服务请求。

4.3.7 工业互联网安全技术

安全性是为了确保工业互联网平台的稳定和可靠运行。从工业数据的流向看，工业互联网平台安全包括数据接入安全、工业互联网平台安全和访问安全。

1. 数据接入安全

在数据出口的边缘，使用工业防火墙和工业网闸来保障数据源的安全。在数据传输过程中，采用加密的隧道传输技术，以防止工业数据泄露、被拦截或篡改。

2. 工业互联网平台安全

工业互联网平台采用入侵检测、恶意代码防护等技术来确保工业互联网平台的安全性。同时，工业互联网平台还应采用灾难恢复解决方案，以应对潜在的导致系统故障的各类事件，实现业务应用 7×24 小时无中断运行。

3. 访问安全

按照用户类别的不同，分别设置用户访问权限以及每类用户所能使用的计算资源、存储资源和网络资源。采用身份认证机制，防止非法用户访问，实现对云平台上重要资源的访问控制和管理，并防止对资源的未经授权的使用以及对数据的未经授权的披露或修改。

4.4 工业互联网平台应用

4.4.1 工业互联网平台应用场景

工业互联网平台具有三个主要的应用场景：设备 / 产品管理，业务与运营优化以及社会化资源协作。

1. 设备 / 产品管理

设备 / 产品管理是工业互联网平台中数量最多、范围最广的基础应用，而设备运行状态监测与安全报警又是其中最主要的应用场景。对于工业企业来说，确保设备的正常运行是正常生产和制造的前提，实时监视设备的运行状况可以及时有效地检测潜在故障，从而有效地减少由于设备故障和非计划停产带来的损失。设备/产品管理包括状态监测和报警、预测性维护、故障诊断、远程运维以及产品全生命周期管理。

2. 业务与运营优化

业务与运营优化基于设备和产品数据，集成来自多个信息化系统（如ERP、WMS系统）的数据，利用数据驱动实现企业业务及运营环节的优化。因为工业互联网平台可获得的数据范围广、可调用能力强，因此基于数据分析的工业互联网应用非常广泛，包括生产制造优化、产品质量控制、研发设计优化、能耗管理、供应链优化、制造工艺优化、资源调度优化以及安全管理等。

3. 社会化资源协作

社会化资源协作是企业转型和升级的创新模式，包括按需定制、协同研发设计、协同制造、共享制造以及生产集成。其中，按需定制和协同研发设计的应用较为广泛；按需定制适合于产品同质化高且消费者对个性化需求高的行业，如消费电子和服装行业；协作研发和设计适用于产品研发和设计环节复杂、需要多方协作的行业，如航空、造船和汽车制造。

虽然上述三个应用场景不同，但是每个场景的效果都具有综合性。换句话说，这三种应用场景都可以提高效率、降低成本、提高产品和服务质量并创造新的价值，只是有效性程度有所不同。通过对我国多个工业互联网平台应用的调查，收集并分析200多个平台应用案例，得出了各类应用场景所带来的成效及其价值，如图4–5所示。

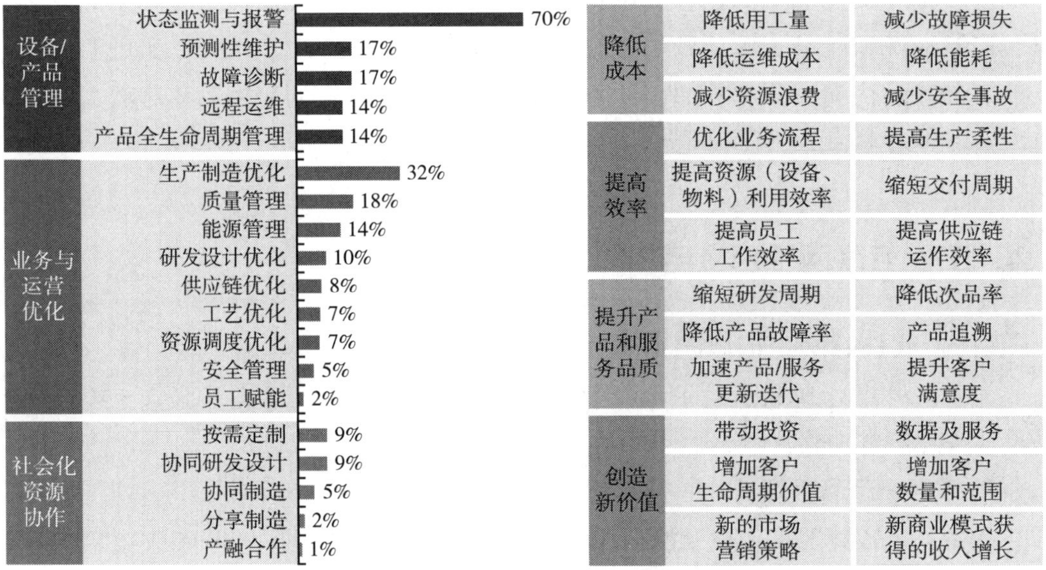

图4–5 工业互联网平台应用场景及其价值

4.4.2　工业互联网平台行业应用

由于不同工业行业所处产业链位置、生产特点、业务需求、信息化和工业化融合水平存在差异，现阶段各个行业的工业互联网平台应用推广速度不一，应用重点和发展路径具有较为明显的行业特性。目前，我国工业互联网的行业应用情况如图4-6所示，主要涵盖工程机械、电子信息、轨道交通、电力、钢铁、服装、石化和家用电器等行业。

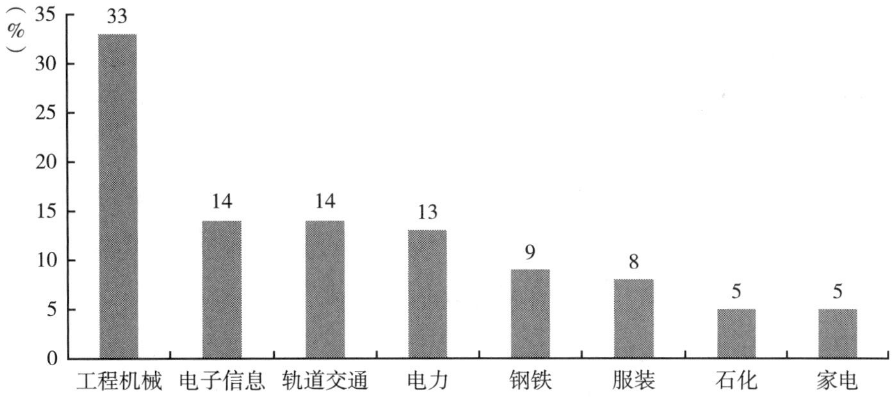

图4-6　我国工业互联网行业应用情况

我国工程机械行业拥有众多的大型企业，产业规模大，信息化与工业化融合具有良好的基础，已成为工业互联网平台行业应用的重点。由于具有迫切的发展需求，电子信息、交通和电力行业也得到了更多的应用。目前，我国工业互联网平台行业的应用具有以下特点。

——工业信息化水平较高的行业引领平台创新应用。从发展基础看，电力、电子信息及家电行业的工业和信息化融合水平较高，制造技术、管理技术、信息技术和知识积累相对成熟，升级改造的难度较小，更加具有应用工业互联网平台的能力优势和成本优势。从发展需求看，工业和信息化融合水平较高的行业正在进入网络化发展阶段，可以更有效地利用工业互联网平台提供新技术和解决方案、创新应用模型并开拓新的发展空间。

——同业竞争越激烈的行业向“产品+服务”转型。我国正处于工业转型和升级的关键时期，以轨道交通和工程机械为代表的行业由于结构调整、需求放缓和同质化竞争激烈而承受着巨大压力。提供“产品+服务”增值服务和进行面向服务的创新是企业获得更大价值空间并增强其可持续竞争优势的最有效方法。以设备制造为例，一方面，基于设备运行数据对设备进行实时在线监控、故障分析、预测性维护和远程运维，提供多样化的增值服务；另一方面，可以针对用户数据进行分析与价值挖掘，面向高价值设备提供租赁、保险和贷款等创新服务，促进社会化协作和跨界融合。

——流程行业率先布局基于平台的安全环保综合管控能力建设。钢铁、石化、采掘等行业的特点是高能耗、高排放、高风险和公益复杂，安全问题和环境保护问题已成为制约这些行业发展的主要瓶颈。工业互联网平台结合大数据和人工智能等新技术，为这些行业提供了新的能源管控和安全管控解决方案，并提高了行业总体精细化管控水平。

1. 工程机械行业

工程机械行业的特点是设备产品多种多样、生产过程离散、供应链复杂，并且面临着设备低附加值、供应链资源分配效率低、金融生态系统不完善等痛点，因此加快工业互联网平台的发展迫在眉睫。利用工业互联网平台，能够全面提高产品研发、设计、制造，供应链管理，远程运维和客户服务的数字化水平。以下是工程机械行业工业互联网平台的应用场景和实施内容。

（1）设备预测性维护

工程机械行业基于工业互联网平台进行仿真、数据分析、评估和诊断，可以有效地评估设备的健康状态并实现预测性维护。

设备状态监测：实时收集温度、电压、电流和其他数据，以提高对设备运行状况的了解并防止机械设备突然故障。

设备建模与仿真：通过输入诸如参数和工况等数据来进行模拟仿真，以构建设备的数字孪生体并提供优化维护方案。

设备故障诊断：挖掘和分析数据，如设备工作日志、设备历史故障、运行轨迹和实时位置等，判断可能发生故障的时间和位置，并制订维护计划。

（2）备件管理

备件管理一直是工程机械行业不可忽视的重要组成部分。基于工业互联网平台，可以有效地促进工业企业备件的智能管理。

备件识别管理：物联网技术用于实现备件联网，通过标签管理和智能搜索实现备件的监督、跟踪与协调。

备件部门的协调：在工业互联网平台的基础上，打通各备件部门之间的信息壁垒，推动部门之间的协作，并促进备件的有效流通。

备件供应链管理：在满足生产和维护需求的基础上，为零件供应商建立对接和交流平台，确保实时和定量采购，减少备件库存并节省企业现金流。

（3）智慧施工

工程机械行业正在从设备解决方案过渡到智慧施工现场解决方案。通过连接机器和工人优化施工方案，并实现智慧施工。

施工现场数据采集：使用传感器、无人机、3D 扫描仪等工具，可以高精度地检测施工对象、施工场景和施工环境等因素，从而掌握施工现场的状况。

施工方案仿真：建立虚拟和现实映射的数字孪生体，输入施工条件，对工况进行仿真迭代，并不断优化施工方案。

施工现场指挥调度：通过建立反馈响应系统，根据设备的动态变化情况实时校正和调整施工方案，并对施工现场进行指挥调度。

2. 电子信息行业

电子信息行业是国民经济的战略基础产业，具有产品种类繁多、技术含量高、产品质量要求高、生产周期短、技术更新迭代快等特点。电子信息产业当前正面临着生产管理效率低以及产品质量控制力度不够的行业痛点，迫切需要加快数字化转型的速度，全面提升设备管控、生产研发管理、质量控制和供应链管理等环节的数字化水平。

（1）设备管控

设备状态监测：基于工业互联网平台，采集温度、电压和电流等数据，直观显示设备的实时运行状态，实现设备的全面、实时和精确的状态感知。

设备故障诊断：利用大数据分析技术来挖掘和分析设备工作日志、设备历史故障、运行轨迹和实时位置等数据，基于专家库及自学习机制构建智能设备故障诊断模型，实现对设备故障的精准定位。

预测性维护：在对工业互联网平台进行分析和预测的基础上，可以提前预测设备关键部件的发展变化趋势，预测产品寿命和潜在风险以及设备部件损坏的时间，并提前进行维护。

（2）生产研发管理

研发设计：根据产品的几何形状、制造工艺、功能和运行环境，构建产品的数字孪生体，开发人员无需进行实际测试即可检验产品在实际环境中的性能。基于数字孪生的“零成本试错”的研发创新，可以有效地促进电子信息产业的发展。目前，我国仍处于该领域的应用探索阶段。

智能排产：在新产品投入实际生产前，通过数字孪生技术对生产计划、订单管理、质量控制、物料管理和设备管理进行建模和测试，以找到最佳解决方案，帮助企业缩短和改进新产品的引导入流程，提高产品交付速度。

精益管理：通过对企业的人员、机器、材料、方法和环境进行数字化建模，对企业运营进行实时监控，并针对不合理和低效的管理流程提出改进计划，以提高组织和管理效率。

（3）产品质量检测

产品质量检测：在产品生产过程中实时采集检测数据并结合机器视觉技术、人工智能技术和产品质量分析模型，及时发现潜在的产品质量问题，消除质量控制环节中的漏洞，并迅速对异常产品做出响应。

产品质量全流程追溯：基于工业互联网平台，打通原料供应、元器件生产、零部件生产、组装加工、集成销售、运维等产品全生命周期的质量数据，结合质量追溯模型，实现产品全生命周期的质量跟踪，提升产品质量控制精度。

（4）供应链协同

企业内供应链协同：基于工业互联网平台，实时收集企业内设备、工具、物料和人员等数据，实时跟踪生产现场物料消耗，并结合库存情况，安排供应商进行精准配货，实现对生产和库存的动态调整优化，从而有效降低库存成本。

企业间供应链协同：以工业互联网平台为枢纽，采集供应链上下游企业的生产、库存、物流等方面的实时运营数据，并将其与供应链协同模型相结合，优化整个供应链的资源配置，实现供应链的动态和精准协同。

3. 轨道交通行业

轨道交通行业具有安全性要求高、集中式管理、供应链系统独立、产品种类繁多和专业化程度高的特点，正面临着资源调配效率低、车辆运维难度大和客户需求不断提高等行业痛点，迫切需要加快基于工业互联网平台的数字化转型步伐，增强企业的综合实力。

（1）虚拟仿真

轨道交通行业构建基于工业互联网平台的虚拟仿真平台，建立车辆的数字孪生模型，可以在虚拟空间中模拟车辆的工况，实现研发和设计的迭代优化。

建立仿真模型：通过网络空间和物理空间的映射构建车辆系统的虚拟模型，从而显示车辆系统的实时状态。

工况模拟：输入工况参数，执行虚拟空间实验，确定数字孪生体的车辆性能，从而为物理实体提供参照。

设计优化：依托虚拟仿真获得的大量数据，经过统计分析促进研发设计环节的迭代更新。

（2）协同制造

基于工业互联网的全要素、全产业链和全价值链连接能力，打通人与机器、机器与机器以及生产线与生产线之间的信息壁垒，实现生产过程的协同。

人机协作：基于工业互联网平台，通过对机器设备进行远程监视、指挥和维护，实现人机协同作业。

设备协同：基于工业互联网平台，采集生产过程中的数据信息，利用大数据分析技术对生产线进行智能化改造，以发挥生产设备的最大效能。

产线协同：基于工业互联网平台数据的计算和分析、智能决策，统一调配各生产要素，促进跨产线协作。

（3）产业链管理

作为一个综合性产业，轨道交通具有非常丰富的产业链。基于工业互联网平台能够实现产业链的有效管理，促进轨道交通产业的资源配置优化和服务能力的提升。

供应链管理：建立维护供应商关系和对接沟通平台，密切掌控市场发展趋势，确保高效的零部件供应，满足生产维护需求。

制造链管理：增强对制造过程的实时监控、数据收集和智能分析，以增强对生产现场的洞察力。

服务链管理：建立与客户对接的平台，积极沟通，根据客户需求推出定制产品，增强企业服务能力，打造企业综合竞争力。

（4）设备健康管理

基于工业互联网平台，对轨道车辆设备进行深刻洞察、设备故障精准预测、事故风险有效评估，按需安排维修计划。

状态监测：在车辆行驶过程中利用传感设备收集车辆状态数据并实时监控工作状态，以确保车辆的安全行驶。

建模与仿真：通过虚拟仿真平台仿真模拟各种工况条件，以不断优化车辆性能。

大数据分析：挖掘和分析海量数据，包括工作日志、历史故障、驾驶轨迹和实时位置等，预测车辆可能出现故障的时间和部位，实现预测性维护。

4. 电力行业

我国可再生能源的发电比例正逐年提升，水电、火电、风电和光电融合发展的趋势明显，但仍然存在以下行业发展痛点：①发电设备管理问题。由于发电有连续性生产需求，设备故障可能会导致巨大损失，因此无论是水电、火电、风电还是光伏，普遍都需要较高的设备维护水平。②并网调度问题。目前，各类电力来源需要进行协调调度，这对发电功率的预测提出了挑战。新能源电站的电压调节能力有限，很容易引发次同步谐波，给系统的安全稳定运行带来了不利影响，增加了电网运行控制的难度。工业互联网平台的出现为电力行业解决设备远程维护和新能源并网调度问题提供了解决途径。

（1）设备运行安全预警

电力行业是资产密集型的行业，发电设备和电网设备的安全运行非常重要，任何故障都可能导致重大事故和巨大经济损失，社会负面影响很大。实时监控运行设备对运行数据进行分析和挖掘，建立安全预警模型，实现设备安全预警，确保发电设备和电网设备安全运行，防止重大事故发生。

（2）设备故障诊断

发电机组设备是大型旋转机械，难以进行精确的故障诊断，并且发电机组的个性化突出，因此利用现有的故障机理建立的故障诊断模型普适性不强。利用工业互联网平台，通过机器学习和大数据分析技术，结合传统故障机理模型，实现对设备的故障预警和故障诊断，为发电机组设备的检修决策、检修实施提供支撑。

（3）节能降耗

尽管近年来我国新能源发电所占的份额有所增加，但在现在和未来很长一段时间内仍将以火电为主。利用大数据和云计算等先进的信息方法和系统，基于热深度和快速变负荷控制理论和技术，能够增加火电机组深度和快速变负荷能力，提高火力发电的弹性运行水平。利用工业互联网平台，采用模糊集理论和相关函数相结合的大数据分析方法，预测在不同边界和工况条件下的煤炭消耗率，实现火电机组的节能降耗。

（4）智能化生产

利用电力企业已有的数字化和信息化基础设施，结合更加先进的信息技术、工业技术和管理手段，精确感知生产数据，优化生产流程，提高效率并降低成本。例如，借助物联网（IoT）技术采集机组负荷和效率等参数，构建水力发电效率模型，根据总进水量和给定发电量实时计算目标负荷，并将其反馈给控制系统，实现发电设备运行的优化调度和机组负荷的优化分配，提高水能利用率及设备可用率。

（5）协同运营管理

整合电力生产、运营、销售和管理等数据，实现发电、售电和调度全流程的数据共享，根据用电需求预测优化资源配置，协调电力生产、运维和销售的管理，提升电力生产效率和资源利用率。除此之外，通过整合电力企业各个部门的数据，优化内部业务流程和信息交流，促进财务、人力资源和供应链等环节业务发展顺畅，帮助公司进行精细化的运营管理，并提高公司的运营效率和管理水平。

5. 钢铁行业

作为重要的原材料流程制造行业，钢铁行业生产流程长、生产工艺复杂、供应链长。钢铁行业当前正面临着设备维护成本居高不下、高度的行业知识隐秘性、日益个性化的下游需求以及日益增加的环境压力等挑战，这些挑战迫切需要钢铁行业在设备管理、生产管理、供应链管理和环境管理等方面进行数字化转型。工业互联网平台能够连接全要素、全产业链和全价值链，成为钢铁行业数字化转型的首选路径。在钢铁行业，落地工业互联网平台有助于推进生产设备管理、生产过程的全过程管控、全产业链协同和能耗管理朝着数字化、网络化和智能化转型升级，促进钢铁行业高质量发展。

（1）设备全生命周期管理

在钢铁行业中，工业互联网平台可以实时采集高炉等昂贵设备的运行数据，并结合设备故障诊断模型，自动对设备故障进行预警，并确定最佳的设备维护方案，以实现设备的预测性维护。

设备状态监测：钢铁企业通过工业互联网平台采集高炉等设备的工作温度、工作环境与应力分布的实时数据，并进行可视化处理，以提高设备状态监测的可靠性。

设备故障诊断：综合利用所采集的设备数据，结合设备故障诊断模型，对设备故障进行预警，防止设备故障引发停机和安全问题。

设备维护仿真：根据设备故障发生的部位及重要性，利用工业互联网平台在模拟网络空间中对设备维护方案进行仿真模拟，并提供可靠的维护方案，以确保企业正常生产。

设备创新设计：将高炉等生产设备的运行监控数据反馈给设备制造商，综合性能需求和应用环境，全面模拟设备的运行状态，确定最佳的设备生产方案，形成设备迭代优化闭环。

（2）智能化生产

钢铁工业的工业互联网平台可以将生产工艺管理、生产过程管理和产品质量管理等领域相关的工业知识固化为工业机理模型，并结合实际收集的数据来实现智能化生产。

优化生产工艺：工业互联网平台使用诸如人工智能技术等先进技术，对钢铁的工艺配方和工艺流程进行全方位模拟仿真，从而获得最佳的产品生产工艺方案，并缩短产品上市时间。

生产过程管理：工业互联网平台可以将与生产过程相关的技术要素（如工艺知识和行业经验）封装并固化为可调用的机理模型，并结合收集的设备、环境和材料参数来确定最佳的生产方案，提高生产效率。

产品质量控制：在工业互联网平台上部署生产质量分析模型，使用计算机视觉等技术来分析产品全生产流程中的质量数据，实现全流程的产品质量跟踪和自动控制，提高产品质量控制精细度。

（3）供应链协同

钢铁行业的工业互联网平台可以对产业链的物料信息和产能信息进行收集和分

类，结合下游的实际需求和企业的生产能力制订科学生产计划，达到零库存运营的目标，实现供应链协同。

产业链物料流通协同：通过工业互联网平台与产业链上下游企业建立互联的数据通道，动态监控上游原材料供给情况，并辅助进行原材料采购决策。搜集和整理下游企业的订单和产品定制信息，自动形成生产计划，实现个性化产品加工和精准化配送。

生产能力协同：通过工业互联网平台整理订单信息和其他钢铁制造企业的基本信息，动态地匹配产品性能要求和工厂生产工艺水平，通过订单共享实现产能共享，提高钢铁行业的产能利用率。

（4）绿色生产

钢铁行业的能源消耗和环境保护问题越来越突出。钢铁生产企业可以从各个生产环节收集能耗和污染物排放数据，发现存在严重问题的环节，优化工艺流程，升级设备，降低能耗和环保成本，实现清洁低碳绿色生产。

节能降耗：工业互联网平台通过建设能源管控中心来实现能源生产和能耗数据的自动实时采集和集中监控，并基于数据分析挖掘进行智能能源管理，实现能源预测优化和能源供需平衡，从而提高能源利用效率、降低能耗成本。

污染控制与减排：钢铁企业通过在各种设备的排污口处部署智能监测传感器，将实时采集的排污数据传输至工业互联网平台，以全面分析钢铁企业在生产过程中产生的有毒有害物质的排放，确定工艺优化及设备升级方案，减少污染和对生态环境的破坏。

6. 服装行业

服装行业是由中小企业主导的劳动密集型行业。随着竞争格局的变化和市场需求的增加，服装行业正面临着前所未有的变革压力：①用户需求的多元化程度正在增强，小批量、多品种订单的趋势变得越来越明显，现有的基于库存的生产模式无法满足市场的多样化需求，导致大量库存；②在原材料和劳动力成本上涨的情况下，服装行业的利润持续遭到挤压，迫切需要整合供应链的上游和下游资源，并通过动态协作降低生产成本。利用工业互联网平台整合消费者、服装生产企业和配套企业资源，能够为客户提供个性化定制服务。

（1）服装个性化定制

为了满足消费者更加多样化和个性化的需求，消费者可以通过在线电子商务平台或应用程序定制服装。用户选择自己喜欢的面料，自定义定制细节；工厂在规定的时间内进行打样，并传输到网络商城平台进行展示和推广。客户还可以通过社交网络与设计师进行交流和互动，以实现参与式、个性化的设计，使服装更贴近消费者的实际需求，从而使客户足不出户就能享受到一对一的着装顾问服务。

（2）生产制造协同

使用射频识别（RFID）技术将上下游供应链的串行工作转换为并行工作，实现跨供应商的生产制造协同。同时，还能够通过产品跟踪管理和车间数据实时统计，实时掌控从订单下达到成衣交付的整个生产过程。

（3）数字透明化生产

在App上或Web端接受定制订单，由财务系统确认收付款信息，经过高级排程系统（APS）、生产制造执行系统（MES）、仓储物流管理系统（WMS）等，以实现订单的快速生产、产品生产管控、自动化物流。通常采用标准的API接口建立APS系统、MES系统、PDM系统、财务系统及自动设备信息互通、数据共享，实现企业内部信息系统的互通，优化企业生产管理流程，提高企业生产管理效率。建立企业销售端和生产端的信息互通机制，实现企业由生产型企业向服务型企业的转型升级。

在应用程序或网站上接收定制订单，财务系统确认收付款信息后，经过高级排程系统（APS）、生产制造执行系统（MES）和仓库物流管理系统（WMS）来实现订单产品的快速生产、生产管控和自动化物流。通常采用标准的API接口实现企业内部信息系统之间的互通，以优化企业生产管理流程和提高企业生产管理效率。通过建立企业销售方和生产方之间的信息互通机制，实现从生产型企业向服务型企业的转型升级。

7. 石化行业

石化行业是资产密集型行业，具有设备价值高、工艺复杂、产业链长、风险高和环保压力大等特点。同时，由于设备管理不透明、工艺知识传承困难、产业链上下游之间的协作水平低和安全生产压力大的原因，石化行业迫切需要加快数字化转型的速度，全面提高设备管理、生产管理、供应链管理、安全管理和节能降耗的数字化水平。

（1）设备管理

设备状态监测：通过对物理设备的形状、功能、历史运行数据和实时监测数据进行数字孪生建模，可以实时监测设备各个部件的运行情况。

远程故障诊断：对接设备的历史故障和维修数据、实时工作状态数据与故障诊断知识库，并使用机器学习和知识图谱技术实现机器故障的检测和定位。

预测性维护：通过构建设备的数字孪生体，实时采集设备的各项内部性能参数，提前预判设备零部件可能发生损坏的时间，并及时提供维护服务。

（2）炼化生产

工艺优化：在进行实际炼化生产前，对原油原料、炼化设备和工艺流程进行数字孪生建模，并对工艺配方和工艺流程进行综合模拟仿真，优化原料比例参数和装置优化路径，已达到最优炼化生产的效果。

质量控制：实时采集、分析油品炼化全过程的质量数据，对各种质量指标进行在线动态分析及预测预警，实现炼化全流程的质量跟踪和自动控制。

节能降耗：通过对关键耗能设备及高耗能加工流程进行数据采集，结合大数据、人工智能和专家知识库，分析影响能耗的关键因素，找出耗能最低的工艺参数并指导实际生产，提高关键耗能设备。

（3）供应链协同

企业内供应链协同：实时地采集和分析供应链的运行情况，识别资源配置效率低下的环节，提出改进方案，并提高企业内部资源的配置效率。

企业间供应链协同：利用工业互联网平台作为连接枢纽，打通石化行业上游的原油供应、中游的炼化生产和下游的产品销售环节，优化全产业链资源配置。

（4）安全巡检

安全生产监控：实时采集在炼化生产过程中的各项安全数据，并结合安全生产监控模型，对异常生产状态和安全风险进行实时预警。

智能管道巡检：在油气管道内部或外部利用传感器、管道巡检机器人和无人机等数据采集工具，结合地理和气象等环境数据，全面感知和实时监测管道内外的运行状态，对管道异常状况（如泄漏）进行快速定位。

8. 家电行业

家电行业技术更新迭代速度快、产品研发周期短、产品同质化程度高，正面临着市场趋于饱和、生产智能化程度低、供应链协同困难等问题。家电企业应以个性化定制及供应链整合为切入点，朝着生产方式柔性化、运营管理平台化和产品服务生态化等方向进行数字化转型。

（1）柔性化生产

家电行业的工业互联网平台可以快速响应用户需求，促进生产环节和用户需求的深度交互，实现柔性化生产。

产品设计优化：通过工业互联网平台构建定制化的产品设计体系，使用户能够全流程参与需求交互、产品设计、制造和物流交付等产品设计全过程，并形成用户数据驱动的闭环设计系统，全面提升产品设计效率。

采购供应优化：通过工业互联网平台采集来自传感器、设备控制器、无人搬运车（AGV）和物流机器人等设备的数据，对生产进度、物料管理和企业管理进行深入分析，实现排产、仓储和运输的按需调度和优化。

生产过程管理：利用工业互联网平台，能够与生产制造的各个环节建立互联互通的数据通道，通过构建生产设备、生产线、材料和工艺的数字模型，使用生产现场数据驱动模型运行，优化生产环节、加工环节和装配环节的工艺流程、路径规划以及控制参数，实现智能化生产。

（2）供应链协同

家电行业工业互联网平台可以打通产业链上下游各环节，实现跨部门、跨企业的数据互联互通，促进资源的优化配置和开放共享。

企业内供应链协同：通过工业互联网平台，可实时获取设备、工具、物料和人力等生产资源信息，跟踪现场物料的消耗量，结合库存情况进行精准配货，实现生产和库存的动态调整优化，有效地降低库存成本。

企业间供应链协同：通过工业互联网平台实时收集生产运营数据、供应商数据、用户感知数据及企业经营数据，通过云边协作整合供应链数据，推进设计、制造、供应和服务各个环节的并行组织与协作，提供集中采购、协同设计、电商营销、智能物流和金融科技等新型服务。

（3）智能家居解决方案

家电行业的工业互联网平台在产品中添加了智能模块，以实现产品联网和家庭环境感知，并通过大数据分析提供智能家居解决方案，促进企业从产品销售向服务销售的业务转型，有效延伸价值链、扩展利润空间。

智能家电解决方案：通过在家电中引入边缘计算、网络通信等技术，使其具有自感知和自适应功能，实现基于平台的节能。

智能家居的整体解决方案：通过将各种家用设备连接到云，依托云平台对设备的工作环境数据、运行数据和用户使用习惯数据进行综合智能分析，提供家庭环境控制、空气质量管理和家庭安全保护等全方位综合服务。

4.5 工业互联网平台发展

4.5.1 工业互联网平台产业链划分

按照领域进行细分，工业互联网产业链可划分为三个区域：产业链上游、中游和下游。产业链上游是软件和硬件设备，中游是工业互联网平台，下游是各种工业互联网应用。当前，全球工业互联网上游、中游和下游产业链正在朝着“垂直＋水平”扩展、垂直打通的方向发展，如图 4–7 所示。

在工业互联网的产业链中，工业互联网平台扮演者着承上启下的重要角色，其理念和重要性逐渐被产业界所认同，各类产业主体也都正在积极地部署工业互联网平台。根据国内外工业互联网平台企业的布局战略，目前主要有六条发展路线。

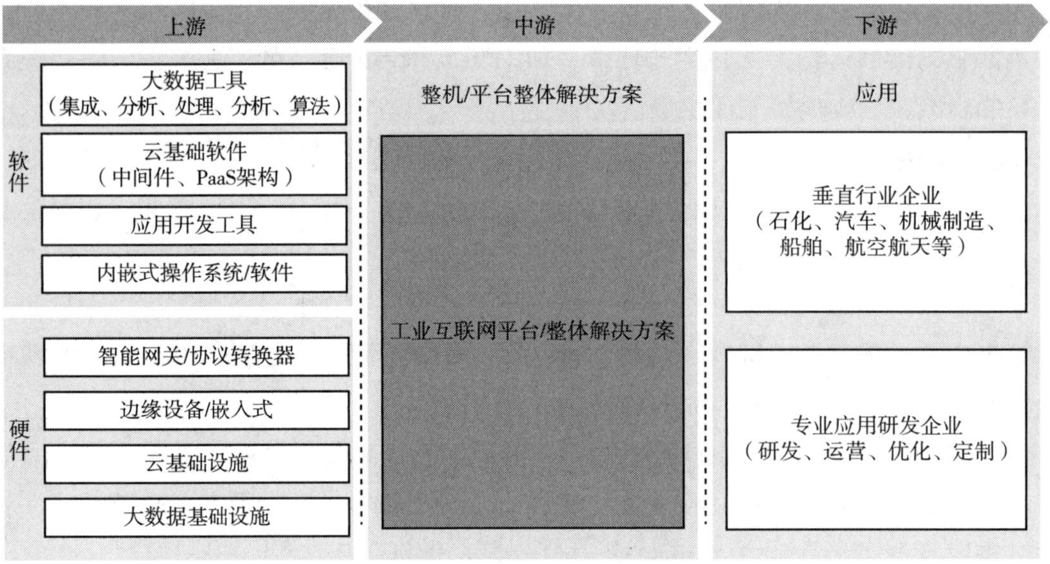

图 4-7　工业互联网平台产业链

1. 路线 1：国际巨头努力打造综合工业互联网平台

随着信息技术的普及，工业领域的数据在容量、速度和多样性方面都呈指数增长。为了深入挖掘工业数据，国际巨头依靠庞大的产业链、产品系统和技术实力，依靠自身在制造领域积累的行业知识，通过合作和并购等方式来完成工业互联网平台的建设。工业互联网平台以机器为中心，支持异构数据采集、存储、管理、集成和访问，提供针对不同行业和领域的客户量身定制分析服务，包括先进的预测分析、直观的用户体验和安全的云端交付。所构建的平台主要基于三层架构，并发布面向不同层级的产品。例如，GE 公司的 Predix 平台边缘连接层提供了 Predix Machine 产品，该产品能够运行边缘分析程序。平台层提供 Predix Cloud 产品，以提供用于工业工作负载优化和大规模工业数据处理的云基础架构。应用服务层包括 Predix Services 和 Predix for Developers 产品，提供工业微服务一级的各种服务交互。西门子 MindSphere 平台边缘连接层提供了 MindConnect IoT2040 和 MindConnect Nano 产品，可将工业设备数据传输至 MindSphere 的工业 PC。开发与运营层提供大数据服务及工业 App 开发服务，而应用服务层主要为用户提供基于 MindApp 和行业解决方案的智能应用服务。

2. 路线 2：工业制造企业专注于行业领域及场景进行平台布局

传统的工业制造企业在各自的领域深耕多年，在生产实践中积累了大量经验、建立了规范的运行体系，并熟知行业痛点和难点。在工业互联网平台的背景下，这类企业依靠自身的优势把经验固化于平台，并根据需要为相关企业提供增值服务。

例如，和利时公司研发的 HiaCloud 平台以工业 PaaS 为核心，包含云基本环境层、数据层、基础服务层和应用服务层，面向中小型企业需求不明确和研发能力弱的问题提供虚拟工厂建模、定制开发和运营优化等服务。三一重工创建的“树根互联”根云平台 RootCloud，面向工程设备制造商提供即插即用的工业互联网端到端解决方案，能够实时采集数千种参数，并提供数据清洗、数据治理和安全隐私管理等服务。ABB 公司的 ABB Ability 平台与 IBM Waston 联合提供工业人工智能解决方案，协助机器人、船舶与港口、电动汽车及可再生能源等行业进行数字化转型。

3. 路线 3：IT 企业以大数据和云计算技术为核心，延伸实现产品布局

IT 企业在物联网、云计算和大数据等技术领域具有深厚积累，提供 IaaS 服务，并能够为企业和个人提供计算和存储资源。在工业互联网发展的大形势下，IT 企业依托其原有业务，整合 IaaS 和数据分析等资源，建设通用型的工业互联网平台，从而使不同制造企业能够结合自身特点和业务需求开展定制化集成和应用部署。有些 IT 企业则侧重于提供面向设备的连接功能和连接管理。以华为的 OceanConnect 平台为例，该平台以连接管理平台为核心，开放包括应用、平台、网关和设备四个层次的生态，构建全方位的开放系统。还有一些 IT 企业提供基于 PaaS 的云计算平台功能，如 Amazon 公司的 AWS 平台。AWS PaaS 提供了复杂企业应用所需的软件基础架构和网络计算资源，提供简洁、完整和专业的基础设施服务。还有一些 IT 企业将这几部分功能进行集成，提供端到端通用平台服务能力，如机智云公司为用户提供了应用开发接口、功能组件以及数据分析引擎，允许行业用户定制其数据分析解决方案。

4. 路线 4：垂直领域领先企业依托生产资源和数据资源整合能力构建平台

垂直领域领先企业向产业链上下游渗透，通过对上下游各环节的数据资源、生产资源和供应资源等多维度资源进行整合，实现各类资源的共享、分配和优化，并提供供需对接、协作设计、供应链协同和协同制造等智能化应用。例如，航天云网的 INDICS 平台由设备层、工业物联网层、平台接入层、云平台层和工业应用 App 层组成，线上提供覆盖全产业链和全要素的云制造服务，线下支持基于云平台的智能工厂升级改造。海尔公司的 COSMOPlat 平台包括物联层、平台层和应用层，能够提供可下载的应用服务，同时还能够对接企业需求和第三方开发者及解决方案提供商，促进各个行业的先进模式和工程技术构成可复制的软件化应用。

5. 路线 5：工业软件研发企业根据实际应用场景进行平台布局

传统工业软件研发企业其产品和应用是集成和一体化的，更多应用于 PC 端。互联网时代的到来冲击着传统工业软件研发企业的商业模式，应用朝着 App 化、轻量化和云化发展。各大软件研发企业以实际应用场景的需求为导向，纷纷布局工业互联网平台，借助工业互联网平台集成各类数据，并将工业软件云化，提供基于云的业务分析及后端云基础设施，大幅降低了工业软件的成本，同时增加了企业选择的灵活性。例如，PTC 公司的 ThingWorx 平台能够实现从产品研发、数据管理到工艺制造、生产和排产等核心功能的系统，打通供应和销售链条、管理库存直至最终用户，实现产品全生命周期的运维管理。

6. 路线 6：互联网企业和行业创新企业通过创新发展模式带动技术研发，构建平台产品

一些企业将先进技术与行业经验相结合，把物联网、大数据、边缘计算和云计算等先进技术应用于其平台，通过提供工业应用开发和工业大数据分析服务来创新发展新模式。例如，寄云科技的 SaaS 服务平台采用模块化设计和拖拽式操作，预置了响应式和自适应页面模板，帮助供应商一站式快速构建 SaaS 业务。PaaS 平台提供了应用级混合云管理以及自动运维等服务，解决了企业跨平台云管理的问题，使企业能够轻松地部署和管理跨公有云和私有云的应用，降低企业云落地的门槛。

4.5.2 工业互联网平台应用层创新

在工业互联网平台应用层创新方面，应用开发生态构建已成为工业互联网平台发展的主要课题，并成为实现平台产品与产业有效对接的强大引擎，主要体现在三个方面：

——平台企业独立自主开发应用程序，以此作为平台生态发展的驱动力，并不断集聚用户资源。随着平台格局逐渐形成，各大行业领先企业为了扩大平台的影响力并抢占先机，依托自有的平台来开发工业 App。工业 App 能够为用户提供相应的工业知识、开发工具、开发环境以及 App 共享服务。用户通过分析工厂数据并结合其行业知识开发工业 App，并在平台上销售自己的工业应用或租用其他行业的应用程序。目前，一些行业领先企业开发的工业 App 已初见成效。例如，西门子平台已经开发出 6 种微服务和 50 种工业 App，并已在 100 多家北美和欧洲企业投入使用；GE Predix 平台已经发布超过 160 种用于创建工业 App 的基础服务和分析工具，开发者数量截至 2020 年已经达到 2 万人。

——平台企业发展应用开发伙伴生态，并进一步扩大平台生态系统。平台企业通过横向联合，同时借助第三方平台来吸引更多资源和拓展应用开发生态，并创新合作模式。平台企业通过把数据分析和模型处理等核心功能封装为软件开发包（SDK）等工具包来开放能力，使开发者借此能够轻松接入平台。同时，借助第三方平台已有的生态系统、开发者、计算资源和机器学习算法，开发出更多的新型应用。例如，GE 公司与苹果公司合作推出了一款工业 App，使 iPhone 和 iPad 用户能够方便地使用 Predix 上的预测数据与分析资料；并推出适用于 iOS 系统的全新 Predix 软件 SDK，以扩展为 iPad 和 iPhone 新的使用场景。ThingWorx 平台伙伴计划汇集了数百家合作企业，通过模块化服务简化了 ThingWorx 与第三方工具和服务的集成方式。

——平台企业通过创建完整的开发环境和开源社区，吸引并鼓励开发者开展应用开发和技术经验交流共享，实现应用开发者、工程应用厂商以及潜在工业软件开发服务商的集聚。在开源社区中，这些不同类型的主体可以进行技术交流、需求交流和经验交流，不断增加群体与生态之间的黏性，从而促进工业互联网平台的发展。

4.5.3 工业互联网平台发展趋势

1. 工业互联网平台技术发展

工业互联网平台所采用的技术处于不断变化与发展之中，具有以下发展趋势。

（1）平台边缘分析功能从数据接入朝智能分析演进

传统的数据接入服务正逐步演变为平台服务，边缘数据分析功能也由简单的规则引擎向人工智能复杂分析转变。边缘功能变化的根本原因是通用 IT 软硬件架构的下沉给边缘数据分析及应用带来了更好的支撑环境，使得平台功能架构更加完善。

（2）模型的沉淀、集成和管理成为平台核心能力

信息模型的集成能够不断沉淀工业机理和知识，提升平台工业要素管理水平。模型能够为平台资产和功能提供统一的语义描述，工业机理模型、工业数据模型和工业业务模型快速地在平台中沉淀，提供工业个性化产品的制造服务。

（3）数据管理和分析向自研与集成相结合发展

平台聚焦在一类或多类工业个性化需求上，开展定制化开发，不断强化工业数据管理能力。工业现场的实时性业务需求驱动着平台提高实时数据流的分析能力，工业人工智能技术进一步扩大了平台处理工业问题的广度和深度。平台不断丰富数据分析和可视化工具，大大降低了数据分析的门槛、提升了数据分析的效率。

（4）平台架构和能力向软件定义加速演进

新型容器技术和微服务技术的发展大幅提高了平台功能解耦和集成的效率。新型集成技术的发展有效提升了平台功能复用的效率。软件定义使得平台资源能够灵活组织、功能封装复用、开发更加敏捷高效。低代码开发模式显著提升了开发效率，并降低了开发门槛，新型平台架构和应用开发技术的演进使得工业 App 交付更快、应用范围更广。

2. 工业互联网平台建设模式发展

（1）多类平台主体分工互补

连接与边缘计算平台聚焦于工业设备和系统的接入管理、边缘计算，为其他类型平台提供流量入口。由传统云计算服务平台延伸而来的云服务平台以公有云、私有云和混合云的形式提供存储、计算和网络服务。通用 PaaS 平台集成微服务和容器等基础框架、软件开发工具，在云端实现 IT 资源分配、应用调度及开发部署管理。工业数据分析与可视化平台提供海量工业数据分析、趋势预测及可视化呈现服务，提升工业数据的价值洞察力。业务 PaaS 平台以设计仿真、生产优化和管理运营等领域的经验知识为基础，提供各类专业业务组件和预置解决方案模板，支持快速构建面向特定工业场景的工业 App 定制。

（2）平台主体相互协作成为平台构建主旋律

各平台主体大都各有侧重和特长，面向特定领域或企业应用需求，多平台主体协作成为必然，且正逐步形成以下几种协作方式。

1）各类平台与连接平台合作，增强数据采集范围和能力。连接平台对其他平台获取数据来说不可或缺，各类平台与连接平台合作，可增强数据采集范围和能力。例如，业务平台与连接平台合作，支持在生产现场落地部署各种解决方案；云服务平台与连接平台合作，打造集数据采集、存储和计算于一体的使能工具；数据分析平台与连接平台合作，加强数据采集能力，支撑数据价值挖掘及应用。

2）业务平台与 IT 属性平台合作，增强数据管理与分析能力。例如，业务平台通过与云平台合作，获取云服务平台资源和技术支持；业务平台叠加数据分析平台，能够充分挖掘业务数据的潜在价值。

3）业务平台之间合作，丰富业务功能及扩展业务范围。例如，与研发设计能力强的平台合作，实现基于平台的设计仿真集成服务，提升市场竞争力；与生产运维能力强的平台合作，实现生产管理和设备管理的协同优化，提升工业现场生产管控水平；与运营管理和生产现场结合能力强的平台合作，实现企业管理数据、工厂生产数据的有效集成和应用，为客户提供 MES、ERP、CRM 等一体化的打包解决方案。

（3）构建良好的应用创新生态，推动平台持续发展

工业应用场景众多，平台很难依靠自身能力为各类场景下的应用提供高质量服务。构建良好的应用创新生态并丰富平台应用显得愈发重要。因此，聚集各类生态主体协作开发细分领域的应用成为平台构建的主流模式。生态主体主要包括垂直行业服务商、专业技术服务提供商和开发者社区三类。

1）平台联合垂直行业服务提供商共同打造满足特定工业场景需求的应用。

2）平台吸引专业技术服务提供商，将成熟解决方案迁移至平台，快速积累各类专业应用。

3）平台通过打造开发者社区吸引第三方开发者入驻，广泛开展工业 App 应用创新。

4.6　本章小结

本章在介绍工业互联网平台背景和发展现状的基础上，介绍了工业互联网平台的架构、关键技术和行业应用以及工业互联网平台的发展趋势。

工业互联网平台参考架构分为三层：数据采集层、管理服务层（工业 PaaS）和应用服务层（工业 App）。

工业互联网平台技术主要包括数据采集技术、IaaS 技术、平台使能技术、数据管理技术、工业数据建模与分析技术、工业微服务技术和安全技术。

工业互联网平台应用场景主要包括设备 / 产品管理、业务与运营优化、社会化资源协作。

工业互联网平台技术和建设模式处于不断的发展演进中，各类平台主体分工协作，推动平台持续发展。

习题

1. 请阐述工业互联网平台产生的背景。
2. 工业互联网平台的参考架构包括哪几层？每一层的主要功能分别是什么？
3. 工业互联网平台的核心功能有哪些？分别起到什么效果？
4. 工业设备联网有哪些形式？其优缺点是什么？
5. 工业互联网平台安全包括哪几方面？
6. 工业互联网平台典型的行业应用有哪些，请概述其主要内容。
7. 简述工业互联网平台的发展趋势。

参考文献

[1] 工业互联网联盟．工业互联网平台白皮书 2019［EB/OL］．工业互联网联盟，2019-06-05.

[2] 国家工业信息安全发展研究中心．工业互联网平台创新发展白皮书［EB/OL］．国家工业信息安全发展研究中心，2018-12-18.

[3] 余晓晖，刘默，蒋昕昊，等．工业互联网体系架构 2.0［J］．计算机集成制造系统，2019，25（12）：2983-2996.

［4］王冲华，李俊，陈雪鸿．工业互联网平台安全防护体系研究［J］．信息网络安全，2019（9）：6–10.
［5］周剑，肖琳琳．工业互联网平台发展现状，趋势与对策［J］．智慧中国，2017，25（12）：56–58.
［6］李君，邱君降，窦克勤．工业互联网平台参考架构，核心功能与应用价值研究［J］．制造业自动化，2018，40（6）：103–106，126.
［7］肖琳琳．国内外工业互联网平台对比研究［J］．信息通信技术，2018，12（3）：27–31.
［8］尹丽波，周剑，田玉鹏．洞见：关于工业互联网平台作用机理和发展路径的思考．［EB/OL］．安全内参，2018–02–02.
［9］王喜文．工业互联网平台实现协同制造［J］．中国信息化，2017（5）：14–17.
［10］孙小东，王劲松，李强，等．工业互联网平台的架构设计［J］．工业加热，2020，49（5）：48–50，54.
［11］李志博，曾鹏，李栋．第一讲：工业互联网架构与关键技术［J］．仪器仪表标准化与计量，2020，211（1）：41–43，62.
［12］颖昌，孙刚，管桐，等．“新基建”背景下工业互联网平台技术发展新图景［J］．网络安全和信息化，2020（5）：30–32.
［13］谢海琴．工业互联网平台技术，应用，管理，市场发展趋势［J］．自动化博览，2020，321（3）：33–33.
［14］喻冬梅，蒋宗敏，戴冬云，等．工业互联网在电力装备行业的应用［J］．电力大数据，2019（9）：35–42.

第 5 章　工业互联网安全体系

本章主要介绍工业互联网安全体系。首先，介绍工业互联网安全框架的构建维度，包括工业互联网安全的防护对象、防护措施及安全管理；其次，针对工业互联网安全的防护对象及采用的安全防护措施展开介绍，具体包括设备安全、控制安全、网络安全、应用安全、数据安全，以及监测感知与处置恢复安全防护措施；最后，就工业互联网安全的主动防御技术与被动防御技术进行分析介绍。

本章最重要的内容是：①工业互联网安全框架的三个构建维度；②工业互联网安全的五大防护对象及采用的安全防护措施；③主动防御技术的内容和优势。

5.1　概述

2017 年 11 月，国务院印发了推进和指导工业互联网发展的纲领性文件《关于深化“互联网 + 先进制造业”发展工业互联网的指导意见》(以下简称《指导意见》)。《指导意见》中明确提出要加快建设和发展具有中国特色的工业互联网，实现新型网络基础设施的人、机、物全面互联，通过系统构建网络、平台、安全三大工业互联网功能体系，扎实推进工业互联网安全保障手段的同步规划、同步建设和同步运行，增强工业互联网安全防护能力，强化我国工业互联网的产业安全保障，提升我国工业互联网的发展水平。《指导意见》提出“三步走战略”，即到 2020 年初步建立工业互联网安全保障体系，到 2025 年基本建立起较为完备可靠的工业互联网安全保障体系，到 2035 年安全保障能力全面提升。而后，相关部门又分别于 2018 年发布了《工业互联网平台建设及推广指南》《工业互联网平台评价方法》，2019 年印发了《加强工业互联网安全工作的指导意见》，2020 年发布了《关于推动工业互联网加快发展的通知》，把工业互联网纳入“新基建”体系，明确安全防护机制和要求，加大政策支持，指导完善工业互联网平台安全保障体系、工业信息安全管理等政策法规；并由相关标委、研究中心、产业联盟等发布了《工业互联网安全总体要求》《信息安全技术　工业互联网平台安全要求及评估规范（征求意见稿）》《工业信息安全标准化白皮书（2019 版）》《工业互联网体系架构（版本 2.0）》《工业互联网数据安全白皮书（2020）》等指导文件，加快构建工业互联网平台安全标准体系。

当前，工业互联网安全保障体系建设的重要性越发凸显，世界各主要发达国家均高度重视工业互联网的发展，并将安全放在突出位置，发布了一系列指导文件和规范指南。如美国政府层面自 2014 年发布了《国家网络安全保护法》，明确工控系统为网络安全的重点保护对象，之后又相继发布了《网络安全国家行动计划》《扩大网络安全监控项目法案》《先进的网络安全诊断与缓解法案》，以及与工控系统安全相关的《美国国土安全部工业控制系统能力增强法案》《供应链网络安全风险管理指南》；与物联网安全相关的《物联网安全战略原则》《物联网设备安全法案》；与云安全相关的《缓解云漏洞指南》；与能源安全相关的《保障能源基础设施法》《利用网络安全技术保护电网资源法案》。同时，美国工业互联网产业联盟层面也发布了《工业物联网安全框架》《端安全最佳实践》《工业互联网安全成熟度模型：从业者指南》《数据保护最佳实践白皮书》《在实践中管理和评估 IIoT 可信度》白皮书、《商业视角下的工业互联网安全概括》《云计算关键领域安全指南 V4.0》等指导文件。此外，欧洲网络与信息安全局（ENISA）发布了《工业控制系统网络安全白皮书》《智能制造背景下的物联网安全实践》《工业 4.0——网络安全挑战和建议》。德国政府层面通过了《德国工业 4.0 战略计划实施建议》《2019 年工业控制系统安全面临的十大威胁和反制措施》；并在产业联盟层面由德国工业 4.0 平台发布了《工业 4.0 安全指南》《跨企业安全通信》《安全身份标识》等指导性文件。日本政府发布了《网络安全基本法》《网络 / 物理安全对策框架》及其配套的一系列行动计划。新加坡、澳大利亚、以色列等国也发文加强工业控制系统和基础设施安全防护。

这些指导文件和规范指南为工业互联网相关企业部署安全防护提供了可借鉴的模式，从一定程度上保障了工业互联网的健康有序发展。

5.2　安全框架

工业领域的安全通常包括信息安全（Security）、功能安全（Functional Safety）和物理安全（Physical Safety）三大类。相较于传统的工控系统安全以及互联网安全，工业互联网安全模糊了传统的工控系统安全以及互联网安全相对明晰的责任边界，情况更为复杂，使其面临的安全挑战也更为艰巨和严峻，造成的影响范围更大、牵扯更广，其安全部署也更为必要和紧迫。因此，工业互联网安全工作需要从更全局的视野，包括产业支持、制度建设、国家能力等方面来统筹安排。在构建工业互联网安全框架时，需要聚焦信息安全，统筹、综合考虑信息安全、功能安全以及物理安全，主要解决当前工业互联网所面临的各种网络攻击等新型风险，并将其在部署信息安全防护措施时可能对功能安全和物理安全带来的影响也纳入考量范围。

5.2.1 传统网络安全框架

1. OSI 安全体系结构

OSI 安全体系结构是由国际化标准组织（ISO）基于 OSI 开放式通信系统互联参考模型（Open System Interconnection Reference Model），在对 OSI 开放系统互联环境的安全性深入研究的基础上提出的。

OSI 开放式通信系统互联参考模型把计算机网络体系结构的通信协议划分为七层，从下而上分别为物理层、数据链路层、网络层、传输层、会话层、表示层以及应用层。国际标准化组织于 1989 年在原有的网络基础通信协议七层模型基础之上扩充了 OSI 参考模型，确立了信息安全体系结构，并于 1995 年再次在技术上进行了修正。

OSI 安全体系结构定义了应具备的五类安全服务及相应的八种安全机制。其中，安全服务包括（认证）鉴别服务、访问控制服务、数据完整性服务、数据保密性服务和不可抵赖性服务。安全机制包括加密机制、数字签名机制、访问控制机制、数据完整性机制、鉴别交换机制、业务流填充机制、路由控制机制以及公证机制。根据所防护网络的具体要求，OSI 安全体系结构中的五类安全服务及八种安全机制被适当地配置于 OSI 参考模型的七个层次中，如图 5-1 所示。

安全机制是对安全服务的详尽补充，OSI 安全体系结构针对 OSI 参考模型中的不同层次部署不同的安全服务与安全机制，安全服务和安全机制的对应关系如图 5-2 所示。

2. P2DR 模型

P2DR（Policy Protection Detection Response）模型是由美国 ISS 公司提出的基于时间安全理论基础的动态网络安全体系模型。该模型的理论原理是把所有信息安全相关的活动，包括攻击行为、检测行为、响应行为和防护行为等，都认为是消耗时间的活动，因此把时间作为衡量标准，用来衡量一个防护体系的安全性及安全能力。

P2DR 模型包括防护（Protection）、检测（Detection）和响应（Response）三个网络安全实施阶段。

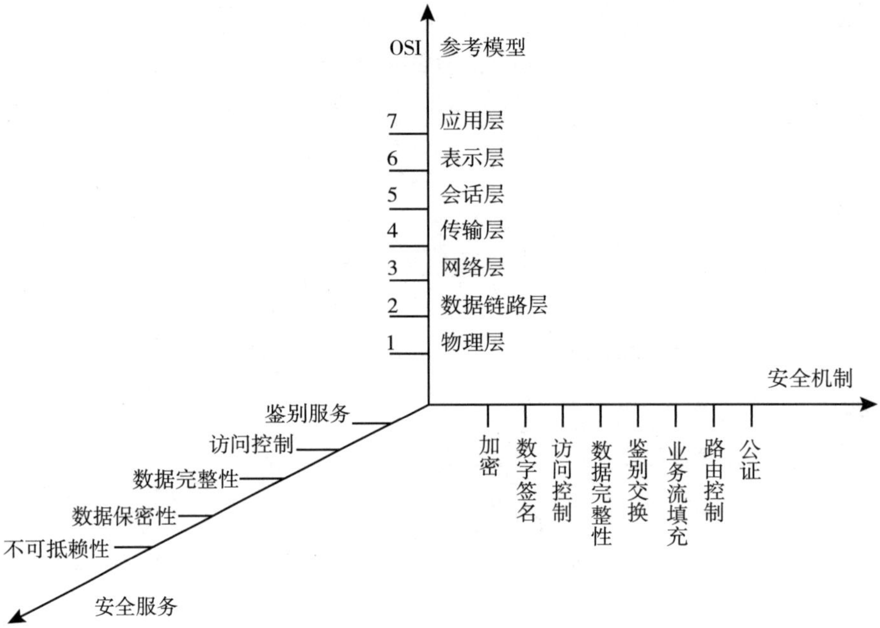

图 5-1 OSI 安全体系结构

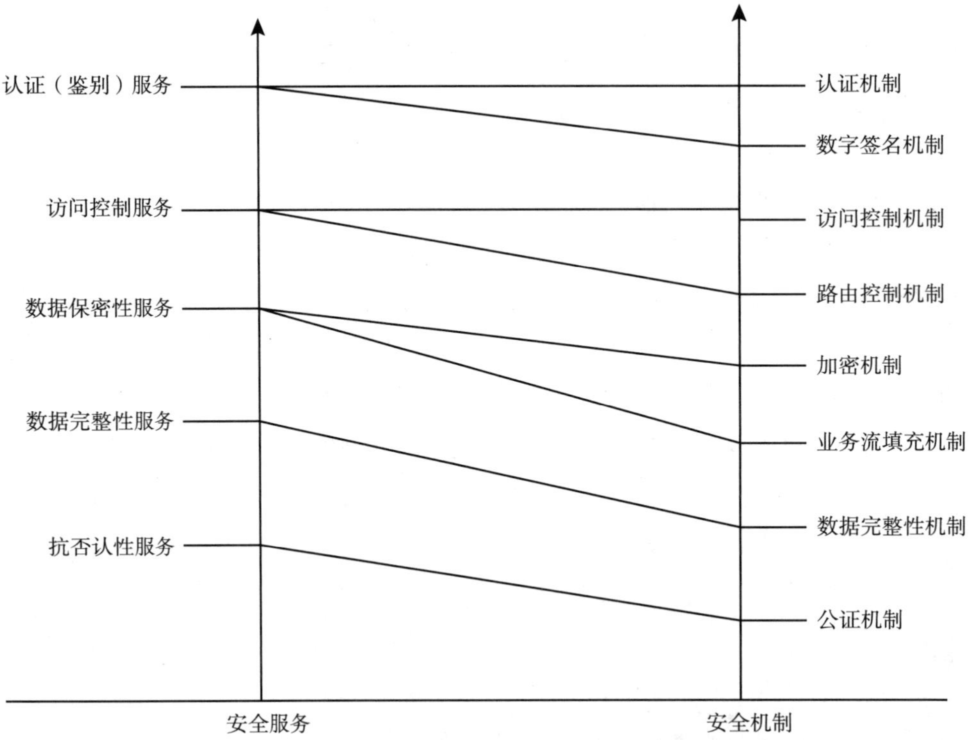

图 5-2 OSI 参考模型安全服务与安全机制的对应关系

在防护阶段，基于整体安全策略的控制和指导，部署防火墙、加密、操作系统身份认证等安全防护措施；在检测阶段，利用入侵检测、漏洞评估等检测工具实时检测网络中的风险，从而了解和评估系统的安全状态；在响应阶段，适当地响应，对风险及时进行处置，将系统调整至“最安全”且“风险最低”的状态。最后总结处置过程的经验，从而对防护措施进行调整和完善。P2DR 模型将防护、检测以及响应组成了一个如图 5-3 所示的完整的、动态的安全循环，从而在以安全策略为核心的指导下对信息系统的安全提供保障。

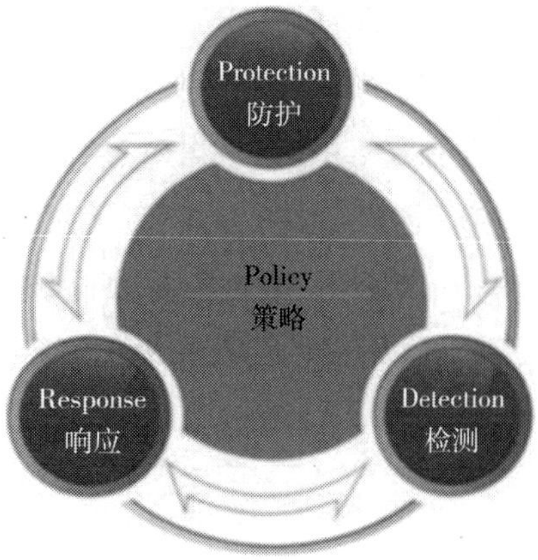

图 5-3　P2DR 模型

3. 信息保障技术框架

信息保障技术框架（Information Assurance Technical Framework，IATF）是由美国国家安全局基于“纵深防御策略”（Defense-in-Depth）理论基础，于 1998 年提出的框架体系。IATF 强调从整体、过程的角度来看待信息安全问题，关注网络和基础设施保护、边界保护、计算环境保护、基础设施支撑四个信息安全保障领域。该框架提出保障信息系统安全应具备的三个核心要素，即人、技术和操作。其中，人的要素主要包括保障人身安全、对人员进行培训、制定安全管理制度等；技术要素主要包括在正确的安全策略指导下采取措施来为信息系统提供安全保障服务，并对入侵行为进行检测；操作要素则明确了保证信息系统日常安全应采取的具体防护手段。

该框架把网络系统的安全防护划分成四部分，包括网络和基础设施防御、网络边界防御、局域计算环境防御以及支撑性基础设施防御。如图 5-4 所示。

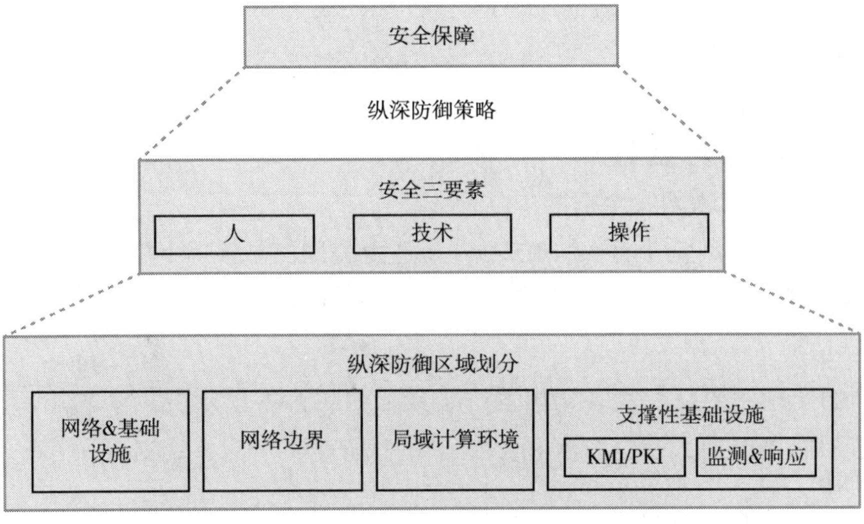

图 5-4　信息保障技术框架

4. IEC 62443

IEC 62443 工业控制系统安全防护系列标准由国际电工委员会 IEC/TC65（工业过程测量、控制与自动化）下的网络与系统信息安全工作组（WG10）与国际自动化协会（ISA99）共同制定。该标准将工业控制系统按照控制和管理的等级划分成相对封闭的区域，区域之间的数据通信经由管道进行，并通过在管道上安装信息安全管理设备来实现分级保护，进而实现如图 5–5 所示的控制系统的网络安全纵深防御。

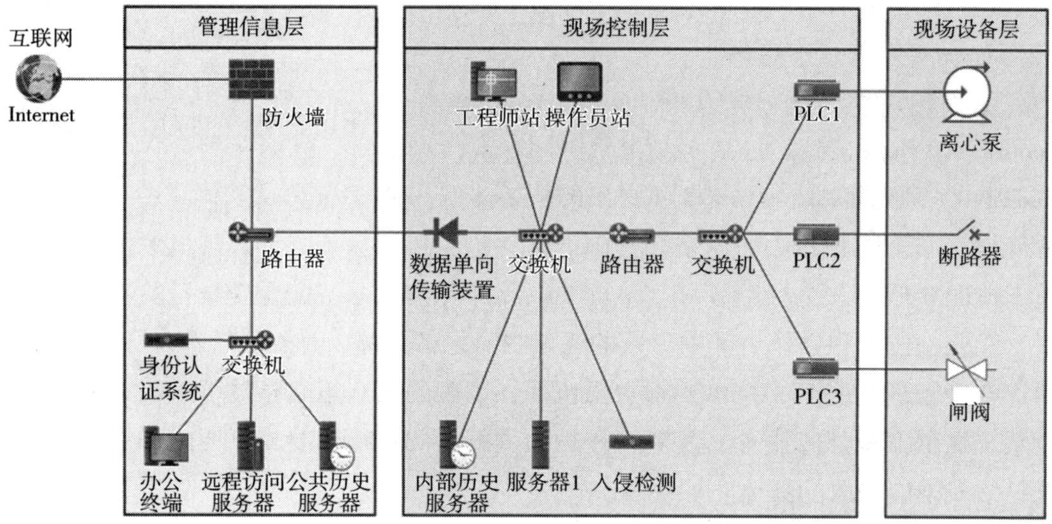

图 5–5　IEC 62443 实施案例

IEC 62443 系列标准对于安全技术与安全管理的实施均提出了要求，该标准实现的是静态安全防护。在工业互联网安全框架的设计中，需要将动态防护的理念纳入其中。

5.2.2　工业互联网安全框架

1. 美国工业互联网安全框架

美国工业互联网安全框架（IISF）1.0 是由美国工业互联网联盟（IIC）于 2016 年 9 月 19 日发布的 1.0 版本，该框架从理论方面为工业互联网安全的研究与实施提供指导。

IISF 的实现主要从功能视角出发，定义了如图 5–6 所示的六个功能，即端点保护、通信和连接保护、安全监测和分析、安全配置和管理、数据保护、安全模型和策略。

其中，顶层包括端点保护、通信和连接保护、安全监测和分析以及安全配置管理四个功能；在四个功能之下是一个通用的数据保护层；最下层是覆盖整个工业互联网的安全模型和策略，它将上述五个功能紧密结合起来，实现端到端的安全防护。

IISF 明确了具体的工业互联网安全实施措施，其顶层设计思想与应用实践值得借鉴。

2. 德国工业 4.0 安全框架

德国工业 4.0 注重安全实施，出版了《工业 4.0 安全指南》《跨企业安全通信》《安全身份标识》等一系列帮助企业加强安全防护的指导文件。

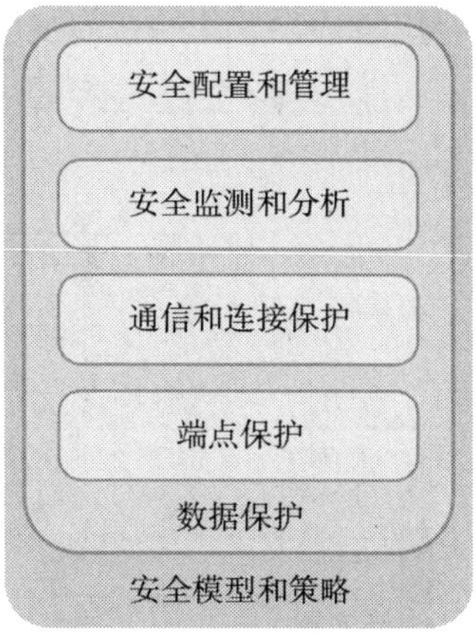

图 5-6 美国工业互联网安全实施框架

德国 RAMI 4.0 从 CPS 功能视角、全生命周期价值链视角和全层级工业系统视角三个视角构建了如图 5-7 所示的工业 4.0 参考架构。从 CPS 功能视角看，安全应用于所有不同层次；从全生命周期价值链视角看，对象的所有者必须考虑全生命周期的安全性；从全层级工业系统视角看，需要对所有资产进行安全风险分析，并对资产所有者提供实时保护措施。

德国 RAMI 4.0 更侧重于防护对象的管理，采用的是分层的基本安全管理思路（在工业互联网安全框架的设计过程中可借鉴这一思路），并且从实施的角度将管理

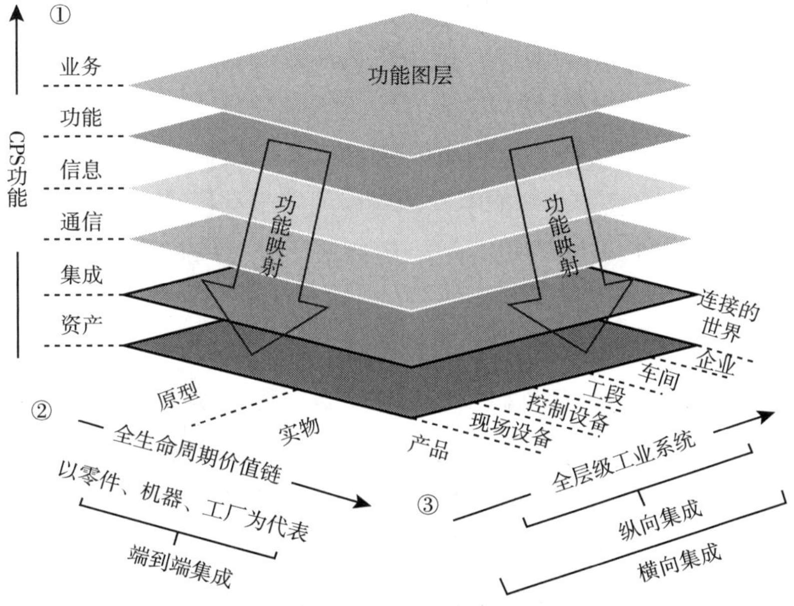

图 5-7 工业 4.0 参考架构（RAMI 4.0）

与技术相结合，更好地指导工业互联网企业部署安全实施。

3. 我国工业互联网安全框架

我国工业互联网安全框架包括工业互联网产业联盟（AII）主导的安全框架以及六方云科技提出的安全框架等。下面以六方云科技提出的工业互联网安全框架为例进行介绍。

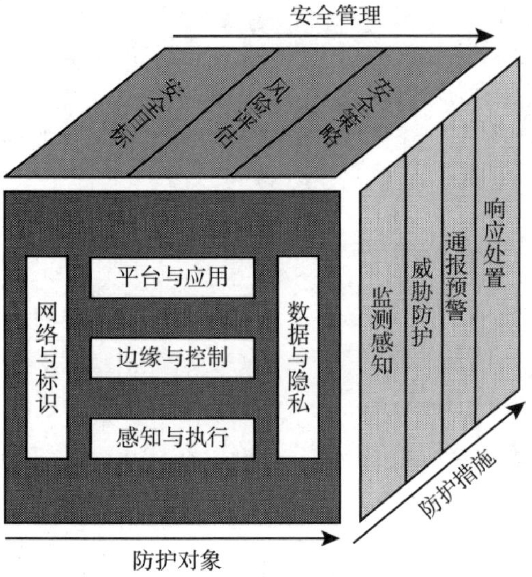

图5-8　六方云科技提出的工业互联网安全框架

工业互联网安全框架的构建如图5-8所示，主要包括工业互联网安全的防护对象、工业互联网安全的防护措施及工业互联网安全的安全管理三个维度。

工业互联网安全的防护对象维度主要包括感知与执行、边缘与控制、网络与标识、平台与应用、数据与隐私五大安全防护对象。

1）感知与执行设备安全防护对象：包括工业控制设备（PLC、RTU等）、网络和安全设备（工业交换机、工业防火墙等）、智能终端设备（数采网关、视频监控设备及其他物联网相关设备）等智能设备围绕工业环境的适用性、硬件安全、系统/固件安全、应用安全、数据安全、接入安全等。

2）边缘与控制安全防护对象：主要包括对控制协议的安全、控制软件的安全以及控制功能的安全进行安全防护。

3）网络与标识安全防护对象：主要包括对工业控制网络、企业园区及骨干网络、标识解析系统等承载工业智能生产和应用的网络与标识系统进行安全防护。

4）平台与应用安全防护对象：主要包括对工业互联网平台安全与工业应用程序安全进行防护。

5）数据与隐私安全防护对象：主要包括对涉及数据采集、数据传输、数据存储、数据处理等各个环节的数据以及用户信息进行安全防护。

工业互联网安全的安全管理维度包括根据工业互联网安全目标对工业互联网所面临的风险进行安全评估，并选择适当的安全策略作为指导，以实现防护措施的有效部署。

4. 各国工业互联网安全框架总结与对比

综合分析上述各国的工业互联网安全框架可以发现，各国在框架设计上有共通之处，也有各自的特点。在安全防护措施部署方面，各国均采用分类部署理念。如美国工业互联网安全框架（IISF）按照功能视角分类部署安全防护措施；德国工业4.0框架按照不同层级资产类型部署安全防护措施，并侧重对防护对象的管理；我国工业互联网安全框架则按照维度分类，强调根据防护对象的不同针对性地部署安全防护措施，以更好地实现安全防护效果。

在安全模型构建方面，各国均重视对安全风险的持续监测与响应，以应对不断变化的安全风险性。IISF侧重安全监测与分析；德国工业4.0框架强调整体、全生命周期、全层级全资产的安全风险分析；我国工业互联网安全框架则通过对各防护对象部署从监测感知、威胁防护、通报预警至响应处置的一系列安全措施和机制，实现风险的动态安全防护。

在安全框架的防护管理方面，各国均强调技术手段与管理手段相结合的双重保障，以更好地提升工业互联网安全企业的安全防护能力。

5.3 安全防护措施

工业互联网的核心功能原理是基于数据驱动的物理系统与数字空间全面互联与深度协同，以及在此过程中的智能分析与决策优化。同理，工业互联网安全基于数据整合与分析实现监测感知、威胁防护、通报预警、响应处置四大环节（图5–9）。

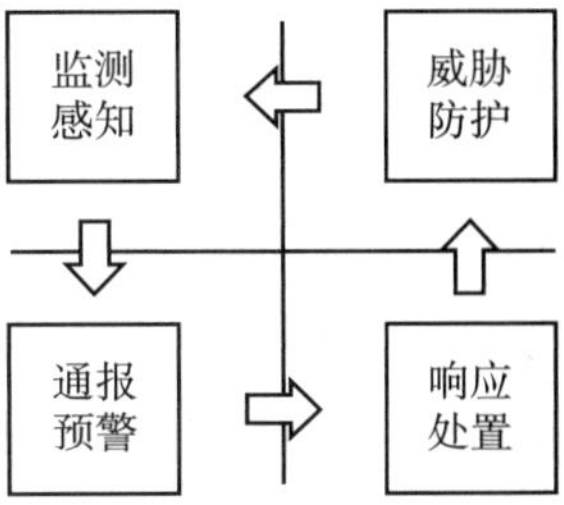

图5–9 工业互联网安全的四大环节

工业互联网安全以数据为核心，包含安全态势感知控制、安全防护数字模型、安全决策优化三个基本层次，以及一个由自下而上的信息流和自上而下的决策流构成的工业安全防护优化闭环（图5–10）。

安全态势感知控制层：构建安全态势的底层“输入–输出”接口，包含感知、识别和控制、执行四类功能。

感知是指通过底层设备协议采集各类状态及行为的数据，如用温度传感器采集电机运行中的温度变化数据。识别是指在数据与资产之间建立对应关系，明确数据所代表的对象。控制是指将预期目标转化为具体的控制信号和指令。执行是指按照控制信号和指令来改变物理世界中的资产状态，包括工业设备机械、电气状态、人员、供应链等操作流程和组织形式的改变。

安全防护数字模型层：强化数据、知识、资产等的虚拟映射与管理组织，提供支撑安全态势感知的基础资源与关键工具，包含数据集成与管理、安全防护数据模

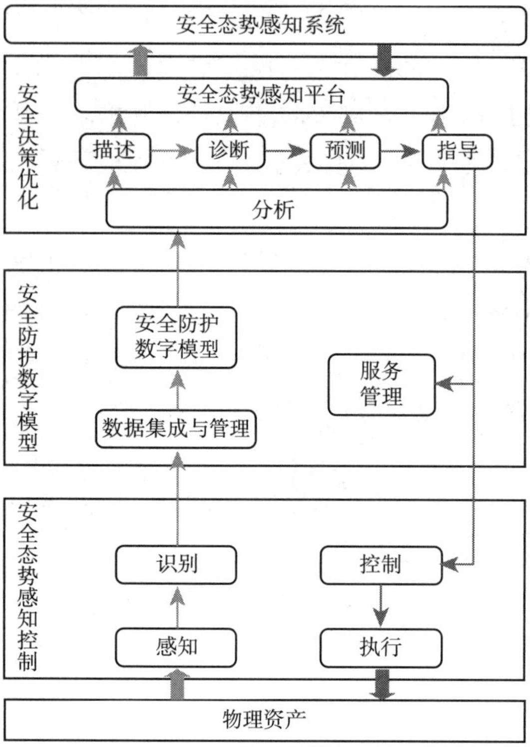

图 5-10　工业互联网基于数据整合与分析的防护措施框架

型构建、服务管理三类功能。

数据集成与管理主要是将海量多源异构数据整合成统一、有序的新数据源，为后续分析优化提供高质量数据资源。安全防护数据模型构建是指综合利用各类工业经验知识，对资产行为特征和因果关系进行抽象化描述，形成各类模型库和算法库。

安全决策优化层： 聚焦数据挖掘分析与价值转化，形成安全态势感知核心功能，主要包括分析、描述、诊断、预测、指导及应用开发。

分析功能是指借助各类模型和算法的支持，将数据背后隐藏的规律显性化，为后续诊断、预测和优化功能的实现提供支撑。描述功能是指通过数据分析和对比，形成对当前现状、存在问题等状态的显性展示。诊断功能是指通过数据分析及评估，及时发现问题并提供解决建议。预测功能是指在数据分析的基础上预测资产未来的状态，提前介入。指导功能是指利用数据分析来发现并帮助改进资产运行中存在的不合理、低效率问题。

自下而上的信息流和自上而下的决策流形成了工业互联网安全的优化闭环。其中，信息流是从数据感知出发，通过数据的集成和建模分析，将物理空间中的资产信息和状态向上传递到虚拟空间，为决策优化提供依据；决策流则是将虚拟空间中决策优化后所形成的指令信息向下反馈到控制与执行环节，用于改进和提升物理空间中资产的功能和性能。优化闭环就是在信息流与决策流的双向作用下连接底层资产与上层业务，以数据分析决策为核心，形成面向不同工业场景的工业互联网安全态势感知解决方案。

5.3.1　监测感知

监测感知是通过部署相应的监测措施以实时监测内外部的安全风险，具体措施包括数据采集、收集汇聚、特征提取、关联分析、状态感知等。

1. 数据采集

数据采集是指对工业现场网络及工业互联网平台中的各类数据进行采集，为网络异常分析、设备预测性维护等后续数据应用提供支撑。

2. 收集汇聚

数据的收集汇聚主要包括两方面：一是采集 MES、ERP、PLC 等工业控制系统及应用系统产生的关键工业互联网数据；二是汇聚全网流量监听过程中采集到的数据。

3. 特征提取

特征提取是针对单个设备或网络，对数据特征进行特征提取、筛选、分类、按优先级排序以及可读等处理，实现从数据到信息（包括健康状况、DNC 及 SCADA 网络流量、监控传输特性等内容信息，以及设备的运行工况、维护保养记录、人员操作指令、人员访问状态、生产任务目标的情景信息）转化的纵向数据分析过程。

4. 关联分析

关联分析是对运行机理和环境、外部威胁情报等大数据进行横向和多维分析，借鉴群体经验进行预测，或对比历史和现状差异进行关联分析，以发现网络和系统的异常状态。

5. 状态感知

状态感知是基于关联分析过程，监测感知工业互联网相关企业的业务背景、安全目标、网络运行规律、异常情况、安全态势等，从而确定安全基线，并采用大数据分析等相关技术发现工业互联网内的潜在安全威胁、预测黑客攻击行为。

5.3.2 威胁防护

威胁防护措施是针对工业互联网安全框架中的五大防护对象，部署主动安全和被动安全防护措施，阻止外部威胁入侵，构建工业互联网的安全运行环境。威胁防护措施主要包括以下五方面。

1. 感知与执行设备安全

针对工业互联网安全框架五大防护对象中的感知与执行设备安全防护，可通过采取设备身份鉴别与访问控制、固件安全增强、漏洞修复等安全策略确保工厂内生产设备、单点智能装备器件与产品以及成套智能终端等智能设备的安全。

感知与执行设备安全包括操作系统 / 应用软件安全和硬件安全。

（1）操作系统 / 应用软件安全

1）在设备身份鉴别与访问控制方面，对于接入工业互联网的现场设备，应支持基于硬件特征的唯一标识符，为包括工业互联网平台在内的上层应用提供基于硬件标识的身份鉴别与访问控制能力，确保只有合法的设备能够接入工业互联网并根据既定的访问控制规则向其他设备或上层应用发送或读取数据。

2）在固件安全增强方面，工业互联网设备供应商需要采取措施对设备固件进行安全增强，主要包括操作系统内核安全增强、协议栈安全增强等措施。

3）在漏洞修复方面，工业互联网设备供应商应对工业现场中常见的设备与装置进行漏洞扫描与挖掘，发现操作系统与应用软件中存在的安全漏洞，并及时对其进行修复。同时，还可以采用补丁升级管理。工业互联网企业应密切关注重大系统漏洞，及时采取补丁升级措施，升级工业互联网现场设备的安全漏洞补丁，并在补丁安装前对补丁进行严格的安全评估和测试验证。

（2）硬件安全

1）硬件安全增强。对于接入工业互联网的现场设备，应支持基于硬件特征的唯一标识符，确保只有合法的设备能够接入工业互联网并根据既定的访问控制规则向其他设备或上层应用发送或读取数据。此外，应支持将硬件（安全芯片或安全固件）作为系统信任根，为现场设备的安全启动以及数据传输机密性和完整性保护提供支持。

2）运维管控。工业互联网企业需要在工业现场网络重要控制系统（如机组主控 DCS 系统）的工程师站、操作员站和历史站上安装部署运维管控系统。同时，所安装部署的运维管控系统不能影响生产控制区各系统的正常运行。

2. 边缘与控制安全

针对工业互联网安全框架五大防护对象中的边缘与控制安全防护，主要包括控制协议安全防护、控制软件安全防护和控制功能安全防护三方面。其采用的安全策略包括控制协议安全机制安全策略、控制软件安全加固安全策略、指令安全审计安全策略、故障保护安全策略等。

3. 网络与标识安全

针对工业互联网安全框架五大防护对象中的网络与标识安全防护，可采取通信和传输保护、边界隔离（防火墙）、网络攻击防护等安全策略。

4. 平台与应用安全

针对工业互联网安全框架五大防护对象中的平台与应用安全防护，主要包括工业互联网平台安全防护与工业应用程序安全防护两大类。目前，工业互联网平台面临的安全风险主要包括数据泄露、篡改、丢失、权限控制异常、系统漏洞利用、账户劫持、设备接入安全等。对工业应用程序而言，最大的风险来自安全漏洞，包括开发过程中编码不符合安全规范而导致的软件本身的漏洞，以及由于使用不安全的第三方库而引起的漏洞等。

5. 数据与隐私安全

工业互联网数据安全风险主要包括数据泄露、非授权分析、用户个人信息泄露等，针对工业互联网安全框架五大防护对象中的数据与隐私安全防护涉及数据收集、传输、存储、处理等在内的全生命周期的各个环节，可采取数据防泄露、数据加密、数据备份恢复等安全策略。

5.3.3 通报预警

通报预警是对监测感知到的安全威胁进行及时告警，并通报到相关干系人。

在进行工业互联网网络安全通报预警时，需要结合具体的业务要求、国家等级保护的要求以及其他法律法规的要求，通常时间紧迫、工作信息量大且任务繁重，缺乏自动化、标准化、流程化、智能化的电子工具支持是其面临的主要问题。

工业互联网网络安全通报预警是以网络安全事件通报、等级保护为核心，对企事业、成员单位及其信息系统的安全事件等情况进行汇总、管理，包括信息系统信息管理、安全通报、安全事件处置、安全年度检查、安全考核评分、知识库等。以模板定制、在线上报、事件工单、自动统计分析等形式，将网络安全工作、等级保护工作融入日常信息安全管理工作中，可有效促进各行业网络安全工作简洁化、自动化、智能化和常态化。通过实现网上报送系统，保障信息安全情况能够及时、有效地得到统一收集、汇总，并定期在系统上公布一些信息安全情况和信息安全事件，可将网络安全工作人员从重复的、烦琐的统计、汇总、督促、检查、盯梢等工作中解放出来，减低网络安全工作量，减少人力投入，提升网络安全通报预警的效率。

5.3.4 响应处置

响应处置措施包括针对网络安全通报预警建立响应恢复机制、及时应对安全威胁，并及时优化防护措施，形成闭环防御。

响应恢复机制是确保落实工业互联网信息安全管理、支撑工业互联网系统与服务持续运行的保障。通过响应恢复机制，在风险发生时，灾备恢复组织能够根据预案及时采取措施进行应对，及时恢复现场设备、工业控制系统、网络、工业互联网平台、工业应用程序等的正常运行，防止重要数据丢失；并通过数据收集与分析机制，及时更新优化防护措施，形成持续改进的防御闭环。

处置恢复机制主要包括响应决策、备份恢复、分析评估等。

1. 响应决策

对于工业互联网灾难恢复过程中的决策与响应，需预先制定相应的处置策略，针对不同风险等级制定相应预案措施。处置恢复工作需要在处置恢复组织的领导下进行，通过实时监测工业互联网系统各类数据，在突发灾难时通过相应机制进行应对。

（1）处置恢复组织架构

1）处置恢复规划领导组：是实施处置恢复规划工作的组织领导机构，应由单位高层领导担任组长，领导和决策处置恢复规划中的重大事宜。

2）处置恢复现场实施组：负责对处置恢复工作进行需求分析、规划，并确立处置恢复策略，制订处置恢复预案。

3）处置恢复日常运行组：负责灾难备份中心日常管理，处置恢复预案的教育、培训、演练、维护和管理，以及突发事件发生时的损失控制和损害评估、灾难发生后的恢复技术支持及外部协作等。

（2）灾难风险分析与管理

工业互联网较传统信息系统架构更为复杂。处置恢复组织应根据工业互联网系统架构进行风险识别，并对风险按照类别与等级、风险影响程度、风险发生概率和风险时长等因素进行评估，依照风险处置优先级别制定防范措施与解决预案，将实际情况与之进行匹配，并进行适当调整，以满足实施的有效性。

（3）灾难数据监测

工业互联网系统架构包括多个层级与数据接口，针对可能发生的风险所在的层级，应采取相应的措施降低灾难发生的概率。处置恢复日常运行组可通过对设备层、网络层、控制层、应用层、数据层等部署监测机制，对工业互联网系统运行中的数据状态进行定期监测，感知潜在的安全风险与系统异常，由处置恢复现场实施组通过恢复策略进行相应处置。

（4）灾难恢复决策

应建立灾难恢复的处理决策与异常处置规则，当发生突发灾难事件时，若灾难事件超出解决范围或响应时间过长，处置恢复现场实施组应遵循规则向上级组织进行汇报与处理。针对异常的灾难恢复事件，处置恢复规划领导组应召集专业人员评估突发事件，确认突发事件对工业互联网系统造成的影响程度，进而确定下一步采取的措施，并将最新信息通知给处置恢复现场实施组，确保处置恢复工作的及时性。

（5）灾难恢复响应

应建立灾难恢复的响应规则，当事件发生时，处置恢复现场实施组在收到处置恢复规划领导组的决策后，应根据相应的处置恢复策略及时做出响应，迅速进行灾难恢复工作。当处置恢复现场实施组无法进行响应或响应时间过长时，应及时向处置恢复规划领导组进行汇报，保障灾难恢复工作的持续性。

2. 备份恢复

为确保工业互联网平台持续运作，应对重要系统进行灾难备份。企业应根据系统备份能力进行分级，按需求目标制订相应的备份恢复预案。企业可建立专门的灾难备份中心与处置恢复组织，根据处置恢复策略对预案进行维护管理和定期演练，确保备份恢复预案的有效性。

第一，备份能力等级的定义：根据企业不同的业务类型与系统特点，对备份能力等级进行划分，依照等级的不同采取不同的备份策略与应对措施。

第二，备份能力的需求确立：企业通过对其业务影响程度的分析与风险评估，确定工业互联网系统的备份能力等级需求及备份前所需的资源。

第三，备份恢复策略的制定：依据企业现有的或行业通用的规范准则制定适合自身的备份恢复策略，有条件的情况下可对制定的策略进行有效性与实用性方面的验证。

第四，建设、运行、维护和管理灾难备份中心：有条件的企业可建立专门的灾难备份中心，在灾难发生时迅速进行备份恢复工作，确保将损害降到最低。企业根据业务需求成立专职的或兼职的灾难备份中心运行及维护管理团队，进行日常维护或危机处理。

第五，演练、管理处置恢复预案：企业应定期对制定的处置恢复计划进行验证及防灾演习，以不断适应环境或技术变化，确保计划的有效性。

3. 分析评估

分析评估风险是工业互联网系统优化防护措施、形成闭环防御不可缺少的一个重要环节。通过分析识别系统面临的风险来制定相应的响应预案，并依据安全事件处理评估结果进行持续修正，从而达到改进处置恢复策略的目的。

（1）风险分析

企业可采用定性或定量的分析方法对安全事件造成的各种影响进行等级判断。定量分析是采用量化方法（如数字、统计、数学模型等）对业务功能中断可能造成的企业经济损失进行评估，经济损失包括直接经济损失、间接经济损失。定性分析是通过归纳、演绎、分析、综合、抽象等方法对业务功能中断可能造成的企业非经济损失进行评估，非经济损失包括顾客忠诚度损害、企业声誉损害、社会与政治影响损害等。

（2）风险定义与预案制定

通过对工业互联网系统面临的内外部风险进行识别和定义，结合企业自身安全框架，分析评估风险发生的可能性，从而制定适合企业自身需要的处置恢复机制。

（3）处置恢复效果评估

当企业发生安全事件后，要及时分析事件的影响范围与程度，评估企业处置恢复方案的适用性与有效性。

（4）处置恢复方案改进

通过分析结果对工业互联网系统面临的风险进行确认，分析总结此次事件处置恢复所消耗的资源成本以及风险造成的损失，检验处置恢复预案的落实与管理是否符合处置恢复目标的要求，并通过实际案例的处理经验不断改进处置恢复准则。

5.4 主动安全与被动安全

随着信息化、大数据、物联网等新一代技术的深度融合，网络安全面临的威胁与挑战与日俱增，网络攻击的形式和手段愈加多样化、智能化、自动化、协同化、规模化，攻击速度更快且更难检测，网络安全形势日益严峻复杂。当前面临的网络威胁不仅限于数据窃取或网站被黑，还有潜伏在表面之下的静默威胁。攻击者悄悄潜入，秘密修改数据或者安装随时都可能被启动的机关；使用恶意代码，只需要穿越边界一次就不再向外发送信息。而这些威胁几乎无法被传统安全防护手段所发现，因为传统安全防护手段都需要提前定义威胁，经过严格编程的安全防护系统只能检测到已知威胁。

5.4.1 主动安全

主动防御技术是与被动防御技术相对应的概念，主动防御技术是通过实施主动防御措施，包括主动检测、主动预测、主动保护、主动响应，实时构建弹性防御体系，预测和识别未知攻击，使攻击者无法达成其目的的网络安全防御技术。

主动防御技术是一种新型对抗网络攻击的技术，颠覆了传统的被动防御手段的防御理念和技术，变被动防御为前摄性防御，克服了传统的被动防御技术的不足。主动防御技术通过实时构建弹性防御体系，增强和保证本地网络安全性，并能在入侵行为或网络攻击对信息系统造成影响前，及时发现并精准预警（主动检测），预测和识别未知攻击（主动预测），采取措施使攻击者无法完成对目标的攻击（主动保护），无需人为干预即可预防安全事件（主动响应），从而避免、转移并降低信息系统安全风险。

主动防御技术包括访问控制、数据加密、权限设置、沙箱技术、蜜罐技术、防火墙与入侵检测联动技术、入侵防护技术（布防的新型入侵检测技术）（IPS）、网络安全漏洞扫描技术、审计追踪技术等。相比传统的被动防御技术，主动防御技术具有以下几方面优势：第一，主动防御技术能够预测攻击形势，通过未知威胁监测和分析检测未知的攻击，彻底改变传统的被动防御滞后于安全攻击的不利局面；第二，主动防御技术具有自学习的功能，通过收集和分析入侵威胁情报，对主动防御系统进行动态加固；第三，主动防御技术能够对网络进行监控，实时检测正在进行的安全攻击和安全威胁并响应，包括对入侵或攻击进行牵制、转移、技术分析、取证、跟踪甚至反击等。

在六方云工业互联网安全框架中，主动防御体系与工业互联网安全防护措施的对应如图 5-11 所示。其核心理念是基于行为分析和智能防御实现主动防御体系。攻击前，重点预防（规划、预测、告警）；攻击中，重点控制（防护与检测）；攻击后，重点审计与回溯（响应、处置、整改）。

1. 主动检测

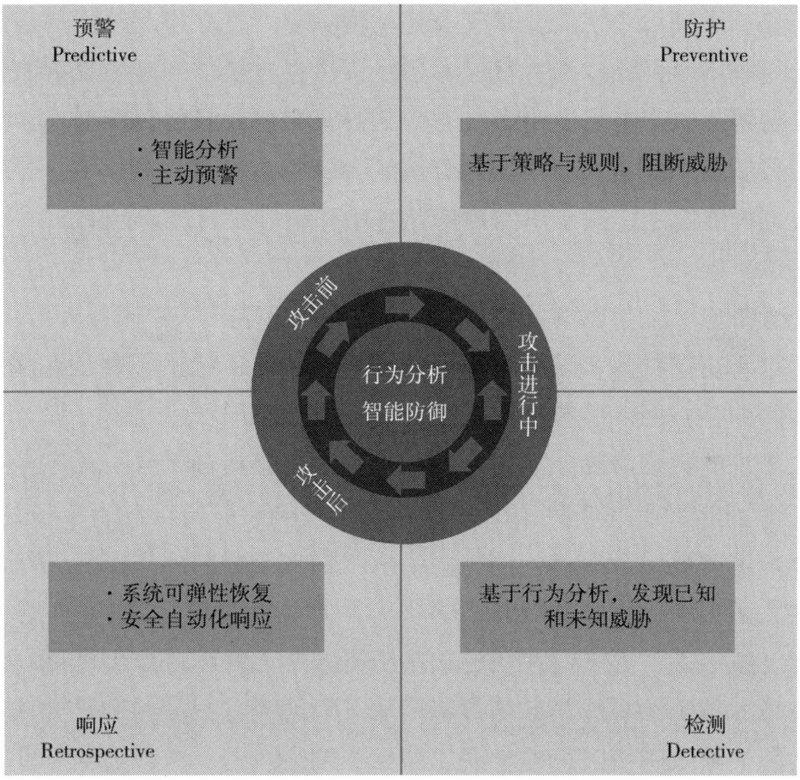

图 5-11 工业互联网安全框架主动防御技术体系模型

关键目标：降低威胁造成的“停摆时间”以及其他潜在的损失。

技术策略：基于行为分析发现已知和未知威胁。行为分析的基础是被分析的行为在一定范围内具有稳定性，即“正常网络行为大都是相似的，异常网络行为大都各异”。通过行为学习与模型训练，建立正常行为基线模型，对网络行为数据进行实时分析、检测。当网络行为数据偏离此模型到一定阈值后，则判定为异常行为。

2. 主动防护

关键目标：通过减少被攻击面来提升攻击门槛，并在受影响前拦截攻击行为。

技术策略：基于策略与规则，阻断威胁。

3. 主动预警

关键目标：借助新技术智能分析，提前预测安全威胁发生概率及时间。

技术策略：基于智能分析，主动预警。

4. 主动响应

关键目标：提供入侵证据和攻击来源分析，并产生新的预防手段来避免未来事故。

技术策略：系统可弹性恢复，安全自动化响应。

主动防御技术是网络安全防御技术的发展方向。随着对主动防御技术的深入研究，以及安全情报收集技术、SDN 技术、云计算技术、神经网络技术、人工智能技术、大数据分析技术、遗传算法、免疫算法等新技术的引入和发展，主动防御技术的安全态势分析准确度、安全事件预警及时率和精准度将越来越高。

5.4.2 被动安全

传统的被动防御技术主要是采用诸如防火墙、入侵检测、防病毒网关、漏洞扫描、恶意代码扫描、网络监控、灾难恢复等手段进行防御，这些手段都存在如下问题：第一，传统的被动防御技术是静态的，完全依赖提前定义的人工配置来进行防御，难以应对当前工业现场复杂的网络环境中多样化、智能化、自动化、协同化、规模化、攻击速度更快且更难检测的网络攻击和安全威胁；第二，传统的被动防御技术具有很大的被动性，面对入侵者的攻击，无法对入侵者实施任何影响或处置措施，只能被动地接受；第三，传统的被动防御技术无法识别新型的网络攻击。传统的被动防御技术基于已有威胁或病毒特征库进行检测，只能检测已知威胁，对未知威胁束手无策，导致网络防御响应明显滞后于网络攻击，难以应对不断发展变化的安全威胁。

5.5 应用实践

5.5.1 背景及目标

某能源行业油田为了精益采油、提质增效、减少油气生产成本，通过采用数字化采油技术，以井、站、管线等作为基本生产单元对象，建立了融合自动化数据采集、数据集中共享、自动生产过程监控及自动风险识别的复杂系统工程和体系结构。油田使用 RTU 采集采油井设备的工艺状态、部分 RTU 还有控制设备启停的功能，RTU 的数据经过 4G/5G 网络设备传输到采油控制中心。随着针对关键基础设施的攻击事件增加，需要采取安全防护措施来保证油田数据采集与控制行为可信，避免采油装置受到网络攻击（图 5-12）。

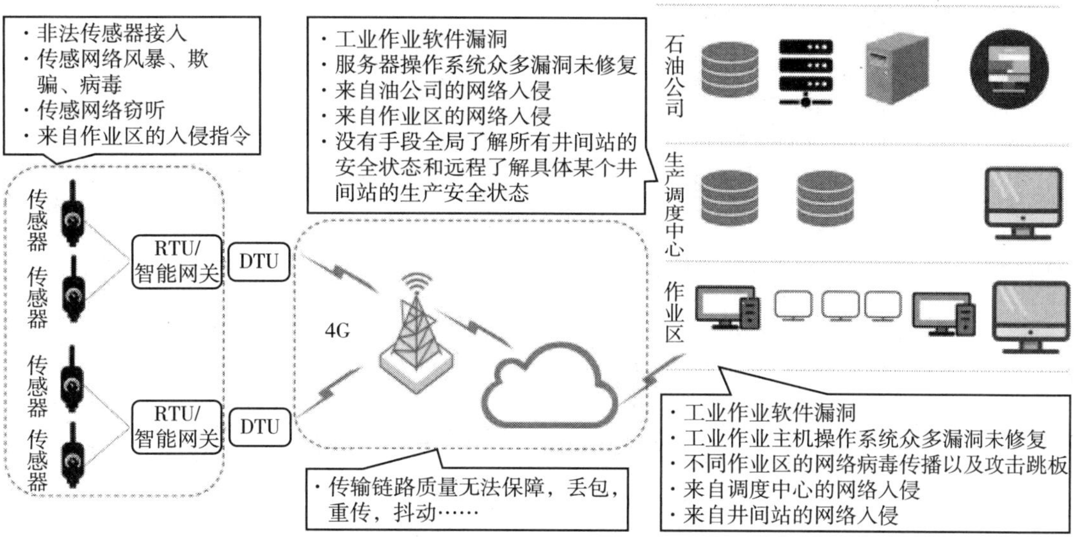

图 5-12　能源企业安全防护功能架构视图

5.5.2　安全框架应用分析

在防护对象维度，对工控网络、工控设备、云平台实施重点保护。

在防护措施维度，明确以不能影响生产正常进行为优先原则，对防护对象进行安全风险分析，采用全流量分析与监测技术，既能够及时检测出勒索、挖矿、蠕虫等高级威胁，也能够高效检测出诸如 0day 利用、高级逃逸等未知入侵威胁，实现全面防御；借助数据采集、分析技术实现安全状态的全面了解与可视、安全风险与趋势的科学预测与预警，并能够综合各种因素自动做出安全响应处置决策。

在安全管理维度，建立统一的安全运维管理中心，实时监测上下游供应链交互信息、从下向上的生产数据以及从上向下的生产控制指令，及时发现入侵攻击并采取相应处置措施，实现统一安全运维管控。

5.5.3　实施部署

具体实施部署框架见表 5-1。

表 5-1 实施部署框架

<table>
<tr><th>防护对象</th><th>安全风险</th><th></th><th>防护措施</th><th></th><th></th><th>安全管理</th></tr>
<tr><td>传感网络</td><td>· 非法传感器接入
· 传感网络风暴、欺骗、病毒
· 传感网络窃听
· 来自作业区的入侵指令</td><td rowspan="4">监测感知</td><td>威胁防护
· 设备接入认证
· 抗 DDoS 攻击
· 通信加密
· 指令审计</td><td rowspan="4">通报预警</td><td rowspan="4">响应处置</td><td rowspan="4">1）安全目标
· 确保采油装置不被网络入侵破坏
· 生产数据不被泄露
· 生产控制指令不被阻断或篡改
2）风险评估
· 实时监测，及时预警，远程运维
3）安全策略
· 纵深防御：纵向分层、横向分区
· 高度融合：将安全思想和安全措施有机融合到工业设备中，包括物理层面和操作系统层面
· 生产优先：所有安全措施或设备都具有硬件 bypass 功能，一旦出现故障，立即将安全措施或安全设备旁路，不影响正常生产作业</td></tr>
<tr><td>数据远程传输</td><td>· 传输链路质量无法保障，丢包，重传，抖动
· 数据被窃听、篡改、阻断等</td><td>· 网络通信加密</td></tr>
<tr><td>作业区</td><td>· 工业作业软件漏洞
· 工业作业主机操作系统众多漏洞未修复
· 不同作业区的网络病毒传播以及攻击跳板
· 来自调度中心的网络入侵
· 来自井间站的网络入侵</td><td>· 软件白名单防护
· 网络区域隔离
· 网络入侵防护 / 检测</td></tr>
<tr><td>生产调度中心</td><td>· 工业作业软件漏洞
· 服务器操作系统众多漏洞未修复
· 来自油公司的网络入侵
· 来自作业区的网络入侵
· 没有手段全局了解所有井间站的安全状态和远程了解具体某个井间站的生产安全状态</td><td>· 软件白名单防护
· 网络区域隔离
· 网络入侵防护 / 检测
· 全局安全态势感知</td></tr>
</table>

5.5.4 应用成效

该能源采油企业通过安全建设，具备生产控制系统安全可控、安全运维可查可审计、个性化制造的业务系统与平台安全可信、符合网络安全等级保护 2.0 技术要求、高级与未知威胁及时发现与防范、攻击威胁事件证据留存可溯、全企业全供应链的安全态势可见、外部威胁情报能够为我所用及内部威胁事件经过处理后可对外共享等八大安全能力，其中威胁防护核心能力是主动检测、主动预警、主动保护、主动响应的主动防御技术能力。

5.6 工业互联网安全发展展望

工业互联网作为“新基建”的重点方向之一，已被世界各国提升到重要战略地位，工业互联网产业生态日趋成熟，整体加速发展。同时，愈加频繁的网络攻击威胁也对工业互联网的安全防护有了更高的要求。工业互联网安全发展趋势与产业政策、技术创新、协同交流及人才培养等息息相关。

1. 工业互联网安全相关产业政策和标准体系将不断细化深入和完善

近年来，各国均加大对工业互联网安全的扶持力度，工业互联网安全产业政策利好不断，从政府层面到产业联盟层面的指导文件愈加细化深入和完善，行业标准、联盟标准以及国家相关标准日趋健全规范，将有力推动工业互联网安全的体系化建设和健康发展。

2. 工业互联网新兴技术安全防护手段研究与创新将不断加强

随着人工智能、大数据、区块链、5G、边缘计算、标识解析等新一代信息技术的发展及其与工业互联网的融合应用日趋深入，工业互联网面临新的安全威胁和挑战，需要加强新兴技术安全防护手段研究与创新，围绕5G、人工智能、大数据、数字孪生、区块链等新技术深入研究，研究工业互联网平台敏感数据可信交换共享，加强边缘层设备和系统安全接入管控能力，探讨建立综合防御体系和安全防护措施，提升工业互联网综合防御能力。

3. 工业互联网IT与OT安全技术混合部署平衡方案将成为工业互联网安全发展的重要方向

以IT视角为主的安全产品和服务需要充分结合工业互联网OT特性纵深发展，保障生产的连续性和可靠性，充分挖掘和使用垂直威胁情报、正确标识与管理OT资产、支持更多工业控制协议的细粒度解析，提供平衡安全风险和业务影响的方案，将成为工业互联网安全发展的重要方向。

4. 工业互联网企业与安全企业之间的协同及国内外产业协同将不断深入

工业互联网企业与安全企业之间的联合协同以及全球化、国际化的前沿技术合作和应用创新协同将不断深入，通过工业互联网安全产业优势、技术优势互补，提升工业互联网安全产业发展水平。

5. 工业互联网安全复合型人才需求将不断增加，推动相关人才的培训教育和测评发展

工业互联网安全需要掌握工业生产流程、工业控制系统、网络安全等跨学科的复合型人才，特别是大数据、云计算、边缘计算、工业微服务组件、工业应用等方向的安全专项人才。工业互联网安全复合型人才需求的不断增加，将有力推动相关人才的培训教育和测评发展。

5.7　本章小结

本章对工业互联网安全体系进行了介绍。随着工业互联网安全的发展，工业互联网安全框架也在不断演进，主要包括三个构建维度：工业互联网安全的防护对象、工业互联网安全的防护措施及工业互联网安全的安全管理。

工业互联网安全的防护对象维度主要包括感知与执行、边缘与控制、网络与标识、平台与应用、数据与隐私五大安全防护对象。

工业互联网安全的防护措施维度主要包括威胁防护环节、监测感知环节、通报预警环节以及响应处置环节四大环节。对工业互联网安全的五大防护对象部署主被动安全防护措施（威胁防护环节），同时采用信息共享、监测预警（监测感知环节和通报预警环节）、应急响应（响应处置环节）等一系列安全措施和机制，增强动态安全防护能力。

工业互联网安全的安全管理维度包括根据工业互联网安全目标，对工业互联网所面临的风险进行安全评估，并选择适当的安全策略作为指导，实现防护措施的有效部署。

工业互联网安全框架在实施过程中的重点是针对防护对象采取行之有效的防护措施，对已存在或即将发生的安全问题进行实时的监测、发现和及时响应。通过加强防护管理及持续改进，保障工业互联网的安全。

工业互联网安全的安全防御技术大体可以分为主动安全防御技术和被动安全防御技术。

传统的被动防御技术主要是采用诸如防火墙、入侵检测、防病毒网关、漏洞扫描、灾难恢复等手段，传统的被动防御技术的主要问题在于防御是静态的，具有很大的被动性，无法识别新型的网络攻击。

主动防御技术是与被动防御技术相对应的概念。主动防御技术是通过实施主动防御措施，包括主动检测、主动预测、主动保护、主动响应，实时构建弹性防御体系，预测和识别未知攻击，使攻击者无法达成其目的的网络安全防御技术。主动防御技术是一种新型对抗网络攻击的技术，颠覆了传统的被动防御手段的防御理念和技术，变被动防御为前摄性防御，克服了传统的被动防御技术的不足。

习题

1. 我国工业互联网安全框架的三个构建维度是什么？请简述各构建维度的内容。
2. 工业互联网安全的五大防护对象是什么？
3. 工业互联网安全防护措施都包括哪些？请分别介绍。
4. 主动防御技术主要包括哪些？请简述主动防御技术的优势。

参考文献

[1] 中华人民共和国国务院. 关于深化“互联网 + 先进制造业”发展工业互联网的指导意见 [R]. 中国政府网，2017-11-27.

[2] 工业互联网平台建设及推广指南 [R]. 中华人民共和国工业和信息化部，2018-07-09.

[3] 工业互联网平台评价方法 [R]. 中华人民共和国工业和信息化部，2018-07-09.

第 6 章　工业互联网产业培育

本章主要介绍工业互联网核心产业的发展现状以及工业互联网产业的培育途径。6.1 节分析工业互联网发展将经历的 5 个阶段，并对工业互联网核心产业的发展现状进行介绍。6.2 节至 6.4 节重点讲解工业互联网产业的培育途径，包括关键技术研究、标准体系构建、解决方案培育三个方面。6.5 节对本章的内容进行总结。

本章最重要的内容是：①工业互联网发展的 5 个阶段及核心产业发展现状。②工业互联网产业的培育途径。③工业互联网技术体系及核心重点技术。④工业互联网标准体系及我国工业互联网重点领域标准化发展进程。⑤工业互联网对垂直行业的赋能作用。这部分内容能够对掌握工业互联网产业发展及培育方法起到指导作用。

6.1　概述

工业互联网是工业体系与信息技术的融合，工业体系和信息技术这两种元素，宏观地影响着工业互联网产业的发展。工业体系的发展，表现在更加先进的自动化设备和生产线，更加合理的流程配置，更加科学的工厂布局；信息技术的发展，表现在先进通信技术在工业生产中的应用，搭建并使用更完善的平台体系，在工厂现场部署更贴合实际生产线的软件应用，更高速地处理和分析大量的生产数据，并智能化地指导下一步的生产决策。工业体系和信息技术这两种元素，并非独自发展，它们之间也存在相互关联的影响。例如，工业设备的自动化、数字化、智能化升级过程就可以反映出工业体系与信息技术之间相互制约、相互促进的关系。

6.1.1 工业互联网发展的 5 个阶段

分析现有工业互联网产业的发展现状，工业互联网发展将会经历以下 5 个阶段。

企业上云阶段：这一阶段工业企业的显著特点是，将部分或是全部的生产经营管理系统以公有、私有或者混合的模式部署在云端。在这一阶段，财务、人力等与工业生产过程弱相关的企业资源管理信息系统，将成为较容易部署的对象。在企业上云阶段，工业企业考虑建设、开始建设或者是正在使用工业云平台。受限于部署的难易程度，“无纸化办公”会先于“无纸化生产”在工业企业中实现。

智能制造阶段：这一阶段工业企业的显著特点是，可以基于自动化、数字化、网络化、信息化的设备和流程等，匹配智能化手段灵活配合企业的生产决策。在智能制造阶段，工业企业将频繁地使用企业级平台。平台不仅部署了办公类型的信息系统，也部署了各类如 MES 等生产所需的信息系统，这些生产所需的信息系统与工业企业的车间、产线、机器相连，并可以双向通信，企业级的平台也会利用人工智能、大数据技术，收集企业数据，为企业的生产提供决策。在智能制造阶段，大多数企业将实现智能工厂的部署应用，极大地提高生产效率、减少人力。

产业链协同阶段：这一阶段工业企业的显著特点是，企业与其产业链上下游企业可以由信息驱动，共享如需求、设计、流程、编码等信息，实现协同生产。在产业链协同阶段，企业间的沟通至关重要，企业与产业链将基于平台进行广泛与频繁的信息交换，极大地降低沟通成本。产业链协同阶段，生产供需快速流转，整个产业能够得到共同的发展。

消费生产协同阶段：这一阶段工业企业的显著特点是，能够通过对消费者的连接获取消费者的需求，通过柔性制造的产线为消费者快速打造个性化的产品。在消费生产协同阶段，工业企业通过产品联网或者基于平台的方式，加强对产品售后服务的管理，这样从消费者产生需求到获得产品、使用产品、甚至用完产品的整个阶段，工业企业都能够获得消费者的反馈。工业企业不仅可以满足消费者个性化的产品需求，也能够通过数据分析，改善产品生产研发方向。在这一阶段，为实现柔性制造，工业企业的产线、设备也需要进行升级。当前企业实现类似个性化制造的方法，是为消费者提供可选的产品配件的尺寸、性能等列表，再通过产线的组装完成消费者定制的产品。

工业金融协同阶段：这一阶段工业企业的显著特点是，可以通过联网设备获得工厂运营的真实数据，并依据这些真实数据，获取保险、贷款等金融服务。在工业金融协同阶段，中小型工业企业可以借助数据获得更高额的金融服务，以此进行设备升级、扩大生产等，而金融公司也有了了解产业的渠道，避免假账、坏账等情况出现。工业金融协同阶段，“企业信用大数据平台”将会出现，不仅可以为金融机构提供帮助，还可以为政府精准施策提供帮助。

在以上 5 个阶段中，前两个阶段是工业互联网发展的基础阶段，三、四、五阶段下的工业企业，进行了进一步的工业互联网发展探索。我们可以通过对比工业企业的数据采集模式、决策制定依据、产业链上下游的互通方法、与消费者的沟通、获取资金的方法等，理论地判别工业企业或是区域地方所处的工业互联网发展阶段。目前，由于工业基础发展不均衡、信息化水平不均衡等原因，在一个国家、一个地市，也会出现 5 个阶段工业企业并存的现象。目前，大多数企业依旧停留在企业上云或智能制造阶段；具有产业集群的部分地市，已有产业链协同阶段的出现；信息化水平较高、生产设备较先进的企业，已经开始尝试消费生产协同；而金融、保险等企业为了开展业务，也会选择产业基础较为良好的区域，开展工业金融协同阶段应用的尝试。

工业互联网产业的发展也将助推全球经济高质量发展。据麦肯锡、埃森哲等权威机构预测，未来 5 ~ 10 年，工业互联网在全球将产生或带来每年超过 10 万亿美元的收入或经济增长。对于我国而言，规模占比方面，我国工业互联网产业经济总体规模在万亿级别，每年具有较大的增幅。经济贡献方面，工业互联网产业经济总体规模占数字经济的比重逐年上升，对于数字经济增长的贡献超过 10%。促进就业方面，工业互联网带动我国百万级别全社会新增就业岗位。工业互联网核心产业保持稳定增长，融合带动的经济影响发展迅猛，年增长大。2019 年，我国工业增加值超过 31 万亿元；2020 年，即使在疫情影响之下，全国规模以上工业增加值依然比上年增长 2.8%。

我国工业体系与信息技术的发展为我国工业互联网发展储藏了巨大能量。工业体系方面，我国是制造业大国，联合国产业分类列举的所有工业门类，我国均有覆盖。信息技术方面，我国是网络大国，具有庞大、稳定、高速、可靠的光纤与移动通信网络，4G 网络覆盖广，用户数量极多，5G 网络基站也在飞速建设之中。网络应用环境优越，电子商务、移动支付、共享经济等应用享誉世界。工业互联网产业合作也有声有色，成立了工业互联网产业联盟 AII，与国外 IIC（美国）、工业 4.0 委员会（德国）、工业价值链促进会（日本）一样，均为极具影响力的工业互联网产业组织与机构。我国也提出了一系列国家、省市等级的战略指导和政策意见，与国外的工业 4.0 战略等一样，在符合国情的条件下推进工业互联网的发展。

从产业界定看，工业互联网产业核心体系包括工业软件、工业自动化、工业网络、工业装备和工业安全，这些是传统产业智能化升级的部分（图 6–1）。如数字化性能不断提升的工业互联自动化子领域，支撑泛在互联并融入新型网络技术的工业互联网网络子领域，强化综合防护与深度应用的工业互联网安全子领域，更加强化数据分析与应用创新的工业软件与 App 子领域，以及工业装备叠加数据采集和智能分析功能形成以设备感知连接、数字化控制、数据智能分析部分为主的工业智能化数字装备子领域。

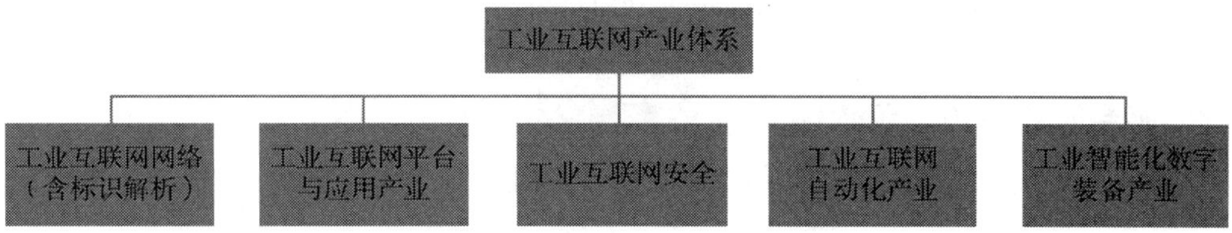

图 6-1　工业互联网产业体系结构图

下文我们将从这五个方面来介绍、分析工业互联网核心产业发展现状。

6.1.2　工业互联网核心产业发展现状

1. 网络

工业互联网网络将工业物料、工业设备、操作人员、产线、车间、工厂、企业甚至是外界连接起来，完成信息、指令的快速传递，实现远程感知、报警、控制、自动运行等步骤，达到成本下降、生产效率提升等效果。工业互联网网络的发展，受到硬件设备以及非硬件设备技术发展的影响。工业互联网网络硬件设备，包括工业通信网关、物联网模组、交换机、光纤接入设备等；非硬件设备技术，包括工业无线、工业专网、专线网络、标识解析等。

从网络架构来看，工业企业可以具有连接企业内部的网络，以及连接企业与外部的网络。企业内部的网络，一般将人、机、料、物等生产要素连接起来，还可以连接企业的平台、控制系统等。企业外部的网络，一般连接企业与产品、企业与客户、企业与企业。企业内网和外网可以使用同一类网络，比如都搭建在运营商的 5G 网络之上；也可以部署在不同的网络，满足工业企业对网络的特殊需求。

工业互联网标识解析是重要的网络基础设施。通过工业互联网标识解析体系，可以大范围地加速工业企业的数据流通和信息交互。当前，中国信息通信研究院在工信部的指导和各地方政府的支持推动下，分别在北京、广州、重庆、上海、武汉建立了 5 个国家顶级节点。工业互联网标识业务功能稳定运行，顶级节点综合服务能力逐步增强；初步完成区块链测试网络部署，探索链网协同创新发展。现阶段，已初步实现“有体系、有流量、有应用、覆盖全国”的布局目标。截至 2020 年 6 月，我国工业互联网标识解析体系已经覆盖了超半数的省级地区，连接了近2000家企业；二级节点数量已经达到55个，标识注册量、每日解析量也十分庞大，分别超过38亿、180万；应用覆盖食品行业、机械行业、医药行业、船舶制造等25个行业及综合服务领域，加速推进垂直行业的工业互联网标识集成应用，助力企业数字化转型。

2019年，我国工业互联网网络产业存量规模以超过30%的年复合增长率达到651亿元。在工业互联网的核心产业中，工业互联网网络产业规模占比超过10%，达到12.1%。

2. 平台及应用（工业软件）

近几年信息技术的迅猛发展，也加速了工业互联网平台及应用的产生与部署。在典型物联网架构中，平台起到连接下层网络和设备、打通上层应用的作用。在工业互联网中，平台及应用覆盖工业企业生产流程中的研发、执行、经营等多个环节，连接OT与IT环境，对接工业企业的业务数字化、自动化、信息化、智能化的需求，服务了更新换代的先进设备，具有边缘、平台、应用组成的典型物联网架构。工业软件主要包括研发设计、生产管理、经营管理三大类，服务于工业场景下的各类应用，以达到降低成本、提升效率的作用。

当前，全球工业互联网平台以创新为主发展旋律。通过融合新技术、加强业界合作、探寻异地广域市场为主要发展手段。融合新技术方面，具有预测性维护、数字孪生等人工智能、大数据应用的平台，在产业中具有一定的强竞争力。北美地区的工业互联网平台在技术融合方面表现优异，根据Gartner发布的《2019年工业物联网平台魔法象限》报告，全球范围内满足魔力象限评选标准的有40余家平台厂家，最终入选16家，其中北美平台7家，占比43.8%，FactoryTalk、PTC、GE、IBM等平台在全球范围内具有影响力。欧洲具有较强的工业基础，西门子Mindsphere平台、达索3DEXPERIENCE平台在全链条、工业产业链方面具有一定的探索。在亚洲，日本工业互联网平台强于机器人、边缘计算、人工智能等领域。工业互联网平台通过加强业界合作，提升解决方案完整性、竞争性。工业平台企业寻求IT企业的合作，提升云计算、边缘采集等方面的能力；IT企业寻求工业平台企业进行合作，提升工业现场、生产管控等方面的能力。比如，Xage公司与戴尔合作、AWS平台与Salesforce合作、罗克韦尔与PTC公司的合作。部分平台企业牵头建立、参与联盟，通过联盟的影响力，找寻业务增长点、提升影响能力以及加强平台应用能力。探寻异地广域市场方面，部分平台企业加强了对海外业务的探索，比如，印度Flutura平台与日立建立合作伙伴关系，为日本市场的客户提供诊断、预测服务；英国平台企业QiO在新加坡建立办事处、美国Ignition平台在中国区设立代理商。通过拓展海外业务，工业互联网平台企业的知名度得到提升。

国内，在政策环境、技术水平、应用场景、企业合作等因素向好的影响下，工业互联网平台及应用也得到顺利的发展。如《深化“互联网＋先进制造业”发展工业互联网的指导意见》等系列国家有利政策的出台，以及配套政策与指导意见，各相关部委还支持了多项工业互联网平台创新项目的实施与落地。平台技术水平、供给能力不断提升，平台可连接、已连接的工业设备数量不断增加，平台可支持、已支持的工业通信协议数量不断增加。据统计，2019 年工信部遴选的十大跨行业、跨领域的“双跨”工业互联网平台（包括海尔 COSMOPlat 工业互联网平台、东方国信 Cloudiip 工业互联网平台、用友精智工业互联网平台、树根互联根云工业互联网平台、航天云网 INDICS 工业互联网平台、浪潮云 In-Cloud 工业互联网平台、华为 FusionPlant 工业互联网平台、富士康 BEACON 工业互联网平台、阿里 supET 工业互联网平台、徐工信息汉云工业互联网平台），平均工业设备连接数量超过 80 万台，部分平台可支持上百种工业通信协议，支持私有控制器和协议的数量已经超过万单位量级，亦有超过 50 家平台具备一定的行业、区域影响力。平台应用场景得到扩充，据统计，我国“双跨”平台应用平均超过 3500 个，覆盖研发、生产、管理等各个环节，疫情期间，更是围绕远程办公、复产复工产生了大量的新应用，提供产业链协同有关服务的平台及应用是当前的研发热点。平台合作不断加强，IT 企业、工业企业与运营商的相互合作不断迸发，并依托于工业互联网产业联盟，将合作的融合创新能力向外扩散。围绕新型基础设施建设，据统计，当前在工业互联网领域，海尔卡奥斯、航天云网、浪潮集团是我国较有影响力的平台企业。

经国家统计局数据测算，至 2019 年，我国工业互联网平台及软件产业存量规模以近 30% 的年复合增长率，达到 2486 亿元。在工业互联网的核心产业中，平台与应用产业规模占比超过 46%，是主要的增长力量。

3. 安全

工业互联网安全涵盖工业场景下的信息安全、功能安全以及物理安全，工业互联网安全是工业生产运行中不可忽视的一个环节。伴随着信息技术与工业体系的融合迅猛发展，当前工业互联网设备数量激增，工业互联网安全产业关注重心也会从 IT 安全向 OT 安全转移，并且形成 IT 安全、OT 安全、物理安全三者融合的态势，网络安全风险进一步向工业企业内网、工业系统和设备、平台和应用拓展和延伸。

我们可以从政府层面、产业联盟层面以及标准层面来梳理国外工业互联网安全产业的发展现状。政府层面来说，各国政府都出台了相应的法规文件来强化工业互联网安全保障政策。有的文件从制造业的角度切入，比如美国 2017 年发布的《制造业安全网络框架简介》、德国 2019 年发布的《2019 年工业控制系统安全面临的十大威胁和反制措施》等，有的文件从物联网的角度切入，比如美国2019年通过的《物联网设备安全法案》、日本2019年公开的《网络/物理安全对策框架》、新加坡2019年发布的《物联网网络安全指南》等。产业合作、联盟层面来说，各国工业互联网有关联盟机构设立专门群组，重点研究工业互联网安全态势、模型、技术等方向，并促进工业企业完成有关防护与部署。比如，美国IIC构建了安全评估体系，通过建立安全成熟度模型、测试床评估等工作，推动风险防范从架构模型研究向评估实践迈进；德国工业4.0平台聚合了全球150多个组织机构，其发布的工业4.0参考架构中，安全是贯穿整个架构的重要组成部分。标准层面来说，各国相应机构结合本国情况，加速推动重点行业的工业互联网标准研制。近几年，美国、德国、荷兰等国家均有工业互联网有关白皮书、安全报告、指导书的推出。如美国IIC发布的《工业互联网安全架构》、德国工业4.0在线图书馆出版工业4.0 IT安全报告、荷兰等国发布的《电气设施信息安全管理》等。此外，各个国家也鼓励合作发展，在工业互联网安全层面进行研究。

我们可以从顶层设计、标准体系、技术能力、产业生态等方面来梳理我国工业互联网安全的推进工作。我国工业互联网安全顶层设计不断优化，国务院、多部委通过出台、发布系列政策文件，如《加强工业互联网安全工作的指导意见（2019）》等，指导、完善工业互联网安全的体系架构。工业联盟、组织机构也瞄准了有关标准体系，在国际标准组织中对若干工业互联网标准进行立项。国家级工业互联网安全监测与态势平台基本建成，对众多工业企业、工业互联网平台、联网设备进行了安全监测，也建立了安全防御、实验所需的基础资源库和验证环境，特别是针对钢铁制造、电子信息等工业互联网重点行业。对于人工智能等新型技术与工业互联网安全技术的融合，加大了研究力度，也开展了如基于网络空间拟态防御理论、量子通信等新理论在工业互联网安全领域的研究。产业生态来说，我国结合了产学研用，推动工业互联网安全产业生态的发展，如推进北京、湖南等地的安全产业园区的建设，开展工业互联网安全试点示范等工作。

经工信部数据测算，至2019年，我国工业互联网安全产业存量规模以超过40%的年复合增长率，达到27.2亿元。但是，在工业互联网的核心产业中，安全产业规模占比较低，未超过1%，基本维持在0.5%的水平。

4. 自动化

工业互联自动化包含工业控制、工业传感器、边缘计算网关等提供数字化感知、控制、执行等能力的产品与解决方案。与传统工业自动化不同，工业互联自动化产业范围多聚焦数采、数控、分析、可视化等相关产品。

表 6-1 自动化产品分类表

产品大类	主要产品
控制层	工控机、PLC、CNC 系统、HMI 等
驱动层	变频器、伺服驱动器、一体化专机、软启动器等
执行层	电机、阀门、气动或液动元件等
传感器类	编码器、接近开关、压力、流量、温度、视觉等传感器

下面将主要梳理 PLC 产业的发展。

当前，全球已有超过 200 家企业致力于 PLC 的生产，已有超过 400 种 PLC 产品在销售与运行。美国是 PLC 生产大国，超过 100 家的 PLC 生产厂家落户美国。在 PLC 方面，国外制造商占据优势，GE、ABB、西门子、三菱、松下、富士等公司具有很强的竞争力。据统计，美国、欧洲、日本、韩国的 PLC 产品占了市场的 80% 以上。

全球 PLC 产业的发展呈现以下的特点。一是，产品规模向极端化发展。PLC 产品向尺寸小型、极小型进行发展的同时，在容量、处理速度方面有向大发展的需求。二是，联网能力成为产品需求。PLC 网络控制是当前发展的潮流，PLC 厂商正在加强自己产品的联网能力，同时也开始寻求合作，协商指定的通用通信标准，目标是构成一个更大的 PLC 网络。三是，产品向智能化发展。不少 PLC 产品加入了智能化的功能，比如温度控制、检测 PLC 故障的模块等，这些功能的增加使得 PLC 的工作能力更加稳定。

PLC 产业的发展是工业自动化产业的一个缩影。互联化、集成化、智能化正是工业自动化产业发展的大势所趋。

根据工信部数据测算，至 2019 年，我国工业互联自动化产业（不包含伺服、减速器等工业执行部分）存量规模以超过 17% 的年复合增长率，达到 1152 亿元。产业占比而言，工业互联网自动化产业对 2019 年工业互联网核心产业的增加值贡献较大，超过了五分之一，达到 21.5%。

5. 智能化数字装备

信息技术与工业体系的融合发展，提升了工业装备数字化、智能化的水平。当前工业模块、装置、设备，已可具有通信、控制，甚至是分析、人工智能等功能，是当前工业企业较为重要的信息化资产。工业智能化数字装备产业范围涵盖面向工厂内制造、加工、检测、搬运等生产活动的通用设备、专用设备和智能仪器仪表等设备。

工业机器人是工业智能化数字装备的代表之一，本节将主要梳理工业机器人产业的发展。

在未来5年内，全球工业机器人将具有广阔的市场，据有关机构研究，预估到2024年，该产业市场将超过8000亿美元。当前，全球范围来看，工业机器人产业由大型上市公司主导，少数日本企业集团领先，我国与美国则聚集了较多对机器人初创企业的投资。

关键零部件厂商、机器人本体厂商以及系统集成商可以上、中、下游的身份，构成工业机器人产业链，集成以后的工业机器人将投放于汽车、电子等行业，为最终客户所用。关键零部件占工业机器人总成本的比重较大，宏观地看，这个比重会超过70%。工业机器人的关键零部件中，以减速器、伺服电机和控制器为主。

减速器可以为机器人完成高精度定位工作，提高工业机器人的可靠性。RV（Rotary Vector）减速器和谐波减速器为当前机器人市场上的主流。在RV减速器方面，国内在技术标准、检测能力方面较国外存在不足，同时，存在产品系列不健全、实际使用环境下与实验室环境下减速器性能差别大等问题。在谐波减速器方面，国内产品的减速比范围、产品性能基本满足要求，但是在输出扭矩、平均寿命和性能表现一致性方面较国外产品存在劣势。但是，国内工业机器人减速器整体产品质量在逐渐提高，一些核心指标已经达到了国际水平。

国产伺服电机与国外的差距正不断缩小，主要在于逐渐完成核心技术的突破。

控制器用来完成机器人的运动规划。在控制器方面，由于半导体芯片的性价比提高，控制器在硬件层面的竞争差距较小，主要差距在于控制器算法与机器人本体的匹配度上。为了保证较高的匹配度，国外主流机器人厂商基本选择自行研发控制器。

工业智能化数字装备可提高生产效率、降低生产成本，实现柔性化、数字化、网络化及智能化的全新制造模式，对工业互联网发展至关重要。

相较于国外，我国高端装备领域自给率还有很大的提升空间，目前在该领域对国外进口的依赖较大。据有关统计，如我国集成电路芯片制造装备，超过80%来自进口，石化、汽车制造、智慧农业等行业也存在类似情况。制造创新力度也有待提升，特别是对于关键、核心的零部件和技术，缺乏完全自主知识产权。数字化装备应用方面，高端产业的需求较多，但是供给保障不足，出现中低端产业产能过剩、结构不合理的情况。当前工业装备也存在能耗、污染较大的不足。这些滞碍我国工业数字化装备产业发展的问题，亟待解决。

经国家统计局数据测算，至2019年，我国工业数字化装备产业存量规模以超过25%的年复合增长率达到1045亿元（只覆盖装备数字化、智能化的部分）。在工业互联网的核心产业中，也占有近 20% 的比重，基本维持在 19.5% 的水平。

6.1.3 产业培育途径

现阶段，我国各地的工业企业已逐渐了解工业互联网概念，工业互联网项目也逐步由试点、标杆向深耕阶段迈进。形成系统、完整的方法论促进工业互联网产业培育，是极为重要的。工业互联网产业培育可从关键技术研究、标准体系构建、解决方案培育三方面着手。下面进行具体介绍。

6.2 关键技术研究

随着工业经济数字化转型发展的不断提升，我国正在加快推进工业互联网的全面突破，当前已经进入了快速发展的关键时期，但是在应用落地、技术创新和产业发展方面，还面临着一定的难题。在工业互联网创新发展中，将独立、分散技术进行规范化梳理，形成一个既互相关联又各有侧重的工业互联网技术体系，以此为基础，进一步地，将方案设计、系统搭建等过程中需要的重点技术进行融合，是支撑工业互联网功能架构实现、实施架构落地的重要前提，有助于将产业发展与技术研究结合起来共同发展。

本节将主要围绕工业互联网的技术体系框架、重点核心技术及其应用展开具体分析。

6.2.1 工业互联网技术体系框架

工业互联网技术正处于快速发展、持续更新的过程中，其体系架构由制造技术、信息技术以及两大技术交织形成的融合技术组成，如图 6–2 所示。

通过物联网实现对工业系统的全面感知，并运用大数据建模分析技术对收集的海量数据进行分析，是工业互联网的典型应用之一。利用人工智能做决策，区块链构建信用体系，SDN 实现重构网络，服务产业创新发展。制造技术和信息技术是工业互联网发展的基础，两者的交织又催生出工业软件、工业大数据、工业人工智能等一系列融合性技术，进一步强化了工业互联网的赋能作用。

制造技术：制造技术支撑构建了工业互联网的物理系统，其基于机械、电机、化工等工程学中提炼出的材料、工艺等基础技术，叠加工业视觉、测量传感等感知技术，以及执行驱动、自动控制、监控采集等控制技术，面向运输、加工、检测、装配、物流等需求，构成了工业机器人、数控机床、3D 打印机、反应容器等装备

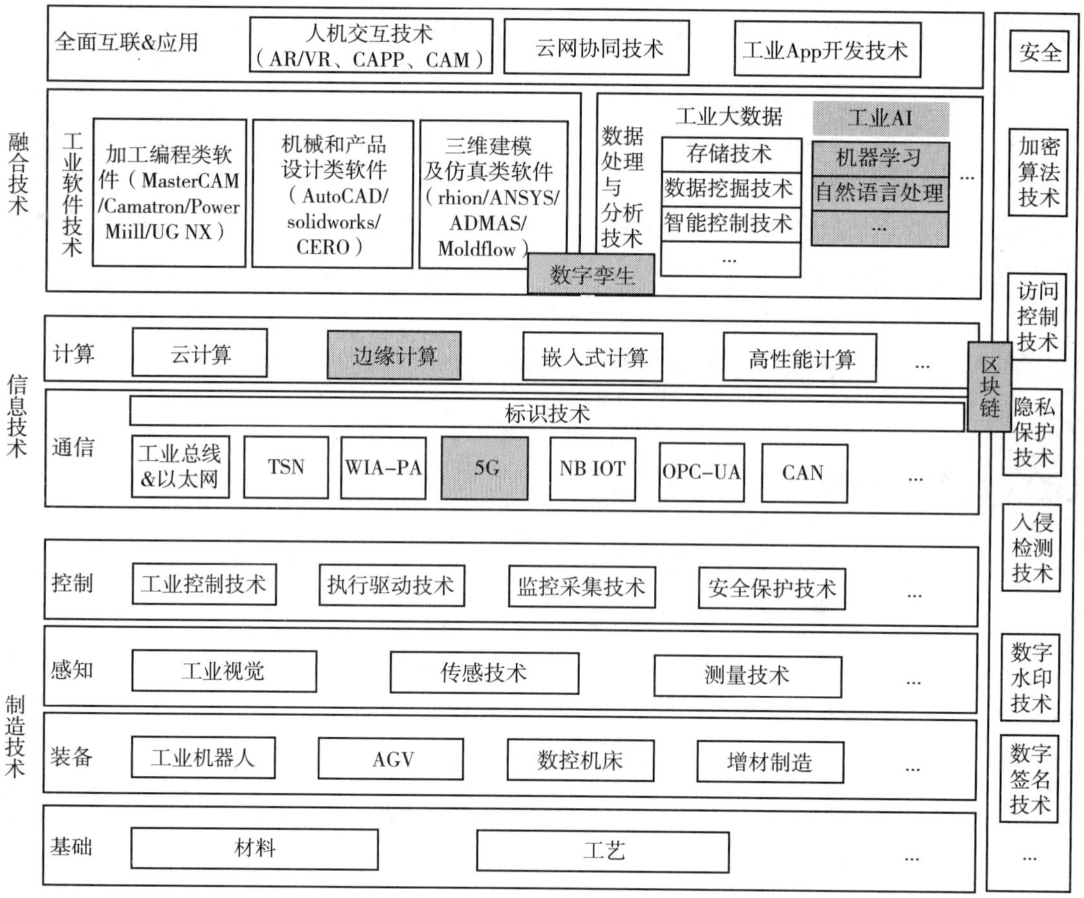

图 6-2　工业互联网技术体系

技术，进而组成产线、车间、工厂等制造系统。从工业互联网的视角看，制造技术一方面构建了专业领域技术和知识基础，指明了数据分析和知识积累的方向，为网络、平台、安全等工业互联网功能优化指明道路；另一方面，制造技术构建了工业数字化应用优化闭环的起点和终点，即工业数据绝大部分都产生于制造物理系统，数据分析结果的最终执行也均作用于制造物理系统。

信息技术：信息技术勾勒了工业互联网的数字空间，新一代信息通信技术一部分直接作用于工业领域，构成了工业互联网的通信、计算、安全基础设施，基于工业需求的二次开发，为融合技术的发展奠定了坚实的基础。通信技术中，以5G、Wi-Fi为代表的网络技术提供更可靠、快捷、灵活的数据传输能力，标识解析技术为对应工业设备或算法工艺提供标识地址，保障工业数据的互联互通和精准可靠。边缘计算、云计算等计算技术为不同工业场景提供分布式、低成本数据计算能力。数据优化和权限分配等安全技术可为数据的安全、可信提供保障。信息技术一方面构建了数据闭环优化的基础支撑体系，使绝大部分工业互联网系统可以基于统一的方法论和技术组合构建；另一方面打通了互联网领域与制造领域技术创新的边界，统一的技术基础使互联网中的通用技术创新可以快速渗透工业互联网中。

融合性技术：融合性技术为工业互联网物理系统与数字空间的全面互联注入了助推剂。制造技术和信息技术都需要根据工业互联网中的新场景、新需求进行不同程度的调整，才能构建出完整可用的技术体系。工业数据处理分析技术在满足海量工业数据存储、管理、治理需求的同时，基于工业人工智能技术形成更深度的数据洞察，与工业知识整合共同构建数字孪生体系，支撑分析预测和决策反馈。工业软件技术基于流程优化、仿真验证等核心技术将工业知识进一步显性化，支撑工厂 / 产线虚拟建模与仿真、多品种变批量任务动态排产等先进应用，工业交互和应用技术，基于 VR/AR 改变制造系统交互使用方式，通过云端协同和低代码开发技术改变工业软件的开发和集成模式。融合性技术一方面构建出符合工业特点的数据采集、处理、分析体系，推动信息技术不断向工业核心环节渗透；另一方面重新定义工业知识积累、使用的方式，提升制造技术优化发展的效率和效能。

6.2.2 重点核心技术及应用

工业互联网技术体系要支撑实施框架解决“在哪做”“做什么”“怎么做”的问题，其核心在于推动重点技术率先嵌入工业互联网实施系统中，进而带动发挥整体技术体系的赋能作用。以下将对 5G、工业人工智能、边缘计算、区块链、数字孪生这五大工业互联网重点核心技术的基本情况以及各技术如何支撑工业互联网应用发展进行介绍。

1. 5G

与传统的 1G 到 4G 不同，5G 不但是带来更高速率、更大带宽、更强能力的技术，还是一个多技术融合、面向业务应用以及用户体验的智能网络。5G 的主要特点体现在以下几个方面：①高速率。5G 的峰值速率是 20 Gbit/s，相当于 4G 的 20 倍；下载速度可达到 1Gbps。②高密度。5G 的连接密度可达每平方公里 100 万个连接设备，且覆盖范围更广，可实现 1000 亿量级设备连接。③低时延。5G 网络时延从 4G 的 50ms 缩减到 1ms，使得移动互联网的应用场景更加广泛。④低功耗。5G 基站更节能，终端更省电，可在空闲状态快速切换为节电模式，使得设备可长时间不换电池，有利于传感器等设备大规模应用部署。

5G 是典型的无线网络连接技术，推动着无线连接朝着多元化、宽带化、综合化、智能化的方向发展，其高速率、高密度、低时延、低功耗等特点以及网络切片技术，弥补了传统网络技术难以完全满足工业性能和可靠性要求的短板，并通过灵活部署方式改变了现有网络实际部署困难的问题。5G技术对工业互联网的赋能作用主要体现在两个方面：一方面，5G低时延、高密度的特点保证了海量工业数据的实时回传。较宽的子载波间隔、符号级的调度资源粒度等技术特点实现了5G网络的毫秒级低时延，保证了工业数据的实时采集。同时，5G网络带宽提高到40~80MHz或更高，为海量工业数据的采集提供了基础保障。另一方面，5G的网络切片技术能够满足不同工业场景的连接需求。5G网络切片技术可实现独立定义网络架构、功能模块、网络能力（如用户数、吞吐量）和业务类型，能够减轻工业互联网平台及工业App面向不同场景需求时的开发、部署、调试的复杂度，降低平台应用落地的技术门槛。

2. 工业人工智能

工业人工智能的定义为“一门系统学科，致力于为可持续发展的工业应用开发，验证和部署各种机器学习算法”。工业人工智能旨在定义发展智能制造系统的需求、挑战、技术和方法，是实现智能制造过程的智能感知、智能分析、智能认知和智能决策与执行的使能技术，能够对高度复杂的工业数据进行计算和分析，提炼出相应的工业知识，有效提升工业的决策水平。工业人工智能具有实时可靠性、与工业机理结合以及工业价值驱动等特点。

工业人工智能是工业互联网的重要组成部分，在全面感知、泛在连接、深度集成和高效处理的基础上，工业人工智能能够实现精准决策和动态优化，实现工业互联网的数据应用闭环。

工业人工智能技术对工业互联网的赋能作用体现在两大路径上。一是以知识图谱为代表的知识工程路径，其通过梳理工业知识和规则为用户提供原理性指导，例如某数控机床故障诊断专家系统，利用人机交互建立故障树，将其知识表示成以产生式规则为表现形式的专家知识，融合多传感器信息精确地诊断出故障原因和类型。二是以神经网络、机器学习为代表的统计计算路径，其基于数据分析绕过机理和原理，直接求解出事件概率进而影响决策，典型应用包括计算机视觉、预测性维护等。例如某企业基于机器学习技术，对主油泵等核心关键部件进行健康评估与寿命预测，实现关键部件的预测性维护，从而降低计划外停机概率和安全风险，提高设备可用性和经济效益。

制造系统中的问题分为“可见”和“不可见”两大类。可见问题是指在工业生产中避免产品缺陷、避免加工失效、提升设备效率和可靠性、避免设备故障和安全问题等，因为可见、可测量，所以比较容易避免和解决。不可见的问题通常表现为设备的性能下降、健康衰退、零部件磨损、运行风险升高等，这些因素很难通过测量被定量化呈现，是工业生产中不可控的风险，大部分可见的问题都是这些不可见的因素积累到一定程度后造成的。

工业人工智能技术通过对不可见问题进行建模，获得对不可见特性的洞察，从而提出避免和解决不可见问题的方法。

在工业价值创造中，工业人工智能可以分解为四个机会空间。第一个机会空间旨在解决生产系统的可见问题，这需要对生产系统进行持续精益改善，对标准化制造体系进行持续完善。第二个机会空间旨在避免生产系统的可见问题，通过数据挖掘洞察产生问题的深层次原因，从而对原有系统性能进行改善。第三个机会空间旨在对隐性问题显性化，利用创新的方法和技术，进行相关关系挖掘来量化不可见问题，提升制造系统的价值创造能力。例如，设备的健康衰退评估就是对设备健康程度这个不可见问题的量化，从而为预测性维护提供决策支持。第四个机会空间旨在寻找和满足不可见的价值缺口，杜绝不可见因素的影响，这需要建立更高维度的知识从而实现制造系统产业链的闭环整合，在系统的上游和设计端进行优化来杜绝不可见问题的发生。目前，大多数制造企业侧重于解决第一和第二机会空间的问题，工业人工智能技术更需要应用于第三和第四机会空间，来解决和避免不可见问题，实现制造系统的智能化转型。

3. 边缘计算

边缘计算主要体现在网络、计算、存储、安全几个方面的优化处理。

网络：所谓边缘计算网络，就是使用软件定义网络（Software Defined Network，SDN）将网络设备的控制平面与数据平面分离，将控制平面集中实现，并开放软件可编程能力，可以很好地支持计算服务和数据的迁移。软件定义网络是工业以太联接未来的发展方向，网络功能呈现虚拟化，NVF 技术实现了新的网络设计和部署，将网络功能和服务与云平台相结合，节省了网络运营商的资本支出和运营费用。

计算：边缘计算的任务主要是异构计算，能够实现对各类计算场景设计、处理负载吞吐、结构适应性和计算能效等，形成边缘计算平台的体系结构，完成更复杂的边缘计算任务。内存处理优化、集成工具链、任务调度优化构成了异构计算架构的主要技术。

存储：边缘计算的存储采用分布式存储，打破业务边界，将不同存储业务的扩展变成水平扩展，实现边缘存储对外提供统一服务的存储层。大容量、高可靠、低时延是边缘计算存储的主要特点。

安全：由于边缘计算的异构特性，整个边缘计算系统，包括网络设施、服务设施、虚拟化设施及用户终端是由多个所有者共同拥有的。因此其安全性至关重要，通常可以采用身份验证、信任管理、隐私保护、协议和网络安全等技术来保证其安全性，同时可以采用多种安全服务和防御机制制定有效的安全防护方案。

边缘计算技术通过在靠近工业现场的网络边缘侧运行处理、分析等操作，就近提供边缘计算服务，能够更好地满足制造业敏捷连接、实时优化、安全可靠等方面的关键需求，改变传统制造控制系统和数据分析系统的运行方式。边缘计算技术对工业互联网平台的赋能作用主要体现在两个方面：一方面是降低工业现场的复杂性。目前，工业现场存在超过 40 种工业总线技术，工业设备间的连接需要边缘计算提供“现场级”计算能力，来实现多种制式网络通信协议之间的转换和互通。另一方面是提高了工业数据计算的实时性和可靠性。部分工业控制场景对计算处理时延要求严苛（如小于 10ms），倘若数据分析和控制逻辑全部部署在云端，则时延要求难以实现。同时，在工业生产中要求计算能力可“本地存活”，从而避免断网、时延过大对实时性生产造成影响。

边缘计算一方面可以降低工业现场的负载型，另一方面可以提升工业数据计算的实时性和可靠性，已成为工业互联网的重要组成部分。主要应用场景包括视频分析、智能视频加速、内容缓存与分发等视频业务，还有 AR/VR、物联网网关、车联网等。边缘计算能实现设备的泛在连接和边缘管理，在云计算部署上的更加灵活，使得云计算和边缘计算走向融合，形成了“泛在计算”。

4. 区块链

区块链技术尚处于发展初期，其对工业互联网的赋能作用体现在能够解决高价值制造数据的追溯问题，以及能够辅助制造业不同主体间高效协同。

区块链是工业 4.0 的底层技术。以区块链为核心的数字经济将像水一样渗透到社会的各个角落，所有的实物资产都将被数字化并且流动起来，改变我们的生活，让人类进入真正的工业 4.0 时代。要想构建智能的网络基础设施，离不开高效、低成本的工业互联网。区块链技术可以将计算和存储需求分散到组成网络的各个设备中，有效阻止网络中因为任何单个节点的失败导致整个网络崩溃的情况发生。将区块链技术应用在工业管理中，能够准确跟踪生产制造设备的运行状态，避免设备处于空闲状态导致资源浪费，同时维修人员可以及时掌握设备的状态进行维修服务。

“区块链 + 工业互联网”是未来经济发展的风向标。区块链是真正能够满足数字经济发展需求的关键技术，区块链能够定义生产能力与利益相关者之间的信任，直接完成交易。机器实现的处理、分享并按照无人为干预的信息行动，从本质上改变了人与工具、设备和生产之间的关系。

区块链能够推动产业经济价值，实现多级供应商的全流程管理，使供应链环节能够无缝衔接，整体运转更高效可靠。基于区块链的新型技术设施，能为数字经济的发展创建公平可信、多方共治的新空间，有效推动数字经济的发展建设。

5. 数字孪生

数字孪生（Digital Twin）起源于美国国防部用于航空航天飞行器健康维护与保障，在数字空间建立真实飞行器数字模型，并通过传感器实现与飞机真实状态的完全同步。每次完成飞行后，根据现有结构和过往载荷，及时分析评估飞行器是否需要维修，以确定能否承受下次任务载荷。

数字孪生是物理对象的数字化表达，目的是能够在该数字化对象上观察到实际物理对象可能发生的情况。数字孪生以数字化方式为物理对象创建高写实的虚拟模型，并模拟、分析、预测物理对象在现实环境中的行为，其实现机理是利用物理模型、传感器更新、运行历史等数据，集成多学科、多物理量、多尺度、多概率的仿真过程，在虚拟空间中完成对物理对象的映射，从而反映实体对象的全生命周期过程。数字孪生具有多方面的技术优势，主要体现在更全面的测量与感知能力、更便捷的创新适应能力、有效提高实体品质、提高研发或运行效率。

数字孪生在智能制造领域具有广泛应用价值，成为工业互联网平台的核心能力之一。从工业 CPS 角度理解数字孪生，可以认为数字孪生是 CPS 在装备设计与工业制造的形态之一和具体体现。数字孪生是工业产品、产品生产系统（生产设备、生产线）和使用维护系统的数字化影子，通过与外界传感器集成，反映产品或系统的特性，展示产品或系统生命周期演进过程，实现产品、制造过程乃至工厂的虚拟仿真，体现 CPS 的设计方法在智能制造的应用。

数字孪生技术将不同数据源进行实时同步，并高效整合多类建模方法和工具，实现多学科、多维度、多环境的统一建模和分析，是工业互联网技术发展的集成。目前，数字孪生技术尚处于发展初期，其对工业互联网的赋能作用主要体现在高价值设备和产品的健康管理方面。例如，NASA 与 AFRL 合作，基于数字孪生技术对 F-15 飞机机体进行健康状态预测，并给出维修意见；空客基于数字样机实现飞机产品的并行研发，提升一致性及研发效率。随着技术发展，贯穿全生命周期、全价值链的数字孪生体建立后，能够全面变革设计、生产、运营、服务全流程的数据集成和分析方式，极大地扩展数据洞察的深度和广度，驱动生产方式和制造模式深远变革。

数字孪生在产品不同生命周期阶段中的应用如下。

产品设计阶段。目的是提高设计准确性，并验证产品在真实环境中的性能，以产品三维数字化模型、仿真模拟为重点。例如，飞行器优化设计、汽车节能排污优化设计。

产品生产制造阶段。目的是加快产品导入时间，提高产品设计质量，降低产品生产成本，提高产品交付速度。主要应用于生产过程仿真、建立数字虚拟产线、对生产过程关键指标监控和过程能力评估，需要数字孪生与生产设备、生产过程等高度集成与协同。例如，基于虚拟装配的精准装配系统、石化生产过程等。

应用服务阶段。目的是采集产品运行环境和工作状态，预测产品故障，改善用户体验。主要应用于实施大型工业设施或装备的远程监控和预测性维修，优化客户生产指标，处理用户使用反馈等。例如，石油钻井设备预测性维修和故障辅助诊断系统。

全生命周期管理。主要应用于支持工业产品的设计、生产制造、运维全生命周期过程。

总之，工业互联网是新一代信息技术与制造业深度融合的产物，通过对人、机、物的全面互联，构建起全要素、全产业链、全价值链连接的新型生产制造和服务体系。工业互联网的发展路径，先从单点应用示范到垂直行业深化融合，再到跨领域跨行业的融合发展。为加快工业互联网创新发展，通过深化其在制造业的渗透应用，补齐核心关键短板、支撑制造业完善产业链建设、利用工业互联网促进区域产能重组升级和产业供应链优化。工业互联网非常适合于赋能区域性的制造产业集群，挖掘若干平台大规模应用场景，建立平台化服务的商业路径，促进平台应用推广，最终推动制造业产业链向全球高端制造业产业链方向发展。

6.3 标准体系构建

工业互联网的发展，离不开标准体系的构建。立足工业互联网产业发展实际，构建一套具有综合、统一、开放特征的工业互联网标准化体系，是推进工业互联网发展的重要技术基础，对工业互联网产业的持续、健康、有序发展有着重要的支撑和规范引领作用。

6.3.1 工业互联网标准体系框架

参照我国工业和信息化部、国家标准化管理委员会两部门于 2019 年 1 月印发的《工业互联网综合标准化体系建设指南》，工业互联网标准体系主要由基础共性标准、总体标准和应用标准构成，标准体系框架如图 6–3 所示。

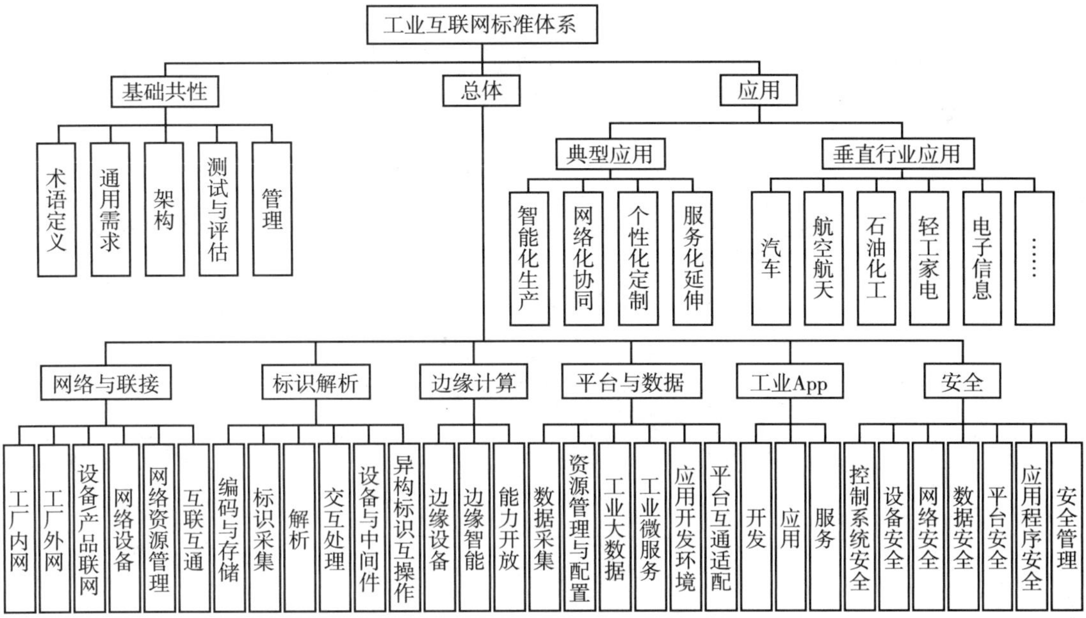

图 6-3　工业互联网标准体系框架

1. 基础共性标准

工业互联网基础共性标准能够对工业互联网的通用性、指导性标准进行规范，包括术语定义标准、通用需求标准、架构标准、测试与评估标准、管理标准等，参见表 6-2。

表 6-2　工业互联网基础共性标准

基础共性标准	规范内容
术语定义标准	规范工业互联网的相关概念，比如工业互联网的技术、业务、场景等，为其他各部分标准的制定提供支撑。
通用需求标准	对工业互联网业务、性能、功能、安全、可靠性、管理方面的通用能力需求进行规范。
架构标准	规范工业互联网的体系架构和各部分参考架构，包括工业互联网的对象、边界、各部分之间的内在联系和层级关系。
测试与评估标准	对工业互联网技术、产品、系统等的测试要求进行规范，如测试方法标准； 对工业互联网应用的领域、企业、项目成熟度进行规范，如评估指标、评估方法等标准。
管理标准	对工业互联网的系统建设、相关运行责任主体、关键要素的管理要求进行规范。

2. 总体标准

（1）网络与联接标准

工业互联网网络与联接标准主要包括工厂内网标准、工厂外网标准、工业设备 / 产品联网标准、网络设备标准、网络资源管理标准、互联互通标准，参见表 6-3。

表 6-3 工业互联网网络与联接标准

网络与联接标准	规范内容
工厂内网标准	对工业产品 / 设备、控制系统、信息系统间的网络连接要求进行规范，包括工业以太网、时间敏感网络（TSN）、工业无源光网络（PON）、软件定义网络（SDN）、确定性网络（DetNet）、工业无线、低功耗无线网络、第五代移动通信网络（5G）工业应用等标准。
工厂外网标准	对联接生产 / 商业资源、用户、产品的公共网络要求进行规范，包括各类虚拟专用网络（VPN）标准、蜂窝无线网络标准等。
工业设备 / 产品联网标准	对工业产品 / 设备联网所涉及的功能、接口、参数配置、数据交换、时钟同步、定位、设备协同、远程控制等要求进行规范。
网络设备标准	对工业互联网内所用网络设备的功能、性能、接口等要求进行规范，网络设备包括工业网关、工业交换机、工业路由器、工业光网络单元（ONU）、工业无线访问（AP）、工业基站等。
网络资源管理标准	对工业互联网涉及的地址、无线频谱等资源使用和网络运行管理要求进行规范。
互联互通标准	对工业互联网中跨域、跨网络、跨设备数据互联互通过程中的相关协议、接口等要求进行规范。

（2）标识解析标准

工业互联网标识解析标准主要包括编码与存储标准、标识采集标准、解析标准、交互处理标准、设备与中间件标准、异构标识互操作标准，参见表 6-4。

表 6-4 工业互联网标识解析标准

标识解析标准	规范内容
编码与存储标准	对工业互联网的编码规则、注册操作规程、节点管理以及标识编码的存储方式等要求进行规范。
标识采集标准	对工业互联网标识数据的采集方法进行规范，包括各类采集实体间的通信协议、接口等标准。
解析标准	对工业互联网标识解析的通信协议、分层模型、实现流程、解析查询数据报文格式以及响应数据报文格式等要求进行规范。
交互处理标准	对设备对于标识数据的处理方法、标识服务涉及的标识间映射记录数据格式以及产品信息元数据格式等要求进行规范。
设备与中间件标准	对工业互联网标识解析服务设备相关的协议、功能、接口等进行规范。
异构标识互操作标准	对不同工业互联网标识解析服务间的互操作进行规范，包括交互协议、数据互认、实现方式等。

（3）边缘计算标准

工业互联网边缘计算标准主要包括边缘设备标准、边缘智能标准以及能力开放标准，参见表 6-5。

表 6-5　工业互联网边缘计算标准

边缘计算标准	规范内容
边缘设备标准	对边缘计算设备的功能、性能、接口等进行规范，边缘计算设备包括边缘云、边缘网关、边缘控制器等。
边缘智能标准	对实现边缘计算智能化处理能力的虚拟化和资源抽象技术、分布式计算任务调度、实时操作系统、边云协同策略和技术等相关标准进行规范。
能力开放标准	对基于边缘设备的资源开放协议、能力、接口等要求进行规范； 对实现边缘设备间互通涉及的调度、接口等要求进行规范。

（4）平台与数据标准

工业互联网平台与数据标准主要包括数据采集标准、资源管理与配置标准、工业大数据标准、工业微服务标准、应用开发环境标准、平台互通适配标准，参见表 6-6。

表 6-6　工业互联网平台与数据标准

平台与数据标准	规范内容
数据采集标准	对工业互联网平台对各类工业数据的接入与集成处理相关要求进行规范。
资源管理与配置标准	对工业互联网平台基础资源虚拟化、调度管理、运行管理以及工业设备 / 资源配置等要求进行规范。
工业大数据标准	工业数据交换标准：对工业互联网平台内不同系统间的数据交换体系架构、互操作、性能等要求进行规范。 工业数据分析与系统标准：对工业互联网数据分析的流程、方法以及典型场景下，工业互联网数据分析使用的工具、大数据系统等标准进行规范。 工业数据管理标准：对工业互联网数据管理相关要求进行规范，包括数据的存储结构、数据字典、元数据、数据质量、数据生命周期管理、数据管理能力成熟度等标准。 工业数据建模标准：对在制品、设备、产线、产品等物理实体在网络空间中的映像及相互关系进行规范，包括静态数据描述、动态数据描述、物理实体间相互作用和激励关系的规则描述等标准。 工业大数据服务标准：对工业互联网平台借助大数据能力对外提供的服务进行规范。
工业微服务标准	对工业互联网平台微服务的架构原则 / 性能、管理 / 治理功能、应用接入等进行规范。
应用开发环境标准	对工业互联网平台的应用开发对接和运营管理相关技术要求进行规范。
平台互通适配标准	对不同工业互联网平台间的数据流转、业务衔接、业务迁移等要求进行规范。

（5）工业 App 标准

工业 App 标准主要包括工业 App 开发类标准、工业 App 应用类标准以及工业 App 服务类标准，参见表 6-7。

表 6-7 工业 App 标准

工业 App 标准	规范内容
开发类标准	工业 App 参考架构标准：对工业 App 的典型分类方法进行规范，针对不同分类方法，设定工业 App 的参考架构和判定准则。 工业 App 开发方法标准：对工业 App 开发方法的典型分类进行规范，针对不同类别的工业 App 开发方法，对其开发技术过程和控制要求进行规范。 工业 App 开发平台标准：根据开发平台与制造设备、工业产品、工业软件等不同工业资源的适配原则，对工业 App 开发平台的典型分类进行规范，针对不同类别的工业 App 开发平台，对其应用模式及性能要求进行规范。
应用类标准	工业 App 应用需求：对工业 App 的应用主体、建模方法、组配化环境、性能等进行规范。 工业 App 应用模式：对工业 App 的独立应用及组配化应用模式、工业 App 在组配化应用模式中的应用定位进行规范。 工业 App 应用评价：针对不同类型的工业 App 及其应用模式，对工业 App 的评价指标体系和评价方法进行规范。
服务类标准	工业 App 知识产权：对工业 App 的知识产权确定以及保护要求进行规范。 工业 App 质量保证：对工业 App 全生命周期的质量评价、控制要求进行规范。 工业 App 流通服务：对工业 App 的定价、交易管理以及售后服务管理等要求进行规范。 工业 App 安全防护：对工业 App 的知识 / 数据 / 应用等相关安全要求进行规范。

（6）安全标准

工业互联网安全标准主要包括设备安全标准、控制系统安全标准、网络安全标准、平台安全标准、数据安全标准、应用程序安全标准、安全管理标准，参见表 6–8。

表 6-8 工业互联网安全标准

安全标准	规范内容
设备安全标准	对工业互联网中各类终端设备在设计、研发、生产、运行过程中的安全防护、检测等技术要求进行规范。
控制系统安全标准	对工业互联网各类控制系统中的控制软件、控制协议的安全防护、检测等技术要求进行规范。
网络安全标准	对承载工业智能生产和工业应用的通信网络与标识解析系统的安全防护、检测等技术要求进行规范； 对工业互联网中相关网络安全产品技术要求进行规范。
平台安全标准	对工业互联网平台的安全防护、检测、病毒防护等技术要求进行规范。
数据安全标准	对工业互联网数据相关的安全防护、检测等技术要求进行规范，包括用户个人数据安全、工业大数据安全、数据管理安全等标准。
应用程序安全标准	对用于支撑工业互联网服务的应用程序安全防护与检测要求进行规范，包括承载各类工业应用的软件、Web 系统、App 等。
安全管理标准	对工业互联网的安全管理和服务要求进行规范。

3. 应用标准

工业互联网应用标准主要包括典型应用标准和垂直行业应用标准，参见表6-9。

表6-9 工业互联网应用标准

应用标准	规范内容
典型应用标准	对智能化生产、个性化定制、网络化协同、服务化延伸几大典型工业互联网场景中的通用业务应用要求进行规范。
垂直行业应用标准	包括工业互联网垂直行业应用导则、特定技术标准以及管理标准等。

6.3.2 工业互联网标准化进展

1. 网络与联接

相对而言，尽管我国具有良好的工厂外网络相关技术及产业，但在工厂内部网络相关技术及产业方面还比较薄弱。近年来，虽然我国在传统工业网络领域已经获得了一些国际标准，然而，受限于工业互联网整体技术和产业发展，我们的标准基础仍显得十分薄弱，因此需要加快进行技术标准研究和产业布局，尤其是在一些重点领域，比如工业以太网、工业无源光纤网络（PON）、工业无线、时间敏感网络（TSN）、确定性网络（DetNet）、软件定义网络（SDN）、低功耗无线网络、第五代移动通信网络（5G）、互联网协议第六版（IPv6）的技术和产品等方面要深度研究和重点突破。

2. 标识解析

标识解析技术目前大多应用在面向物联网的个别领域，面向工业互联网特定应用场景、复杂工序流程等的特定应用还比较少，尤其缺乏在数据互认、互操作等领域的技术方案，因此尚无法满足形成工业互联网全产业链协同发展，网络基础设施统一高效、互联互通、安全可靠的要求。

为了促进工业互联网产业发展，未来我国需要从整体上构建一套体系完备、兼容性好、可以满足各行各业应用需求的工业互联网标识解析标准体系。

3. 边缘计算

从网络侧看，边缘计算能够满足工业企业在敏捷连接、实时业务方面的需求。目前，边缘计算产业还处于发展初期，标准化工作刚刚起步，需要加快推动相关标准的研制。

从平台侧看，边缘计算可以在靠近数据源的边缘侧进行平台功能映射，实现对现场数据的实时优化处理、分布式计算任务调度、边云协同等智能的平台边缘计算功能，这也吸引了越来越多工业互联网平台企业开始开展对边缘智能算法的研究和相关标准的制定工作。

4. 平台与数据

工业互联网平台可以说是一种新型技术体系，涵盖了云计算、大数据、工业通信、工业软件等基础应用技术。全球工业互联网平台创新活跃、发展迅速，平台企业多措并举，打造了一批优秀平台产品和创新应用。但总体来看，工业互联网平台尚处在发展初级阶段，产业标准化共识正在形成，数据采集、工业大数据、资源管理和配置、工业微服务、工业应用开发环境、平台互通适配等成为工业互联网平台标准化工作开展的重点领域。

5. 工业 App

工业 App 属于新兴领域。我国工业 App 还处在萌芽阶段，尚未构建一套成熟的模式和统一的体系，相关标准也尚未明确。随着工业 App 产品的不断推出和试点应用，急需开展工业 App 关键领域的标准研制工作，建立起一套体系完整、分类明确、指导性强的工业 App 标准，提高工业 App 的可移植性和可复用性，加速工业 App 的应用推广。

6. 工业互联网安全

工业互联网涉及制造、能源、交通等关键领域，其安全问题对国家经济、社会发展至关重要。我国关于加强工业互联网安全的相关政策相继出台，标准相对成熟。然而，现有面向公网或专网的安全技术和管理标准无法满足工业互联网跨网络、跨领域的整体安全需求。目前，工业互联网安全标准主要涉及工业控制系统领域，为保障工业互联网健康发展，需系统、全面地开展工业互联网安全技术研究与标准制定，并加快推动标准的落地推广与应用示范。

7. 应用

工业互联网应用基础日渐夯实，应用场景复杂多样，我国工业互联网应用在一些重点行业正处在从局部探索到路径形成的关键时期。

国内一些工业企业、互联网企业以及信息通信企业，在智能化生产、网络化制造、供应链管理、个性化定制等工业互联网典型应用领域，已经开展了相关的标准研究制定工作。然而，在一些重点行业方面，还需要结合实际行业应用的需求不断对标准化目标进行凝练，从而在一些重点行业领域打造成各具特色的工业互联网应用体系。

6.4 解决方案培育

自 2017 年以来，工业互联网的应用范围和深度不断拓展，逐渐覆盖产品、资产、商业等全要素、全价值和全产业链。我国制造业门类众多、差异较大，尤其不同行业、不同企业的制造水平参差不齐，各自数字化转型的策略、面临的痛点也各不相同。在基于工业互联网对企业完成数字化转型的过程中，要坚持分业施策、需求牵引，从传统行业自身痛点出发，基于“计划（P）—执行（D）—检查（C）—处理（A）”，对智能生产、网络协同、个性定制和服务延伸等应用场景解决方案进行迭代优化。

本节将分别阐述轻工家电、电子信息和航空制造行业的基本情况及行业转型趋势，并通过论述工业互联网在三大行业的典型应用场景，介绍如何结合具体场景设计实施工业互联网解决方案，实现赋能垂直行业领域，促进工业互联网产业发展。

6.4.1 家电行业

1. 行业基本情况及转型趋势

家用电器工业是我国改革开放以来最早参与国际化生产分工并承接产业转移的行业之一，是中国市场上少数几个有定价权的行业。“十二五”时期，家电行业经济效益增速始终保持高于主营业务收入的增速，经济效益提升明显，转型升级成效显著，已成为我国先进制造的代表行业，并开始参与国际化竞争。同时，家用电器作为耐用消费品，对居民购买力提升的传导最直接，是我国最先发展起来的消费品市场之一。

家电行业运行特点如下。

市场规模难突破：中国家电市场在过去 5 年间保持 5% 的稳定增速。作为耐用消费品类，家电市场的增长主要来自国内商品房市场的持续发展带来的稳定配套家电需求，居民人均可支配收入的稳步提升，以及家电产品在各线城市的普及与渗透。2019 年以来，全球经济贸易增速放缓，贸易保护主义抬头。即使身为全球第二大经济体，但是，在对外贸易摩擦进一步加剧、国内结构性矛盾持续得不到解决等内外不利因素的共同作用下，我国国内生产总值（GDP）增速出现较大幅度回落。与此同时，我国经济杠杆率，尤其是居民部门杠杆率继续上升，食品价格不断上涨，人口老龄化压力持续加大，民营和中小型企业融资难度加大，种种问题进一步限制了家电行业市场规模发展。根据全国家用电器工业信息中心数据，2019 年我国国内市场家电零售额约 8032 亿元，同比增长率下跌 2.2%。

产业结构迅速升级：我国家电市场正经历从功能性消费到品质消费的消费升级，白电黑电及传统厨电销量增速放缓，小家电接力进入消费升级周期，成为主要增长动力。同时，各类高品质的年度旗舰产品不断涌现。消费者对大容量、节能高效、轻便智能的产品热情日趋高涨，不断促动相关产品改革升级。

企业研发投入持续加大：面临市场压力，主要家电企业继续保持高投入研发战略，一方面优化改造生产线，提升生产工艺装备的自动化、智能化水平，改进生产效率；另一方面，进一步完善自身研发体系，加大对基础技术与大数据、人工智能等前沿技术的投入和研究，提升产品质量，改善用户体验。我国国民经济“十三五”规划纲要实施期间，中国家电企业的研发投入创历史新高。2016 年海尔、美的、格力 3 家企业的研发投入合计超 130 亿元，2017 年合计研发投入超 170 亿元，2018 年破两百亿元。截至 2019 年，多家相关上市企业的研发投入持续上涨，增速迅猛。

销售渠道实现多元化突破：进入移动互联网时代以来，企业运营销售模式不断创新，线上业务实现了快速增长，弥补了线下业务的不足，进一步完善了企业销售渠道，实现了多元化突破。尤其在企业推动 O2O 转型、促进线上线下融合的过程中，线上旗舰店、微店、直播带货、无人零售等新零售方式不断涌现，线上销售增长迅速。线下销售虽然稍显颓势，但仍然占据主要地位。根据全国家用电器工业信息中心数据，2019 年全年，我国家电行业线上零售额达到 3108 亿元，同比增长 4.2%，在整体销售额中占比达到 38.7%；线下市场零售额约 4924 亿元，同比下跌 5.8%，在整体销售额中占比 61.3%。

产品智能健康化：智能家居主要体现在借助云平台、大数据与人工智能等技术的赋能，实现人与产品、产品与产品、产品与环境的交互，构建一体化智能家庭与面向消费者的个性化服务。智能化最终的落脚点则是家电产品的健康化及健康理念的传递。

2. 典型应用场景

（1）产品定制化

规模化定制生产正成为龙头家电企业转型的有利方向。依托工业互联网平台，企业能够根据用户需求，完成原型产品设计，进一步迭代完善后，可安排生产排单，最终实现以用户为中心的定制化生产。同时，通过全面考察综合产品研发成本、潜在用户数量与用户可接受价格等全方位因素，企业能够进一步实现按需生产。最终，有效解决定制化生产与成本之间的冲突。而在企业实现这一目标的过程中，出于对生产环节开放的需求，将倒逼生产设备的网络化、生产数据采集的全面化和连通化、生产流程的可视化。最终，实现全生产流程的安全数字化、智能化。

（2）生产智能自动化

在生产要素成本不断上升和市场规模难以突破的双重压力下，企业粗放的制造模式难以维持。家电产业制造体系的全面升级成为必然也是必须的选择。智能化制造已经与家电交集频繁，几乎主流家电企业都与智能化搭界。海尔集团在全球已设立包括空调、冰箱、洗衣机等 8 个互联工厂，美的集团通过收购德国著名公司库卡的部分股权，以其雄厚的科技实力，补充自身智能化改造的不足。

（3）经营平台化

供应链的良好运转与竞争是家电企业正常运行不可或缺的核心保障。在家电行业发展的早期阶段，相关企业采购响应速度慢、周期长，缺乏协同管理手段，尤其针对突发事件，应急响应不及时。企业供应链整体运转效率低下，采购—生产—销售过程严重依赖仓储能力，极易造成渠道库存积压。工业互联网时代，依托工业互联网平台提高生产经营各环节的协作工作效率，实现供应链的协同优化，已经成为家电行业企业数字化转型的共识。

（4）产品智能化、服务化

随着新一代信息技术和自动化技术的融合发展与迭代成熟，家电产品逐渐从功能单一的定向型产品向智能化、个性化服务终端转变。借助传感器完成语音、画面、光、热、空气质量等多元信息的采集，通过网络完成信息的高速传输，借由人工智能技术进行信息的分析理解与行为决策，最终由自动化控制模块完成指定动作，新一代的家电产品就通过这种方式，完成对用户的实时感知与理解，再借助平台，为用户提供个性化、全方位、智能化的全新体验。在这一过程中，企业也在由产品销售逐步向定制解决方案提供商转型，强化竞争优势。

值得注意的是，在工业互联网解决方案的实际落地中，往往并不是上述场景的单独实施，而是多个应用场景的融合实现。

6.4.2 电子信息行业

1. 行业基本情况及转型趋势

电子信息行业是国民经济支柱性产业，具有重要的战略意义。对比其他行业，电子信息行业技术含量高、产品种类多、质量要求高、生产周期短、技术更新快。当前市场环境下，随着智能手机、平板电脑、智能穿戴设备等市场热点产品的发展，电子信息行业对人们日常生活工作的影响日趋扩大，已被全球多个国家列为战略性发展产业。

电子信息产业是我国经济总体中的新兴行业，总体规模位居世界第二，仅次于美国。《2019 年中国电子信息制造业综合发展指数报告》中的数据表明，2018 年电子信息制造业出口额高达 8000 亿美元，同比增长约 10%，增速比 2017 年提升 9 个百分点。电子信息行业发展日新月异，规模与其在国民经济中的贡献比重持续提高。

5G、工业互联网、智能化升级和数字新型基础设施的快速推进给电子信息制造业带来重要发展机遇。当前，电子信息行业的问题主要有设备管理颗粒度不精细、生产流程管理不高效、生产排产切换不快、产品质量管控不足。针对这些问题，需要从设备管理、生产研发、质量管理、供应链管理等多方面全领域提升数字化水平，加快构建数字化工业互联网平台。

2. 典型应用场景

（1）生产设备精密管控

电子信息产品制造过程中，流水线制造模式紧密依赖于大量的生产装备，其对设备运行状态、维护状态、保养情况等，都需要进行严格的管理和监控。设备管理不善极有可能导致生产停机、贵重设备使用寿命减短、产品质量不达标等问题出现，将给企业带来不可预计的损失。在电子元器件、精密零组件和精密模具领域等对产品一致性、可靠性和加工精度都高要求的领域，生产设备的细微偏差都会产生"蝴蝶效应"。随着新一代信息技术被确立为七大战略性新兴产业之一，传感器、自适应感知、精确控制与执行等数据采集技术取得了长足进步。覆盖设备全生命周期的实时态势感知、远程故障诊断和预测性维护等应用场景逐步兴起，对于降低设备运维成本、提高产品质量和生产可靠性具有重要意义。

（2）人机协同制造

伴随着电子信息技术的高速发展，客户对于电子产品的需求趋向小型化、精密化、集成化，从而要求电子制造工艺在速度、精度、可靠性等方面更进一层。然而，机器视觉、深度学习、机械臂等技术的快速发展，对产品开展自动化生产、智能质量检测提供了技术保障。相对于传统的人工生产流水线而言，将自动化生产与质量检测依托于高性能机器，既可以排除人为主观因素的干扰，也能够对指定检测指标进行定量描述，控制检测分级误差，提高生产率和分级精度。当然，针对复杂生产场景下的复合任务，机器灵活性不足，仍需要人员针对不同的任务或花费昂贵的离线时间对机器进行重新设置。在这种情况下，单纯依靠机器来实现产品自动化生产，其解决方案难度和成本将会是巨大的。通过工业互联网人机数据交互，在确保安全的前提下，可以消除人与机器的隔阂，将人的认知能力及灵活性与机器的效率和存储能力有机地结合起来，以人机协作方式，提升整个产品制造的生产力及质量，将成为当前企业智能生产的一个重点研发和突破领域。

（3）生产管理与追溯

电子信息产品的生产加工过程中，从来料、配送、生产、装配到发货各环节，由于整个过程经人为分割，各环节业务数据无法有效衔接及利用。基于工业互联网技术，可获取全生产过程的材料质量数据、工艺参数及自动化生产设备的状态业务数据，经数据挖掘技术，可进行质量问题的根因分析，发现并消除质量管理环节中存在的漏洞，也可运用大数据分析工具建立质量预测模型，实现质量问题的提前预警，为生产提供决策服务。同时，从原材料供应、生产的各工艺环节直至产品的最终交付，通过RFID、二维码以及区块链技术，使整个链条的所有环节数据彼此建立关联关系，在任意环节出现质量异常时，均可精确追溯到前段任意工艺环节数据并进行分析，来获取异常原因。

6.4.3 航空制造行业

1. 行业基本情况及转型趋势

航空制造行业，是与国家安全息息相关的高技术行业，是知识密集、技术密集、多学科集成且综合性强的产业，投入和风险也相对较高。业内专家将航空制造行业的特点总结为高可靠、高精密、高投入、高门槛、长周期。其市场规模十分广阔，民用航空方面，据《中国商飞公司市场预测年报（2018—2037）》显示，未来20年预计将有超过42702架新机交付，总价值近6万亿美元；军用航空方面，*World air forces 2019* 预计，未来20年全球将约有11400架军机需求，总价值近9120亿美元。

航空制造产业的成熟标志着大国崛起和综合国力提升，也推动了经济社会的发展和科学技术的创新。我国正处于经济结构调整和产业升级的"破局"关键时刻，高端制造是我国迈向全球价值链中高端的一个强有力的支撑，并具有为国家工业制造阶层提升指引方向的潜力。目前，航空制造行业面临着诸如数据源差异大、管理调度效率低下、模型适配性不足、故障预测能力欠缺等问题。针对这些问题，航空制造亟须从研发设计、生产制造、供应链管理、运营维护各个环节入手，提升工业互联网平台的数字化能力。欧特克、劳斯莱斯、商飞、西飞等国内外行业龙头企业正在开展网络化协同，意图以此打破僵局，逐步打造设计、制造、管理、服务一体化的全流程平台。

2. 典型应用场景

（1）工业互联网协同设计平台

我国航空制造呈现区域协同的特点，一个完整的制造过程需要多个研究所、主机厂、整机厂等"多所多厂"设计人员协同参与设计、总装，涉及海内外系统设备和机体结构等多方、多家设计和供应商合作。更复杂的是，传统航空航天行业研发设计过程中，二维、三维辅助软件存在混用的情况，在工具、模型种类、数据格式、接口定义、操作规范等方面差异较大。由此导致研发设计流程冗长，研发成本较高。目前，业内逐渐基于MBD研发设计模式展开应用推广，将三维模型作为唯一标准化数据源，用以进行后续几何、工艺、质量和管理等属性的标注。借助统一标准，解决行业的数据差异问题，打破行业研发设计的时间、空间和组织机构限制，大幅度降低跨专业、跨部门、跨企业协同研发设计门槛。

（2）全生命周期的动态管理

从工艺设计、制造检测、服务运行，到维护维修、退役，整个过程涉及大量的工业数据。依托物联网、大数据和云计算等相关技术，将相关产品研发、设计、制造、维护、退役过程中的全生命周期产生的数据汇总至工业互联网平台。通过工业互联网平台，实现企业对供应链中信息的全面收集、整合与管理；进一步借助数据分析，及时发现制造工艺、产品质量、仓储物流、协同制造等各方面的问题，提高供应链抗风险能力，保障生产质量，提高客户满意度；对数控机床的运行数据进行实时采集，构建数字孪生工厂，通过实际生产与数据模型的不间断比对，及时发现异常，完成告警。通过实现人、传感器、生产设备和云端等各节点的互联互通，打通研发、生产、仓储、运输等环节"数据孤岛"，能够有效构建大协作、大配套的生产管理体系，实现产品全生命周期的动态管理。

（3）智能生产

航空产品研制是一个技术高度密集而又繁杂的过程，其内部工程结构往往十分复杂，制造工艺精密，维护拆装困难，对技术人员和工程设备都要求极高。早期阶段，单纯依靠纸质或电子手册，研发、维护效率不高，还容易出现差错、难以控制。现阶段，能够通过现实增强（AR）技术，对飞行器进行"拆解"。在突出显示其内部详细零部件的同时，还能够保持部分与整体的相关性，大大降低工作人员的任务难度。尤其是针对各个微小部件的组装和拆卸过程，利用AR仿真模拟复杂的组装拆卸过程，能够大大提高工作效率。人工智能对传统航空发动机产业起到了颠覆性作用。智能检测技术节约了人力，避免了人员操作误差，直接提高了生产速度。例如借助机器视觉技术控制热障涂层喷涂；使用智能算法优化生产线设计方案以达到最高的效率；借助智能算法优化航空发动机使用方案，以最少的燃油达到最大的效率；利用机器视觉技术来检测失效或断裂的部件。

6.5 本章小结

工业互联网是工业体系与信息技术的融合，本章在工业互联网体系框架下，介绍了工业互联网核心重点产业的发展现状及工业互联网产业的培育途径，即从关键技术研究、标准体系构建、解决方案培育三个方面着手。其中：

在工业互联网创新发展中，将独立技术联系起来形成一个相互关联、各有侧重的工业互联网技术体系，并在此基础上考虑将功能实现或系统建设所需的重点技术进行集合，是支撑工业互联网功能架构实现、实施架构落地的重要前提。工业互联网的核心重点技术包括5G、工业人工智能、边缘计算、区块链、数字孪生。

标准化是实现工业互联网的重要技术基础，立足工业互联网产业发展实际，构建一套具有综合、统一、开放特征的工业互联网标准化体系，对工业互联网产业的持续、健康、有序发展有着重要的支撑和规范引领作用。工业互联网标准体系主要由基础共性标准、总体标准和应用标准构成。

我国制造业门类众多、差异较大，尤其不同行业、不同企业的制造水平参差不齐，各自数字化转型的策略、面临的痛点也各不相同。在进行工业互联网产业培育过程中，要坚持围绕行业数字化转型趋势，从传统行业自身痛点出发，完成数字化转型。

习题

1. 工业互联网的发展会经历哪五个阶段？请以你了解的一个工业企业为例，描述它的一些工业互联网应用特征，并通过这些特征，分析它处于工业互联网发展的哪个阶段，下一步该企业可能会如何发展工业互联网？
2. 工业互联网的核心产业有哪些？请以一类工业互联网核心产业为例，了解国内外这类产业的发展现状，包括政策指引、最新技术和标准发展情况等。
3. 工业互联网的技术体系框架是怎样的？核心重点技术都有哪些？
4. 工业互联网标准体系具体包括哪几类标准？我国工业互联网重点领域标准化发展进程如何？
5. 工业互联网对垂直行业的赋能主要体现在哪些方面？举例说明。

参考文献

[1] 李海花．工业互联网的发展历程及实现路径［J］．互联网天地，2019（8）：23–27.

[2] 徐晓兰．工业互联网是经济高质量发展重要引擎［J］．中国科技财富，2019（12）：6–8.

[3] 中国信通院．工业互联网产业经济发展报告（2020 年）［R］．北京：中国信通院，2020–3.

[4] AII 成员在行动丨构筑融合型产业体系，中国信通院推动工业互联网加快发展［EB/OL］．工业互联网产业联盟．2020–6–19.

[5] 余晓晖：大力发展工业互联网平台 助力制造业高质量发展［N］．人民邮电报，2020–6–4（03）.

[6] 刘晓曼，全湘溶，李姗．国外工业互联网安全发展概况［J］．保密科学技术，2020（5）：20–26.

[7] 邹雄飞．工业自动化上市公司投资价值研究［D］．杭州：浙江大学，2020.

[8] 岳秀江，孙洁香．工业控制装置可编程逻辑控制器（PLC）自主创新技术和产业发展战略研究［J］．自动化博览，2018，35（10）：66–70.

[9] 中国信通院．工业机器人市场规模到 2024 年将达到 8000 亿美元［N］．信通院每日 ICT 要闻，2019–11–14.

[10] 付欣然．中国工业机器人“产业链—创新链—资金链”的三链协同研究［D］．大连：大连理工

大学，2017.
[11] 前瞻产业研究院．2018年智能制造装备行业现状及趋势［J］．电器工业，2019（8）：39-45.
[12] 工业互联网产业联盟．工业互联网体系架构（版本2.0）［R］．2020-4.
[13] 王凯，王静．工业互联网边缘计算技术发展与行业需求分析［J］．中国仪器仪表，2019（10）：67-72.
[14] 沈彬，李海花，高腾．工业互联网技术洞察［J］．中兴通讯技术，2020，26（6）：34-37.
[15] 威廉·穆贾雅，林华．商业区块链：开启加密经济新时代［J］．理财，2016（12）：80.
[16] 清晨．区块链赋能工业互联网［N］．人民邮电报，2020-3-18（03）.
[17] 于勇，范胜廷，彭关伟，等．数字孪生模型在产品构型管理中应用探讨［J］．航空制造技术，2017，60（7）：41-45.
[18] 周宝冰．工业互联网关键技术之数字孪生［N/OL］．中国工业新闻网，2019-4-17.
[19] 工业和信息化部，国家标准化管理委员会．工业互联网综合标准化体系建设指南［R］．2019-1.
[20] 工业互联网产业联盟．工业互联网标准体系V2.0［R］．2019-2.
[21] 赛迪智库信息化与软件产业研究所．工业互联网平台赋能重点行业数字化转型方法论白皮书［R］．2020-4.
[22] 工业互联网产业联盟．工业互联网垂直行业应用报告（2019版）［R］．2019-2.
[23] 工业和信息化部．2019年中国电子信息制造业综合发展指数报告［R］．2019-3.
[24] 中国商飞．中国商飞公司市场预测年报（2018-2037）［R］．2018-11-6.
[25] Flight International．World air forces 2019［R］．2019.

第 7 章　工业互联网应用融合

两化融合领域的著名学者王安耕先生指出，两化融合的深入过程，也是互联网应用不断深入的过程。工业互联网的主要应用价值在于两个方面：一是促进社会分工的细化和企业生态的重构，二是促成若干新技术的产生。

本章主要介绍工业互联网应用融合的相关内容。7.1 节从数据搜集管理、设备上网及两化融合深入发展角度，回顾了工业互联网的发展；7.2 节介绍了工业互联网在企业内部的应用，很多优秀的案例往往发生在大企业的内部，通过工业互联网等技术实现管理与控制的融合，提升企业的管理水平；7.3 节从社会分工与生态环境、供应链的优化与重构及工业互联网与企业创新三个方面介绍了工业互联网在企业间的协同应用。

7.1　工业互联网应用的序曲

本节介绍工业互联网概念提出之前的企业实践。

工业领域的技术创新往往是由需求驱动的，先进企业的实践往往走在理论和概念提出之前。在工业互联网的概念提出之前，企业就意识到了数据联网的重要性，并开展了许多卓有成效的探索，这些探索与工业互联网是一脉相承的。回顾历史，能帮助我们更好地理解技术的现在和未来。

7.1.1 “数据不落地”的实践

这个案例用于理解技术发展的“需求驱动”。

钢铁行业是重要的基础工业，钢铁产量曾是衡量一个国家经济社会发展水平的重要指标。许多先进技术，往往能够较早地在钢铁行业得到应用。计算机和互联网技术也不例外。20世纪70年代，日本等发达国家的钢铁企业不仅采用了计算机管理和控制技术，还实现了工序之间、各级计算机之间的信息互联互通，显著地提高了企业的管理和技术水平。

德国工业4.0推崇在流水线上实现个性化定制的生产模式，而这种模式需要信息集成来支撑。事实上，钢铁行业几十年前就在做类似的事情，被称作“按订单组织生产”。这种生产方式对网络互联提出强烈的需求。

按订单组织生产是市场的需求。钢铁是工业界使用最广泛的材料，它的用户种类和需求千差万别。高端客户对品种和规格的要求都是个性化的，导致在钢铁行业有一种特殊的现象：用户定制的“期货”往往比市场上直接购买的“现货”贵。这是因为，“期货”是按照用户指定的成分、性能、尺寸等需求生产的，而“现货”只是标准的产品。满足用户对定制化的需求，往往是高端钢铁企业追求的目标。

钢铁的品种繁多，一个钢铁企业可能生产近千种成分体系的钢材，而钢材的规格尺寸、表面处理方式等还需要按照用户的需求制定。若把这些需求综合起来，一个企业产品的种类就数以百万。这给生产管理带来极大的困难。钢铁生产的工序繁多。按照订单组织生产时，需要在每一个工序准确地跟踪物料，几乎每个工序都要根据合同要求设定技术和工艺标准，否则就会在交货环节产生混乱。只有管理水平高的企业，才能采用这种生产组织方式。

日本的新日铁是世界上技术和管理水平最好的钢铁企业之一，很早就采用了这种生产组织方式。起初，新日铁的钢产量较低，不到100万吨，能够靠人工管理。但是，当产量发展到600万吨时，人工管理就力不从心了。幸运的是，新日铁的管理升级赶上了计算机技术的大发展，于是，新日铁开始采用计算机管理。计算机管理要做的事情之一，就是把信息集成起来。比如，材料从一个车间进入另外一个车间时，物料跟踪不能中断，这样就要求车间之间存在信息的横向集成。同时，材料进入某个工序时，要按照合同的要求设定工艺和控制参数。这样，就要把管理计算机中的信息与控制计算机的信息集成起来，于是就产生了所谓的纵向集成。

信息集成不仅促成了钢铁企业的“按订单组织生产”，也大幅提升了其管理水平。例如，某个信息化水平低的企业，曾导致年报中漏记了2万吨的钢坯。如果用计算机规范管理生产，随时可以知道每块钢坯的位置和去向，就能避免发生这样的问题。

宝钢是我国70年代末开工建设的第一个现代化钢铁企业。在建设之初，就意识到信息互联的必要性，希望能够引进日本钢企的相关技术，但被日方婉拒。

通过应用相对原始的通信技术，宝钢的技术人员用RS232、Modem等简易的技术手段，把各个工序的计算机联系起来、把过程数据与管理数据联系起来，同样保证了生产组织的正常进行。在当时，还没有工业互联网的概念，人们甚至对互联网的概念也很陌生。所以，当时人们把这种系统称为“数据不落地”。通过这个系统，宝钢打出了我国工业企业第一张计算机自动生成的生产报表。

“数据不落地”强调的是数据流动在网上走、避免人的干涉。从现在的角度看，这不仅把多个管理系统的数据连接起来，还把设备的实时数据与管理系统连接起来。所以，这项工作可以看作我国在工业互联网领域实践的序曲。

7.1.2　设备上网的探索

罗罗公司是英国著名航空和发动机制造商。发动机是飞机的心脏，一旦飞行时出现故障，可能导致机毁人亡的悲剧。为了避免故障发生，发动机需要进行日常性的维护并定期更换一些部件，成本高昂。从飞机发动机的整个生命周期看，购买发动机的成本不到 30%，其他 70% 的成本都是用来维护的。传统上，设备是由设备使用方，也就是航空公司来维护的。但有些小的航空公司，自身的设备维护能力薄弱，需要发动机制造商承担维护业务。

罗罗公司意识到这是一个拓展业务范围的机会。

为了方便维护，罗罗公司开发了一套预测故障发生的发动机健康管理系统（EHM）。公司在飞机发动机上布置了很多传感器，利用实时卫星向地面运营中心传送这些数据。EHM 系统根据传感器数据所反映的情况，确定发动机的健康状态，进一步确定何时进行部件的更换或维护。这样，就可以在保证设备状态安全的前提下，降低维护成本。

设备制造商对设备本身的理解更深。设备制造商从事维护工作时，具有天然的优势。但是，如果制造商不了解设备使用的具体情况，优势就发挥不出来。通过互联网技术，可以让设备制造商实时深入了解设备的使用情况，制造商的优势也就容易发挥出来了。

现在，全球有数千台现役飞机发动机安装了 EHM 系统，使其优势更加突出。这是因为：连接的发动机数量多，数据积累就更多；数据积累多，就便于从数据中提取知识。例如，一台飞机发动机正在发生的故障，很可能在另一台发动机上也发生过，这样，过去的维修和处置知识就可以被借用。罗罗公司用这些实际飞行过程中产生的知识，更好地服务于客户，也可以更好地改进自己的设计。

这种模式取得了很大的成功，使罗罗飞机发动机公司的主要业务收入，从设备制造转移到了设备维护，顺利地完成了“从制造到服务”的转型。

通用电气公司（GE）除了生产高端设备，还对某些设备提供维护服务。为了便于维护设备，他们将设备的信号与互联网相连，以远程了解设备的运行状态。

GE 的工程师在生产实践中发现，有很多设备的报修问题其实很容易解决，只要现场操作人员按一下某个复位按钮就可以了；还有一定比例的故障，可以通过网络传来的信息找到原因，维护人员只要带着备件到现场更换一下就可以了；只有少部分故障需要维护人员亲自到现场检查。这样，设备联网能够显著降低维护人员的工作量。

在这些实践的基础上，GE 公司于 2012 年提出了“工业互联网”的概念，引发了世界性的关注。

我国很多的成功实践，也发生在工业互联网的概念提出之前。如风电、石油钻探等行业，设备往往布置在荒无人烟的地方。于是，如金风科技、塔里木油田等企业在设备上安装传感器，用互联网把信息传递出来，实现了设备的远程点检和监控。

7.1.3 两化融合的实践

两化融合逐步深入的过程，往往就是信息集成不断深入和延伸的过程。

中国企业跨部门的信息集成，通常首先发生在销售 – 生产 – 采购 – 财务这条供销链上。随着各个行业的技术发展，高端制造行业更重视产品设计和制造信息的集成；大型流程行业则更关注自动化系统和生产管理系统的信息集成。

在实践中，跨部门信息集成的成功率并不高。导致这种现象的主要原因之一，是盲目模仿别人的做法，低估了企业的个性化程度。要想成功实现信息集成，首先要把企业特有的问题分析清楚。

在推进两化融合的过程中，人们总结了很多有效的经验。“一把手工程”就是其中之一。根据这条经验，企业的一把手必须重视，才能把信息化工作搞好。这是因为，信息集成的过程中，经常会遭遇部门和个人私利与公司整体利益冲突的情况。需要企业的一把手出面，来平衡各种利益关系。

除此之外，有人还总结出“二把手工程”的经验，即企业必须指派内行的高管主抓信息工作。提出这种做法的原因是：企业的一把手精力有限，需要关注的问题非常多，不可能关注到信息化工作的细节，需要“二把手工程”来解决这个问题。

7.2 企业内部的应用

实践表明，工业互联网在公司内部的实践，往往起源于大企业。这有多方面的原因。首先，大企业生产过程中涉及的物流、生产工艺等方面信息繁多，互联网的优势容易体现出来。其次，大企业有人力、物力方面的优势，技术进步带来的经济价值往往也大。最后，大企业的设备条件先进，基础相对较好。在企业内部，工业互联网最显著的作用是提升了企业的管理水平。

7.2.1 企业的计算机系统

大型工业企业往往有数量庞大的计算机系统，有的企业拥有数以千计的服务器。这些计算机系统往往被分成若干级别。

多数制造业的计算机系统被分为三级：基础自动化级（BA）、制造执行系统（MES）和企业资源计划系统（ERP）。其中，BA 主要负责阀门、设备级的自动控制；MES 主要负责车间内的生产管理、计划调度等；ERP 则负责企业的产供销计划和人财物等的管理。

钢铁行业计算机系统往往分为四级，分别被称为 L1（Level 1）~L4（Level 4）。其中，L1 的功能大体与 BA 系统相当；L2 为过程控制级，主要负责大型设备的协同控制；L3 大体相当于 MES，主要负责车间级的生产计划和执行；L4 负责公司级的管理，大体相当于 ERP 系统。

这些系统又被进一步归类。级别较低的计算机系统（L1、L2、BA）一般被称为自动化系统，级别较高的计算机系统（L3、L4、ERP）常常被称为信息系统。

自动化系统的特点是实时响应速度快，一般由机器自动控制，但控制的范围相对较小，数据存储量少、周期短；信息系统实时性要求低，主要由人工管理，但系统涉及的空间范围却很大，涉及的部门多，数据存储量大、周期长。

自动控制有很多优势。除了降低人工成本和劳动强度，还可以提高控制水平。自动控制系统的响应速度可以很容易就达到毫秒级，相比之下，人类的响应速度则要低得多。所以，自动化系统的控制效果往往比人要好。

但是，信息系统却较少采用自动决策。这其中一个重要的原因是：信息系统涉及的范围要比自动化系统大很多，面临的问题往往也要比自动控制系统复杂很多。例如，自动控制的前提是控制对象工作正常、没有故障，本身的特性也基本不变。但管理问题却不能做这样的假设。信息系统的管理范围至少针对一条产线。产线上某个设备出现故障时，就相当于“系统”结构发生了变化。所以，信息系统往往要依赖于人类的灵活反应能力。这也是计算机系统分级的原因之一。

原则上讲，各层的计算机系统之间是有通信联系的。指令是在上级计算机生成，并层层下发到下层去执行。低层计算机的执行情况也会层层上传到高层计算机，以便于管理者随时掌握生产的情况。但是，这种上传是有选择、甚至是偶发的，一般只是把生产结果或需要人类处理的特殊问题传上去，很少自动触发高层计算机的反馈和调整。在工业互联网时代，这个问题会发生显著的变化。

工业企业的计算机系统不仅针对生产过程。事实上，几乎各个部门都可能有各自的计算机系统。比如，设备管理部门、研发部门、人事部门、运输部门、安全环保部门、销售和采购部门等，都会有对应的计算机系统，企业可能还会有针对全体员工的办公自动化系统。这些系统多数是相关部门主导建立的，服务于自己部门的业务，系统之间的联系也就相对较少。

在工业 4.0 的体系中，就要把各种计算机系统联系起来、打破信息孤岛。其中，把从 BA 到 ERP 之间的系统集成称为纵向集成；把销售、制造、采购部门之间的信息集成称为横向集成；把产品设计、生产、服务之间的信息集成称为端到端集成。横向集成发展到一定程度，将会突破企业的界限，把企业之间的信息集成起来；而端到端的集成也可能会拓展到用户或企业外部的供货商。

7.2.2 计算机系统集成与企业管理

传统的两化融合往往强调管理计算机系统之间的信息集成。在工业互联网时代，特别强调管理信息与设备信息的集成。从信息来源角度看，强调管理计算机系统与自动化系统的集成；从业务角度看，计算机系统集成为提升企业的管理水平奠定了基础。

这种“集成”显著的特征之一是设备上网。设备上网最直接的用处就是提高设备管理水平。

设备工作状态稳定是生产的顺行、安全、质量、成本、节能环保等各方面的前提。在现代化流水线上，一台设备出现问题或故障时，会影响整条产线的生产效率和最终产品的质量。很多安全问题也与设备状态不良有关。设备状态良好、稳定是制造企业正常运行的基础。这样，保障设备稳定运行的维护工作就显得特别重要。

在设备管理良好的企业，一般不会等到设备出现严重故障、影响正常生产时再采取措施。工厂一般采用点检加定修的方式进行设备维护，避免故障和事故的发生。负责设备维护的人员需要按照规定的时间周期，亲临现场检查设备状态，并按照标准的要求对设备进行保养和维护，确保在下一个生产和维护周期内设备正常运转。

大型工业企业一般都有专门维护设备的部门和团队，以便于及时响应和处置各种设备问题。一般来说，工厂的自动化程度越高，工人的数量就会越少。但事实上，随着生产自动化程度的提高，产线上操作设备的工人数量虽然减少，而维护设备的人数却会增加。在自动化水平特别高的企业，设备维护人员甚至会多于设备操作人员。而且，对设备维护质量要求越高，维护的人员就越多、维护成本就越高。

企业为了降低设备维护成本、提高设备维护质量，会把设备维护外包给专业公司或人员来做。工业互联网的发展，促进了这一方式的普及化。如前所述，罗罗公司和 GE 公司都是通过设备上网的手段，向服务业渗透。

但是，设备上网并不是特别新的想法，技术上也不困难。真正的关键是经济问题。也就是说，这项工作带来的价值是否能超越工作本身花费的成本。所以，推进设备联网的关键是挖掘设备上网的价值。

对生产企业来说，设备传来的数据不仅能表征设备的健康情况，还可能蕴含产品质量、成本、效率、操作等多个方面的信息。从这些方面考虑问题，就容易发掘价值，从而促进工业互联网技术的推广和普及。从我国最近的实践来看，设备上网可以从多方面提升企业的管理水平，包括设备管理、安全管理、生产管理、能源管理、操作管理等。而管理水平的提高，对提高质量、降低成本、提高效率有极大的促进作用，并带来显著的经济效益。有人曾经做过调研：许多企业 20%~30% 的成本是管理不善导致的。所以，将工业互联网技术与管理问题相结合，会提升企业经济效益。

工业互联网能够提升企业管理水平，是有内在技术原因的。在 GE 公司的工业互联网白皮书中指出，工业互联网包括三个要素：智能的设备（也就是联网的设备）、高级算法、工作中的人。高级算法的一个重要作用，就是帮助人们更好的管理。

设备上网也会带来一系列的问题。设备产生数据的速度往往很快，可达毫秒级。当成千上万的设备把数据传到网上，人类就很难靠自己的大脑及时、有效地处理这些信息。“高级算法”的作用，就是让计算机充当人类处理数据的“秘书”。算法帮助人类实时监控和分析海量的信息数据，必要时再传给人类专家，交由他们处理。

一般来说，算法可以处理相对简单的问题，典型的是用算法发现状态的偏离或异常。一种通用的做法是：对需要关注的问题建立数字化标准，即描述设备或生产过程的“正常状态”。当采集的数据偏离这些标准时，算法判定发生“异常”，并提交人类专家处理。例如，通过采集设备的振动数据，确认设备正常时的振动范围；当振动数据超过这个范围时，算法就发出提示或报警，提请关注设备运行状态。

网络推动了监控的远程化，从而便于提高劳动效率、改善劳动环境，使人类专家的远程服务成为可能。更重要的是，信息监控的远程化可以让高层管理者能够直接了解到现场实际发生的问题及处置情况，从而提高企业的管理水平。GE 公司工业互联网白皮书的副标题是“Pushing the Boundaries of Minds and Machines”，可以理解为“重构人和机器的界面”，体现的就是人和机器的协同与融合。

借助“高级算法”工作时，就像旅行者从步行改为乘车，人类管理企业的能力可以显著地增强。管理能力增强后，成本显著降低、质量和效率显著提升，人浮于事的事情没有了，企业文化变得健康了，企业的竞争力自然提升。下面给出几个典型实例。

例 1　管线巡检

运输气体或液体的管线可以看作一种简单的设备。大型化工厂的管线总长度可达数百公里，为了保证管线的安全，需要工人徒步巡察，不仅费时费力，而且对设备管理非常不利。

为了解决这个问题，企业把与管线有关的压力、流量、温度、振动、图像等信息采集起来，通过互联网传递到监控中心。当管线出现问题时，计算机可以马上发现并自动报警，比人工巡检反应速度快了很多。工人只需在监控中心实时监控管线的状态，就不需要日常性地徒步巡检了。设备信息自动采集，也减少了巡检的人数、降低用工成本。另外，设备数据上网以后，能够准确地记录出现问题的信息和处理情况，从而便于高层管理者对基层的管理和评价。

例 2　设备集约管控

某钢铁集团公司有四座高炉。过去，每座高炉需要一组工人进行操作。高炉的运行节奏慢，操作工人的日常工作量不饱满。同时，操作工人的工作环境差、空气污染比较严重。

不久前，该企业通过设备信息上网的方式，把四座高炉操作室的数据集中在一起，并把监控中心放置到环境相对较好的地方。这样，同一批工人就可以操作四台高炉，不仅显著提升了劳动效率，还改善了工人的工作环境。

该公司还计划把国内多个生产基地的高炉设备进行联网。当某个地方的高炉出现问题时，可以让公司最优秀的专家进行远程诊断、迅速找到处理问题的最佳方案。从而有利于生产水平的进一步提高。

例 3　磅秤集约管控

工厂进料和出货往往需要经过磅秤称重。司磅是腐败高发的岗位，在有些企业，经常发现司磅与运货人员联手损害企业利益的事情。于是，企业将磅秤的有关数据上网，将司磅岗位从现场移开，隔绝了企业内外部人员的直接接触。同时，数据上网以后，便于企业对司磅岗位的监督，从而大大降低了腐败的可能性。另外，多台磅秤的数据聚集在一起，一个人可以操作多台磅秤，从而有效提升了用工效率。

例 4　汽车生产效率提升

广东的一家中日合资汽车企业，采用工业互联网技术，将生产设备的信息上网。通过工业互联网实现信息集成，缩短了工序之间的停滞时间，每个小时可以多生产两辆汽车。这样，系统的开发成本在两个月内就回收了。事实上，这家生产日系车的企业原本就有较高的管理水平，工序之间的停滞就非常短。但是，利用工业互联网技术，可以发现一秒乃至更短的停滞时间；也只有利用计算机，才能把这么短的时间停滞发现并利用起来。

例 5 生产安全管理

安全管理涉及人、机、料、法、环、序等许多方面的因素。企业生产现场的情况瞬息万变，稍有不慎就可能发生安全事故。安全管理的关键是做到预防为主、防患于未然。但是，如果没有发生事故，企业高层管理者很难关注到基层安全管理的实际情况。某企业通过工业互联网技术，把与安全管理相关的数据收集上来。根据这些数据，对车间的安全情况进行打分，作为安全考核的依据，显著提升了企业的安全管理水平。

例 6 操作管理

传统上，与手工操作相关的工作总是难以有效地管理。管理不到位，质量和效率就难以有效提高。利用数字化的方法，可以显著提升这些工作的管理水平。

某生产厂在生产手机天线时，一次合格率只有 70% 左右。为了解决这个问题，企业首先找到一个技术水平高的工人，要求他带着手环操作，手环将手的运动轨迹记录下来。然后，要求别人以他的操作为标准，并用手环监控操作的相似性，以管理操作的规范性。通过这个办法，让一次合格率提升到 94% 以上。还有家汽车厂，用类似的办法将钉钉子的合格率从 95% 提升到 99.8%。

工业设备联网的前提是设备本身的智能化。也就是说，设备本身需要安装一定数量的传感器，能通过网络把传感器采集的数据发出去，并通过网络接受数字化的指令。我国设备智能化的总体水平参差不齐。一般来说，高科技企业、大企业的情况会好一点，低端技术企业、小企业的情况会差一些。设备智能化程度高的企业往往是高端技术产业，如生产芯片、电子设备的企业等。这些企业的特点是：对产品质量的要求非常高，对设备和环境的要求也非常高。设备稍有问题，就会产生大量的次品。如果问题不能迅速解决，将直接影响企业的产量和效益。为了解决这个问题，就需要在设备中安装大量的传感器，用于检查和分析设备的运行状态。在这样的基础条件下，设备联网就会变得比较容易。

设备条件不满足的时候，就要进行改造。如果设备无法传出数据、接受指令，就成为“聋哑设备”。这时，实现设备联网的前提是先治“聋哑”。对这项工作，读者可以参照《机智：从数字化车间走向智能制造》。设备改造耗费成本，还会影响正常的生产。所以，理想的情况是在建立产线或进行产线大修时采用智能设备，并实施联网。

工厂的设备种类繁杂。有些设备容易采集数据，有些则不容易做到。这时，即便把部分设备的信息采集出来，也难以发挥系统性的作用。故而，企业往往需要找到合适的切入点进行设备联网，而不能一哄而上。

7.2.3 生产过程协同与管控融合

大企业的分工很细，生产流程和组织结构都非常复杂。一般来说，企业内部分工越细，部门间的交互就越多，需要协作的工作也就越多，协同也就越困难，而信息技术可以有效地促进部门之间的协同。

协同要求部门之间的工作有效衔接。一个部门的工作完成以后，其他部门的工作必须及时跟上，尽量减少配合上的漏洞。要做到这一点，协同的各方就需要互相了解，尽早获知对方的需求和能力，提前做准备，这样就能有效地提高生产效率。

例如，在钢铁厂中，为了提高生产效率，一般以连铸工序为核心工序组织生产。炼钢是连铸的上工序，为连铸车间提供钢水。理想的情况是：连铸浇完一炉钢水，后面的一炉已经送过来了，不影响连铸的生产。同样，钢水的生产也需要辅助工序的配合。例如，需要制氧机来为炼钢提供氧气。但是，由于各方面原因，氧气供应可能存在一定的滞后。炼钢突然提出需求时，制氧环节可能来不及反应，进而可能会影响连铸的生产。

工业互联网可以用于解决这类问题。具体的做法是：让制氧工序了解连铸、炼钢工序的生产计划和执行情况，进而能够推算出连铸对炼钢的时间要求，再进一步推算出炼钢对制氧环节的时间要求。这样，制氧环节就会有相对充分的准备时间，从而减少供气不足的情况发生。当然，如果氧气系统确实没有办法满足炼钢的需求，也可以调整连铸的生产计划或节奏，避免产生氧气不足的情况。因此，通过工业互联网，可以有效解决多工序协同问题。

工业互联网可以进行更多业务部门的协同。其基本原理都是一样的：尽早、准确地了解各方的需求和变化，从而尽早采取正确的措施，避免协同中的漏洞。

未来工业 4.0 的流水线上将生产多种个性化定制的产品。这种生产方式会给企业的生产协同带来更大的挑战。要把新设计出来的产品高质量地生产出来，需要产品设计和生产部门之间实现无缝衔接。个性化定制导致原料库存的压力变大，部分原料需要在接到订单之后进行采购。因而，销售、采购、生产等部门之间的协同必须加强。个性化定制也会使生产工序之间的协同更富挑战性。如果设备、产品出现问题，需要立刻调整生产计划和工艺流程。这时，只有利用工业互联网和计算机的智能决策，才能准确无误地完成协同任务。

需要特别指出的是，工业互联网的应用，会对工业企业的传统文化带来冲击。具体地说，要从“服从”的文化，走向“协同”的文化。

现代化大工业一直是强调协作的。传统的协作方式，是把各个部门的工作要求规定好、形成标准，每个部门、每个工序按照标准要求执行。但是，生产中总会遇到各种突发、异常的问题，无法按照既定标准执行。这时，企业一般采用“服从”的原则。企业里常见的服从原则包括：下级服从上级、上工序服从下工序、辅助流程服从主流程、工艺服从产品、设备和控制服从工艺、企业服从客户。

制定这种服从的原则是必要的。遇到问题时，企业必须迅速做出决策和行动。“服从”原则其实就是找出“临时负责人”。但是,“服从”原则本质上都是“一刀切”的做法。“一刀切”常常是不合理的：上级不是全能的、做出的决策未必合适；下工序、主流程、用户的要求也不一定合理。

一般来说，人们为了完成自己岗位的任务，总是试图申请和使用更多的资源。比如，采购方为了满足生产需求，可能会增加不必要的库存；上工序为了满足下工序的需求，往往设置更大的质量裕度，而更大的质量裕度往往会导致成材率的降低、成本的上升；能源系统为了满足主流程生产线的要求，可能会导致过多的能源浪费，等等。这样,“一刀切”式的服从就会带来整个企业的成本上升、效率降低、质量下降。一般来说，企业越大、这样的现象就越严重。

过去，人们虽然知道问题的存在，却没有更好的办法。例如，上下工序出现矛盾时，必须马上解决；否则，就会影响生产的正常进行。但是，解决矛盾时必须有个合理的仲裁。领导和专家往往不清楚现场实时发生的事情，没有办法给出科学、及时的“仲裁”。这样，问题必须在基层解决。要快速解决问题、避免扯皮，就必须由其中的某一方负责决策。由于上工序是下工序的用户，只能让上工序服从下工序。所以，工序服从这种“一刀切”的做法是不得不做的，这就是强调服从的必然性所在。

然而，在工业互联网的背景下，就有了解决这个问题的更好的方法。只要把“仲裁”的科学逻辑实现成计算机“算法”，发生冲突时的实时“仲裁”工作，可以交给计算机去完成。利用大数据分析，我们可以知道评价“仲裁”是不是合理的，以便于下次持续改进。

在工业互联网的支持下，强制“服从”关系转变为“协同”关系，有利于原材料和能源的优化利用，取得企业全局的效益最佳。

钢铁企业的能源系统就是典型的例子。

钢铁企业的能源系统为各个生产车间提供煤气、蒸汽、氧气等能源介质，能源介质的生产和使用必须动态平衡。以煤气为例，钢企中有许多设备产生煤气，也有许多设备使用煤气。如果某段时间煤气生产多了，就可能要向空气中排放，既浪费了资源又增加了污染；如果生产少了，又可能影响某些工序的正常生产。按照传统的观点，能源系统是辅助系统，需要服从钢铁生产主流程的需要。传统做法是，各个生产厂分别制订各自的生产计划，让能源的产供基本平衡。但是，在实际生产过程中总会产生各种变化，产供平衡就会被破坏。然而，能源管理系统一般也无权干涉生产计划的变更，导致能源产供不平衡的问题时有发生。

在工业互联网背景下，以上问题很容易解决。首先，利用工业互联网，可以在全厂范围内获得相关设备信息以及生产计划的执行信息。一旦生产现场发生变化，就能预测煤气的产供情况。在此基础上，可以授予能源管理系统一定的权限，适度调整生产计划，从而更好地平衡煤气的生产和使用。这样，既能避免煤气放散的浪费，又避免对关键生产环节的影响。上海优也信息科技有限公司在华东一家中等规模的钢铁企业中采用这种技术，一年为企业创造了 4200 万元的价值。

7.2.4 高级算法与数据集成

对工业企业来说，工业互联网的重要价值是提升管理水平。而管理水平的提升，有赖于工业互联网三个要素之一的高级算法。而高级算法的产生，又依赖于数据分析提供的知识。工业互联网带动了数据的集成，为高级算法的产生和应用奠定了基础。

高级算法的作用与控制系统中的报警、提醒功能有类似之处。传统报警容易出现误报和漏报，效果往往不理想。在工业互联网的背景下，数据的质量和完整性得到了极大的提升，解决这类问题的能力大大提高。但是，解决这类问题时，往往需要将人类专家的知识固化到计算机中，成为数字化的代码。要获得这些知识，数据分析工作就变得重要起来。对数据进行集成，对信息进行融合，可以显著提高数据分析的精准度和分析效率，数据分析能力会变得非常强大。

技术原理可以从 ERP 谈起。很多人对 ERP 最直观的理解就是“报表”。企业管理者每天通过 ERP 系统提供的报表，分析企业的经营管理情况。但是，ERP 报表只可以看到生产或经营的结果，却难以深入分析导致这些结果的原因，因而无法对生产过程进行有针对性的干预。

比如，报表中显示某天产品的次品率很高。如果管理者想知道具体原因，就需要打开多个与 MES、BA 相关的系统，分析生产过程或设备状态有无异常。如果这些计算机系统的数据没有集成在一起，检索数据的就要花费很多时间，数据分析效率就会大幅度降低。如果分析过程不方便，管理者就没有办法了解到问题发生的根源和责任方，管理的效果就受到了制约。

要解决这样的问题，就必须推动数据集成。

下面以质量分析为例，说明数据集成的作用。

首先我们需要了解工厂的技术人员是如何进行质量分析的。我们知道，现代化企业一般是按照工艺和技术标准进行生产的。当产品出现质量问题时，技术人员一般首先检查关键工艺参数，看实际值与目标要求之间是否存在明显差异。如果实际值超出工艺要求的范围，则找出导致超标的原因并加以解决。如果工艺参数没有超标，则要看设备状态是否存在问题。比如，设备的振动和温度是否正常，系统特性和响应速度是否正常等。

需要特别说明的是，设备存在问题时，工艺参数仍然可能是正常的；但工艺参数正常时，工艺过程却可能有问题。换句话说：设备或许不影响工艺参数，却可能影响产品质量。如果设备也没有问题，再去检查其他方面的问题。比如，数据采集是不是正常、操作是不是合规等。在某些场景下，质量问题可能是用户的特殊需求导致的，而不是产品本身出现异常；在另外一些场景下，原料的检验数据都是合格的，但原料本身却存在问题。

从以上质量分析过程可知，分析质量问题需要许多种类型的数据，这些数据可能来自不同的工序、不同的部门、不同的计算机系统。对一些高科技产品，生产工序有上千个，如果每个工序都独立存储数据，需要打开不同的系统才能查阅，就会严重影响数据分析效率。

综上，工程师从事数据分析时，往往不需要非常复杂的算法，而是要确认生产实际是否符合标准。工程师看到数据之后，就会形成一种分析逻辑。算法工程师只要把这些逻辑提炼出来、变成计算机代码，就可以解决大部分的实际问题。如果数据分析可以完全靠计算机自动完成，分析时间几乎可以忽略不计。

但是，如果数据分布在不同的地方且访问权限不同，就需要多个岗位配合工作。这样一来，系统切换所花费的时间要比分析本身消耗的时间长得多，从而导致分析效率的降低。

计算机分析数据的速度很快，就像乘坐飞机；人类切换系统的速度很慢，可以比作转机。可以设想：如果旅行者乘坐直达的飞机，很快就能到达目的地；但如果中途需要多次转机，旅途花费的时间就会大大延长。数据集成的作用，就相当于取消中间的转机过程，可以显著提升数据分析的效率。

例如，某企业在实现信息集成之前，分析质量问题时需要花费一个礼拜左右的时间。通过对多个管理系统以及设备系统的信息集成，让计算机自动地按照人类专家的逻辑分析，15 分钟就找到了问题的根源。这就是数据集成的意义所在。

前面讲到，对管理者来说看报表是个很麻烦的工作。随着信息通信技术的发展，收集的数据越来越多，生成的报表数量越来越多。这时，管理者就会淹没在数据的海洋中，根本没有时间看完所有的报表。这时，再多的报表都形同虚设，管理上就会出现漏洞。

对海量数据的分析问题，可以用数字化的手段解决，让机器帮助管理者、决策者看报表。一般来说，企业运行正常时是不需要过多关注的，管理者看报表的直接目的是发现异常。一个发现异常的有效方法是用数字化定义“异常”。仅在出现异常情况时，计算机才把相关数据信息推送给管理者和决策者。

所谓“异常”就是超出了“正常”的范围。所以，只要能够把正常的范围定义出来，就可以让机器帮助人们发现异常。

我们可以把人工读报表的过程称为“人找数”，自动推送异常的过程叫作“数找人”。在生产经营活动中，正常是一种常态，所以“人找数”的时间效率非常低。久而久之，人们对系统关注度就会降低。反之，如果通过不断的优化，真正有问题出现时“数找人”，没有问题时“数不找人”，就可以显著提高管理者的时间效率。数据集成及自动分析，可以帮助管理者“明察秋毫”，显著提升企业管理水平和经济效益。

“数找人”的方法简单易行，却没有被及时使用，其主要原因可归结为数据分散在各个系统当中，没有被有效集成。这样，计算机不能方便地检索数据，就没法进行有效的分析，也就没有办法去判断在什么情况下进行“数找人”。

企业信息化一般是从“人找数”开始的，因为发现问题的知识是在人的脑子中的。推进“数找人”，可以把每次成功的“人找数”记录下来，加以适度推广和界定。日后再发生同类问题的时候，就可以实现“数找人”了。

需要特别强调的是，实现“数找人”需要一个逐步丰富和完善的过程。开始的时候，“数找人”的系统一定是不完善的。“数”在没事的时候会来找人，发生误报；有事的时候反而没有找人，出现漏报。漏报和误报问题在信息系统运行初期是不可避免的，该问题可以通过前期的知识积累、数据集成的逐步完善和持续改进来解决。

总之，信息集成能够显著提高数据分析的效率，便于人们洞察企业供产销各个环节发生的问题，从而显著提高企业的管理水平。

7.2.5 工业大数据与智能决策

工业互联网能为决策提供必要的信息，是企业决策智能化的重要支撑技术。促进智能决策的另外一个要素是与决策相关的知识。这些知识更多地来源于工业大数据。从某种意义上说，工业互联网和工业大数据共同促进了企业决策智能化的发展。

我们知道，工业中有用的知识往往是人们在实践过程中长期积累下来的。很多知识并不是理论推导的结果，而是经验的记录。这些知识长期存在于人的脑子中，用于人的决策。在工业大数据时代，生产过程可以用数字化的手段完整地记录下来并加以利用。利用工业互联网平台等载体，可以将大数据形成的数字化知识沉淀下来，纳入智能化的系统中并与日常的业务活动结合，从而不断地创造价值。

只要人类参与工业实践，就会有成功的经验或失败的教训，这些经验和教训都可以作为知识被积累下来。日后遇到相同或相似问题时，就可以利用这些经验、避免这些教训。这样的逻辑自然可以用数字化的方法来实现。事实上，人类很早之前就按照这样的原理提出了一些算法，典型的如近邻算法（NN）、基于案例的推理方法（CBR）等。这些算法的原理是：遇到问题时，机器会在数据库里找到类似的案例进行模仿。

上述算法提出了多年，但应用并不广泛。究其原因，应用这些方法是有前提条件的，而这些条件并不容易满足。比如，数据的积累不够多、分布空间不够大，就不能保证找到满足算法应用的前提（知识推理前提）的数据。再比如，用数字化方法描述一个案例时，应该是完整的描述；如果描述的完整性不够、只是记录了案例的部分属性，采用上述方法时就会产生不合理的结论。

在互联网、大数据的背景下，这些前提就容易满足了。

以设备故障诊断为例。传统的设备诊断算法往往只针对某台特定的设备。特定设备出现故障的次数是有限的，每次出现的故障也不尽相同，新故障出现时，往往难以找到可以借鉴的经验。利用工业互联网技术，可以把成千上万台同类设备的数据收集并记录起来。某台设备出现的问题，很可能在其他设备上发生过。这样，某台设备出现故障时，就可以借鉴处理其他设备的经验和教训。

从某种意义上说，新一代人工智能就是在大数据背景下产生的。在工业企业，图像识别是新一代人工智能技术最典型的应用领域。图像识别的本质是模仿人的感性认识；而图像识别能力的提升，正是得益于大数据技术的出现。

质量控制和检验是图像识别最常见的应用场景。随着市场对产品质量要求越来越高，企业在质量控制与检验上的投入也越来越高。在某些自动化程度较高的企业，质量检验岗位的人工数甚至超过了生产操作和设备管理岗位。除此之外，过去许多无法实现自动化的场景，有了图像识别技术的支持，现在都能够实现自动化甚至是智能化生产。

7.2.6 相关角色与职责分工

推进工业互联网和数字化转型是需要人来实现的。我们在实践中发现，在推进数字化技术发展的过程中，需要三种角色的人员来分工协作，分别是：高层决策者、管理人员或专业技术人员、数据工程师。

第一种角色是企业的决策者。决策者的一个重要任务，是提出企业发展的战略方向。比如，为用户提供个性化定制的产品、推动为某个战略用户供货、业务重点转移等。这种改变涉及资源配置的调整，以及组织和流程的改变，需要决策者推动。企业的数字化转型，是服务于业务需求的。如果业务需求不明，数字化转型难以推动。另外，与管理有关的变化往往涉及部门和个人的利益。在推进工作中，会遇到各种人为的阻碍。这时，需要高层管理者解决这些问题。

第二种角色是专业人士和各级管理者。他们直接面对的是企业的具体业务问题。推动工业互联网技术时，需要将具体的业务问题转化为数字化问题。企业的管理和专业技术人员（非 IT）往往有能力提出既有价值又有条件解决的项目。他们的选题和解决方法，往往针对企业现有的业务和流程，目的是改善具体的管理指标，如效率、质量、成本等。与企业实际结合紧密的问题，更容易创造价值。

选题的关键，首先是价值的发现。经验表明，可以通过管理优化来挖掘的价值往往是具有隐蔽性的。因为相关问题往往与管理不善、知识不精、协同不好等因素有关。对此，利益相关者往往倾向于隐瞒或者淡化问题。所以，高层管理者往往是看不到、甚至是意识不到的。事实上，如果高层管理者能够清晰地看到这些问题，问题可能早就解决，也就不存在了。所以，价值发现往往是有难度的。合理的选题后，才是数据工程师的工作。

最后一种角色是数据工程师。数据工程师面对的往往是相对明确的技术问题，就是从数据里获得知识。他们的工作往往可以分成两类：一类是根据结果找原因（根因分析），另一类是根据原因找结果（模型）。实践表明，从事这些工作的关键是把数据分析知识与业务知识融合。如果融合不好，就很难单纯从数据中得到可靠的、适合工业应用的结论。

数据分析与专业知识融合的过程可以描述为：利用人的知识、针对人的盲点。这里所谓的“人”，主要针对那些掌握特定工业知识的专业技术和管理人员。这是因为，问题的发现和定义、解决方案的提出、数据特征的提取等，都要遵从工业领域的专业知识。数据工程师在进行数据分析之前，专业技术人员往往已经有若干不一定完善的想法，数据工程师理解这些想法是下一步工作的基础。实际上，数据的作用主要是用来印证、清晰化、选取和修订这些想法。在尊重人类知识的前提下，算法往往只是用来发挥计算能力强大的优势。

“针对人的盲点”主要是指针对人们对数据本身的错误认识。有时，通过专业技术人员对数据的分析却找不到问题发生的原因。其原因在于，专业技术人员过度相信数据的准确性和合理性。事实上，数据有时候会出现异常、偏差，检测数据不等于实际数据；同样，检测数据稳定也不能代表生产过程稳定。这个时候，要针对专业人员的这个“盲点”进行分析：根据其他的数据判断关键数据的准确性、合理性、代表性。典型的做法就是根据设备数据判断工艺是否正常。

数据分析和建模过程中遇到的困难，往往源于数据本身的质量不能满足工作的要求。数据质量不理想时，数据既不能证明一个猜测正确，也不能证明一个猜测错误，只能发现若干种可能性。事实上，如果数据质量达不到一定的要求，分析师水平再高都无法解决问题。进入大数据时代最重要的标志，就在于数据质量的显著提高。

所以，为了让数据分析和建模工作能够顺利进行，需要事先把基础性工作做好。所谓基础性工作，就是在数据采集、传输和存储的过程中，尽量提高数据的质量（如数据的完整性、对应关系的准确性、采样频度的合理性、采样时间的准确性、数据的精度等）。

需要特别指出的是，数据工程师尽量不要抛开工艺机理，采用纯粹的数据分析算法。这些算法如果不能与工艺机理相互配合和验证，大概率不能满足工业企业对算法可靠性的要求，故而很难成为实用技术。

数据工程师不了解业务、专业工程师不理解数据分析、技术人员没有授权、决策者不懂技术等现象，是推进大数据应用的过程中常见的障碍。各种角色的人必须有效地协作，才能把工作做好。

7.2.7　对平台的要求

工业互联网平台是推进工业互联网应用的工具，是知识沉淀的载体，是实现智能化的基础。

工业互联网的应用是一个持续改进的过程，不可能一蹴而就。其原因在于，工业互联网涉及多个部门之间的业务联系。理论上讲，网络中节点之间的联系是节点数量的平方关系，当网络中的节点过多时，人们就难以预先想清楚系统的功能。所以，平台上的功能往往需要持续完善。功能完善的过程，往往是数字化的知识不断在平台上沉淀的过程。

持续完善的要求意味着，工业互联网系统的建设不像传统的信息系统建设，可以自顶向下地设计出主要的功能，并在相对较长的时间内保持不变。作为支撑持续改进的系统，应该具有更好的灵活性、可靠性和可拓展性。平台应该让知识的沉淀过程和管理过程变得简单、高效、低成本。从长远角度看，这是决定平台生命力的关键因素。

工业互联网平台是支撑持续改进的工具。我们设想一个场景：如果在工业互联网平台上增加一个功能能带来10万元的效益，而工作本身的成本却是20万元。在这样的场景下，“持续改进”就会中断；反之，如果工作本身的成本只有5万元，“持续改进”就能够进行下去。

所以，平台能否支持持续改进，关键是提高知识沉淀过程的效率和质量，降低工作成本。为了实现这个目标，平台应该支持相关工作内容的重用，尤其是数据、算法和模型的重用。而数字孪生技术对于实现数据、算法和模型的重用具有先天优势，该技术可以广泛地用于离散和流程行业。

7.3 企业间的协同

工业企业的任务，是通过知识和设备、原料等物质资源，生产出满足社会需求的产品。在社会分工的背景下，企业所需的很多资源不是自己拥有或生产的，而是从外部购买的。企业之间通过实物或知识产品的买卖关系形成供应链，进行分工协作。在人类发展的历史上，分工一直促进着生产力的发展，而分工的细化程度往往反映出一个行业或地区的生产力发展水平。从企业的角度看，分工细化能够让企业聚焦在自己擅长的领域，从而提高竞争力。工业互联网能够促进企业之间的协同，带动分工的细化。

7.3.1 社会分工与生态环境

从提高生产效率的角度讲，企业应该聚焦主营业务，发挥自己的专业特长，把次要业务剥离出来。但现实却不都是这样。外购资源时往往要付出额外的代价，除了税务、运输、时间成本外，协同不畅也会带来很多问题。典型的问题包括交货期不准、不能足量供货、质量不符合要求等。为了应对这些问题，企业要采取一定的保障措施，比如，用库存防止供货不及时、用中间商保证服务到位等。这些手段都增加了企业的成本。利用互联网，供应链之间的协同关系可以得到加强，从而降低相关的成本。

目前，一种典型的做法是：企业与供应商之间的ERP实现互联。供应商能够随时知道下游企业的生产计划，根据下游企业的计划随时供货，最终按实际供货量结算。例如，汽车主机厂和零件供应商之间，钢板剪切加工中心和家电生产企业之间，都经常采用这种模式。这时，企业之间的协同水平与企业内部车间之间的协同水平基本是一样的。

多数情况下，企业间的协同程度总是不如企业内部。如果企业间的协同不畅带来更多的问题，企业会倾向于将一些业务纳入自己能够管控的体系内。所以，企业的业务聚焦总是相对的，现实中的分工并不是越细越好。

分工细到什么程度最好，与企业外部的环境有关。过去，社会的综合发展程度不能满足企业需求时，大型国企常常有自己的学校、医院，即所谓“企业办社会”。这其实是一种不得已而为之的做法，会其降低企业自身的生产力水平。因为企业的业务范围扩大，会导致管理能力受限、核心竞争降低。

在工业互联网时代，协同的技术手段提升了，企业间的协同能力加强了。当协同能力到达一定程度，企业可以进一步把非核心业务分离出来，从而聚焦主营业务。同时，那些被剥离或者独立出来的业务，又可以组成新的经营主体，为社会提供专业化的服务。所以，在工业互联网背景下，企业的生态环境就会发生变化。

“共享经济”就是这样的逻辑。例如，部分企业为了业务方便，往往拥有自己的车队，但企业车队的日常利用率往往不高。在互联网时代，公司很容易通过网约车获得社会资源。这时，企业就不再需要配置自己的车队，转而利用社会资源。换句话说，车队的资源可以剥离出去，对企业经营更加有力。

再如，通过设备上网可以把设备维护工作外包出去。可以想见，通过数字化和网络化技术的推进，企业之间的协同能力会不断增强，服务外包也会越来越多，企业的业务也就能越来越聚焦。相应的，企业的外部生态环境，就会与现在有着显著的不同。

7.3.2 供应链的优化与重构

近年，电商、共享经济成为社会热点。从理论上讲，共享经济的方法和理论，也可以推广到工业企业。但是，由于个人和企业采购面临的风险不一样，将共享经济的方法和理论应用到工业企业中，会产生差异性的结果。

个人购买产品时的风险相对较小。一般情况下，个人购买错误所导致的损失，最多相当于产品本身的价格。但是，工业企业的采购中，一旦采购错了，损失有可能会扩大很多倍。比如，某企业购买钢材的成本占总成本的1%。但如果买到的钢材不合适，导致成品不合格，损失可能超过钢材成本本身。所以，企业采购的原则是：首先要确定采购是合适的，其次才会关注价格。

越是高端的产品或技术，这种问题越严重。极端的情况是：一个不合格的螺丝钉可以引发机毁人亡的悲剧。

企业的采购是有技术含量的工作。质量要求特别高的企业，供货来源一般相对固定。供货方需要经过采购方的认证，才能进入采购名单。认证的要求之一，是供货方能够具备某些质量贯标的资质，以证明企业的产品质量具有一定的稳定性。在此基础上，再看供货方的产品是否能够满足实际生产的需求。经过多次生产实验、小批量试生产后，才能满足认证的需要。认证合格以后，供货方具有了供货的资格。但是，采购方会要求供货方固定生产的产线、原料、工艺等因素。而且，针对每一批的供货，还要对产品本身进行检验。

为什么不是直接检验产品本身的性能和质量，而要经过复杂的认证？一个原因是：人们其实并不确切地知道，哪些可测量的质量指标能够保证产品满足客户的需求。所以，认证的逻辑就是“实践是检验真理的唯一标准”，测试出来合适的就是合适的。同时，测量往往针对有限的产品。经过测量的产品合格，并不意味着其他的产品合格。所以，需要用生产过程的稳定性来表征质量的一致性。质量贯标和检验，就是为了保证质量的稳定性。

所以，如果找不到可靠的数字化方法，重复描述产品质量能否满足用户需求，企业就不能随便对接供应商。这是工业电商与普通电商的区别，也是“共享经济”的逻辑在工业界较难推进的原因，同时也是重构供应链的难点。

下面用两个案例来说明这类问题。

有一家工业电商平台，对接大型钢铁生产企业和下游中小企业用户。平台建立之初的目标之一是模仿“淘宝”模式，试图“打掉中间商”、降低用户的采购成本。但是，经过一段时间的实践后发现，这些中间商不仅没有被打掉，反而成了这家电商的主要客户。

淘宝模式为什么在工业界行不通呢？

经调查发现，采购钢材的中小型工业企业，需要这些中间商提供服务，以保证按时采购到合适的产品。采购钢材需要专业的知识，普通采购人员并不具备。中间商对钢铁材料有比较专业的了解，对客户的情况也很熟悉，知道哪些材料适合用户需求。所以，中间商替用户购买原料，本质上是用自己的知识为企业提供服务；而中间商赚取的差价，本质上是服务费。

这家电商发现了一个特点，这些中间商往往都是很小的企业，很多只是夫妻店。电商平台将他们称为“蚂蚁客户”。如果没有这些中间商，每个中小企业需要雇用专职的采购人员；而这些中间商，本质上是取代了企业采购人员。一个“蚂蚁客户”的中间商会服务于多家企业，本质上就是多家企业“共享”的采购人员。这样看来，中间商的存在也符合互联网促进分工、促进共享经济的历史潮流。

这个例子充分说明：工业用户对采购产品质量和数量等因素的确定性要求，会使得“共享经济”的逻辑遭遇困难。要推进工业互联网在重构企业生态过程中的作用，就要设法降低各种因素的不确定性。

下面这家企业的实践也说明了这个道理。

有一家工业互联网平台企业，号称“工业滴滴”。其业务是对接非标准零部件的生产和采购。如前所述，工业企业的采购过程中对不确定性的容忍度较低。于是，这家企业研发了一款智能软件，用来降低采购过程的不确定性。

用户需要采购非标零部件时，需要按照标准的格式和要求提出自己的需求。例如，用户所需要的零件，必须用3D数字化模型来表示，还要对材质、加工精度等提出标准化的要求。这样，用户的需求就可以用标准的数字化形式表达了。用户提出需求以后，系统对零件的成本要素进行分解，按照加工要求匹配供货商。能够在一分钟以内找到下游的供货企业，并给出报价和交货期。

然而，要做到这一点并不容易。首先，需求的提出必须是标准的。这些信息能够完整、准确地描述用户的需求，消除不确定性。根据这些信息，软件推出对供货商加工能力的要求，如机床的加工精度等。进入平台的供货商，也需要事先按照规范的要求，提供自己的加工能力信息和标准报价。根据这些信息，评价就能找到有能力加工这些产品的企业。进一步，平台从用户需求信息中提炼出与成本相关的要素，如材质、重量、倒角个数、精度要求等，再根据与供货企业的价格约定计算出价格，报给需求方。

与过去的采购模式相比，这个系统在报价方面就有相当大的优势。过去是人来报的，有时需要一周时间才能给出报价。批次小的时候，供货商甚至没有兴趣提供报价。现在，报价由机器来完成，供货商报价的时间成本就没有了。机器报价不仅速度快，还可以从成百上千家供货商中挑选。这些对采购方都是非常有利的。

与前面讲到的电商平台相比，我们可以探求这家公司成功的原因。我们注意到，对这家公司的需求方往往是大企业。他们早已习惯于用3D设计软件来设计自己的产品，有能力对制造单位提出标准的要求。所以，他们很容易按照平台的要求填写信息，并保证按照这些信息生产的产品能够满足他们的需求。这样，采购的不确定性就大大减少了。与之相比，钢铁电商面对的是中小企业，这些企业没有能力把自己的需求转化成准确的数字化模型，只依靠中间商脑子里的知识，难以让计算机直接实现对接。

当然，供货商也要把自己的能力和报价数字化，这其实也是建立一个准确的数字化模型。供货商往往是小企业，可能没有能力建立这样的模型，但他们可以委托平台公司建立。这样的模型只要一次性建立，就可以应对日后多种需求。有了这样的模型，供货商的不确定性也减小了。

总之，动态地选择供应商可以促进产业链的重构、促进社会分工和优质资源共享。落实这一工作的关键在于降低交易过程不确定性、提高产品质量和价格的可数字化度量程度，保证双方的利益，才能促成交易。这个逻辑不仅适合于物理产品，也适合知识产品。但是，这类工作的推进，有赖于商业模式的创新、需求的标准化和知识的模型化。

最后需要指出的是：工业企业对需求标准化的难度，与产品及质量要求有关。一般来说，质量要求低的产品容易用数字化的方法实现需求标准化，质量要求高的产品就难以实现需求标准化。质量需求的标准化，是个长期而艰巨的过程。

7.3.3 工业互联网与企业创新

工业互联网能够推动企业的转型创新，但为了减小转型创新过程中的风险，就需要找到合适的时机和方式。

某县有数百家生产旅行箱的企业，但每家企业的规模都不大。过去，这个产业的自动化程度低、手工操作的比例很高。随着劳动力价格的上升，许多企业开始考虑用自动化产线生产。于是，有人研制了用于包箱生产的自动化产线，设备投入可以在短期内回收。

但是，生产旅行箱的企业对技术成熟度不放心，还担心设备维护跟不上，影响正常的生产。对自动化工厂来说，设备管理很重要：没人管不行、管理不专业也不行。因为这个原因，企业对这些技术抱有犹豫的态度。

于是，设备提供商想到了工业互联网。他们在产线建设的时候，就把设备的运行状态信息提取出来，集中到一家服务型公司，专门负责这些工厂的设备维护。这个办法解决了企业设备维护时的困难，也为自己创造了市场。在这个案例中，设备企业利用行业转型升级的机会，恰到好处地利用了工业互联网技术。

该案例成功的原因之一，是相关企业集中在有限的物理空间内，设备一旦出现问题，维修人员可以很快到位。既有效地服务了用户，也不需要支出太多的交通成本。但是，如果用户企业散布在较大的物理地域内，案例策略的实施困难就会增加。于是，人们想到了其他的一些处理方法，如专家远程指导、本地人员自主操作。

河南有一家生产耐火材料的企业。经过智能化改造之后，生产车间的自动化水平非常高，已经基本上没有操作工了。但是，这也就带来了一个新问题，产品质量或设备出现问题时，难以及时发现。为了解决这个问题，这家企业在车间建设之初，就把设备数据采集上来，可以实时监控并保存在数据库中。这样，可以实时发现生产问题，也可以在发现问题后，通过历史数据来追溯问题发生的原因。

这家公司规模较小，设备技术人员实力有限，可能会遇到自己解决不了的问题。为了解决这个问题，企业将数据库与互联网相连，让德国专家帮助找出问题的根源和解决问题的方法。为了便于专家的远程指导，还有人建议采用 AR、VR 等方式。但这些技术使用的效果如何，还有待观察。

国内类似的项目还有很多，主要集中在服装、鞋帽、包箱、制伞、注塑、水泥、建材等行业。这些行业往往是传统的劳动密集企业，技术含量较低。但是，随着国内经济发展，劳动力成本越来越高，这些行业受到了严重的冲击。企业迫切的生存需求成为创新转型的动力。

国内的商业巨头也注意到了这种趋势。2020 年 9 月，阿里巴巴在杭州推出了孕育三年的“犀牛智造”项目。这个项目主要针对服装产业。阿里巴巴希望在整合产业链的同时，为行业内的企业提供技术支撑。项目的选题大概出于以下几点考虑：服装行业规模巨大，涉及 5 万亿的 GDP；工业技术水平相对较低，易于与互联网技术结合；国内已有成功探索，技术风险较小；阿里巴巴自身整合资源的能力强、资金实力强。这个项目成功以后，阿里巴巴可能会将这种模式复制到其他的企业，成为行业的技术提供商。

另外，百度等企业基于 5G 技术加工业互联网技术，针对矿山、工地等场景研制了无人驾驶汽车、无人操作挖掘机等技术，目前已经具有一定的技术成熟度。

7.4 本章小结

工业互联网技术在我国的发展方兴未艾。一般来说，推动这一技术发展的本质困难在于找到合适的应用场景并创造价值。工业互联网创造价值通常以“全局利益最大化”为目标；价值的创造过程，往往与多方的局部利益矛盾。所以，在技术推广过程中会遇很多非技术方面的困难。企业家需要通过流程再造、商业模式创新、管理透明化等手段解决这些困难。

工业互联网的影响深远，是促进经济社会发展的长久动力，值得我们付出长期的努力。但就目前来看，却有过热的趋势。总体上看，推进工业互联网的远期意义被低估，而短期的价值却被高估。这一点，值得企业家深思。

7.4.1 观点的总结

工业互联网是资源配置的工具。通过工业互联网，可以在广大的物理空间范围内实时地优化配置资源。具体到业务层面，往往表现为业务的协同、资源的共享和知识的复用。

从技术方面看，互联网的优势往往与空间范围大有关。所以，我们将其应用分成两大类：一类是针对大型企业，另一类是针对若干企业组成的生态。工业互联网可以促进协同，而协同能力的提高又导致分工的细化，最终导致企业内部的组织结构和外部的生态环境发生变化。

工业互联网技术应用的成败，最终决定于经济价值。如果技术能够为企业带来价值就容易推动，反之就不容易推动。企业的具体特点不同，即便是相同的做法，在不同企业和地区的应用效果也不会相同。所以，必须重视企业的个性化特点，反对盲目模仿套用其他企业的做法。

互联网有利于促进共享经济。但是，共享经济针对工业企业和个人的实现方式却有很大差异，本质原因在于工业用户对采购过程的不确定性的容忍度低。事实上，企业用户需求的个性化程度远远高于个人用户。所以，工业互联网的发展速度会比商业互联网更慢。

工业互联网可以促进资源的优化配置。在这个过程中，往往涉及多方的利益，并会给技术的推动带来极大的阻力。工业互联网的应用不是单纯的技术问题。

7.4.2　未来的展望

最近几年，数字孪生概念逐渐成为科技界的热点话题。数字孪生技术与工业互联网技术的结合，有望把工业互联网技术带入新的阶段。过去，工业互联网往往针对不同物理空间区域的信息集成，而数字孪生将促进不同时间段业务活动的信息集成和业务融合。

数字孪生是特定对象（如设备）的数字化描述，与普通数字化模型不同。模型一般是为满足特定应用（如温度控制）需求而建立的，建模时一般只会保留与特定应用相关的数据。数字孪生并非针对特定应用而建立的，而是针对特定对象全生命周期内跨越多个阶段的应用，如设计、制造、服务过程的应用。其中，有些应用是在持续改进的过程中提出的。在建立数字孪生的时候，数据需求并不明确。所以，数字孪生往往要把对象生命周期中的相关数据有效地保存并组织起来，以便于满足未来多类应用的数据需求。

新产品研发是数字孪生重要的应用场景。研发过程往往包含若干工作阶段。例如，机械类产品研发就包含选材、设计、测试等多个环节。如果把材料属性、设计方案等都采用了标准的数字化描述，就可以在物理产品制造出来之前，用计算机对产品特性进行仿真测试，检验是否满足预定的要求。这样，不仅可以加快测试速度，还可以代替部分甚至全部的物理测试，从而降低研发成本。在生产流程和设备全面数字化的基础上，还可以在数字空间对设计出来的“数字产品”进行“试生产”。尽快找出设计或生产过程的问题，以优化设计方案。这些做法，可以加快研发周期、提高设计质量。

数字孪生的应用还可以延伸到生产过程。生产设备是设备制造企业的“产品”。设备交付的同时，其数字孪生也可以交付给设备使用方。在设备投运后，数字孪生可进一步拓展包含设备的运行数据。设备运行数据不仅可以用于设备的维护维修，还可以支撑智能工厂的建设与运行，全面提升生产的管理和技术水平。

工业互联网与数字孪生的结合，对智能工厂建设的意义巨大。首先，数字孪生便于描述工厂相关物理系统的结构，有利于软件系统的开发。其次是便于推动数字化、软件化知识的沉淀，保障智能工厂的持续改进。

持续改进对智能工厂的意义重大。日本工业价值链参考架构（Industrial Value Chain Reference Architecture，IVRA）中，用资源、管理、行为（PDCA）三个维度来描述智能工厂基本架构。同时指出，工厂智能化不是一次性建设完成的，而是处于持续改进的过程中，需要不断地将数字化、软件化的知识在网络系统中沉淀下来，其本质是对系统的持续性修订。但是，持续修订不利于系统的稳定运行，因而对软件系统管理带来极大的挑战。数字孪生技术与工业互联网的结合，便于数据和知识的管理，有利于数字化、软件化知识的沉淀，从而保障持续改进的顺利进行。

数字孪生与工业互联网的结合，有可能对未来的产业生态带来巨大而深远的影响。

在传统的研发制造模式中，材料选择、设计、制造是三个顺次串行执行的环节。产品设计之前必须先选好材料，在此基础上进行设计。设计结束后，交付工厂生产或试生产。未来利用数字孪生技术，可以促进三者的并行。产品初步设计完成后，可以通过数字仿真的方式优化材料和加工方式的选择，并寻求设计的进一步优化。所以，三者并行的另外一个意义在于，找到材料、设计和制造的最佳组合。

这种改变，对促进技术进步有着巨大的潜力。

人类使用的材料种类繁多。仅钢铁材料的成分体系就数以千计。即便是资深的材料专家往往也只熟悉其中很少的部分。所以，产品研发时就很难做到设计与材料的最佳匹配。但是，如果计算机能够帮助人们选择材料，就可以通过遍历的算法，优化材料与设计的组合。国外某公司用类似的方法，将某个飞机零件的重量降低了85%，完全超出了领域专家的想象。由此可见，这类技术在高科技产业的应用有巨大的潜力。

在我国，材料选择方面往往有巨大的优化空间。在汽车设计过程中，通过优化材料可以减重10%~40%。但是，这种工作科技含量非常高，需要高水平专家的技术支撑，普通企业很难做到。如果能通过适当的工业软件帮助人们选材、大大降低选材的技术难度，就可以促进整个社会材料使用技术的发展，并帮助我国未来实现碳中和的环保目标。

企业之间本质上是采购与销售的关系。工业界的采购往往是技术含量很高也很重要的工作。企业采购的产品一旦不合适，可能导致若干倍的损失。这就导致了针对个人消费者的“淘宝”模式难以在工业界复制。但是，采用数字孪生和仿真计算技术，就可能帮助企业解决这个困难。这种工作成功以后，能帮助和促进企业会专注于自己有特长的领域，从而带动社会分工细化，促进社会生产力的发展。

7.4.3 机遇与挑战

在工业互联网领域，我国与发达国家几乎同时起步，也有许多独特的优势。

第一是规模优势。我国是世界上制造业规模最大、门类最齐全的国家。钢铁、水泥、玻璃等产品的产量甚至能占到世界的一半以上。工业企业是工业互联网技术的用户，工业规模大为我国发展工业互联网技术提供了理想的市场空间。我国制造业门类齐全，是工业互联网促进产业协同的基础。

第二是社会需求。中国制造大而不强、社会面临老龄化危机，企业亟需转型升级。企业可以通过工业互联网，低成本地获取优质资源，帮助企业更容易地实现转型升级。

第三是人力资源优势。我国目前每年毕业 800 多万大学生，这些年轻人会对我国发展工业互联网技术提供劳动力支持，长期推动技术的发展。

第四是我国的互联网基础优势。互联网基础在国际上是相对先进的，世界级的互联网公司，也为我国培养了大量的互联网领域人才。

最近，我国的工业互联发展非常迅速。涌现出大量优秀的案例和企业，也显著推动了我国工业技术的提升。但是，发展过程也存在隐忧。比如，多数企业积极推动技术的应用，却往往忽视了平台建设等基础性工作。对平台的投资远远低于国外企业。这对我国工业互联网的可持续发展是不利的。

习题

1. 为什么说工业互联网技术发展中遇到的困难，往往不是纯粹的技术问题？
2. 谈一谈自动化、信息化与智能化的关系。
3. 工业大数据的时代，与过去有什么不同？

参考文献

[1] 周济. 中国智能制造发展研究报告［R］. 中国工程院，2018-2.
[2] 国务院发展研究中心课题组. 借鉴德国工业 4.0 推动中国制造业转型升级［M］. 北京：机械工业

出版社，2018.

[3] 胡虎，赵敏，宁振波，等. 三体智能革命 [M]. 北京：机械工业出版社，2016.

[4] 安晓鹏. 重构：数字化转型的逻辑 [M]. 北京：电子工业出版社，2019.

[5] 何强，李义章. 工业 APP：开启数字工业时代 [M]. 北京：机械工业出版社，2019.

[6] 朱铎先，赵敏. 机·智：从数字化车间走向智能制造 [M]. 北京：机械工业出版社，2018.

[7] 工业互联网产业联盟工业大数据特设组. 工业大数据技术与应用实践 [M]. 北京：电子工业出版社，2017.

[8] 覃伟中，谢道雄，赵劲松. 石油化工智能制造 [M]. 北京：化学工业出版社，2018.

第 8 章　工业互联网生态体系

工业互联网能否顺利应用和发展，很大程度上取决于工业互联网生态体系的建设与发展。

本章主要介绍工业互联网生态体系建设中的有关内容。8.1 节定义了工业互联网的生态体系，阐述为什么要建设工业互联网生态体系，揭示线下与线上生态体系叠加共存的现实，指出未来企业竞争将演变为生态体系竞争。8.2 节介绍了工业互联网的应用生态，说明了工业互联网生态体系具有多元化的应用视角和建设维度。大企业不断构建和扩充自己的生态体系，中小微企业借助现有的工业互联网平台 / 工业云来构建自己的企业应用，最终都融入生态体系。8.3 节介绍了基于工业互联网的企业协同和区域发展体系，指出可以从企业协同和区域协同的角度来建设工业互联网生态体系，二者思考视角不同，结果殊途同归。

8.1　概述

8.1.1　如何理解工业互联网生态体系

在自然环境中，任何单一物种都无法独立生存，必须存在于丰富的生态网络环境中，且与其他生物相互作用。

自然界的生态体系是指在一定空间内所有的生物及其生存环境的总和。生态体系有以下 5 个特性：①相互作用：在生态体系中，生物之间与其生存环境之间，彼此相互作用、相互制约、相互依存，任何一种生物都无法单独生存。②平衡性：生态体系内的各要素在一定时期处于相对稳定的动态平衡状态，一旦平衡被打破，就会试图再度达到平衡状态。③系统性：生态体系可以看作是一个复杂系统，复杂系统比其低层的子系统或系统组件呈现出更高级、更全面、更丰富的功能。④ 演变性：生态体系在动态平衡中不断发展、渐变或进化，随着时间推移会向着更高级、更复杂、更先进的方向发展。⑤开放性：生态体系必须是开放系统，为了维系自身平衡性和系统演变，需要不断从外部汲取或输入能量，以维持系统稳定。

参照生态体系的定义，可以将工业互联网生态体系定义为：在工业相关领域内，所有工业互联网要素（人、机、物、平台、成员、区域、发展环境等）及其所联接的价值链、产业链上诸多要素构成的统一整体。

工业互联网生态体系也有5个特性：①相互作用：工业互联网生态体系中，所有成员和发展环境之间都是相互作用和相互影响的。因此，生态体系中不同的利益攸关方，在产业链条上应该构建利益共同体，各司其职，互惠互利，避免单打独斗。②平衡性：工业互联网生态体系中各成员之间和发展环境之间在一定时期内处于相对稳定的动态平衡状态，因此保持和维护体系内各成员的积极性和利益平衡、保持和维护平台数据流的平衡，是重要的日常工作。③系统性：工业互联网生态体系是一个复杂系统，因此要特别注重系统的顶层设计、制度设计、技术接口设计和系统性的工作安排，同时注重各子系统在整个生态体系中的表现和作用。④演变性：工业互联网生态体系在动态平衡中不断发展渐变或进化，因此要特别注重识别和引导各个子系统、各个成员、各个区域的发展方向。⑤开放性：工业互联网生态体系必须是开放系统。因此要坚持开放共享、共创共赢，引导大量工业企业、平台运营商、软件开发商、系统集成商和其他开发者加入生态体系，不断引入新成员、新技术、新标准、新链条和新模式。

工业互联网生态体系内的各个生态成员之间，相互促进、共生共存，技术上不断优化迭代，平台上不断相互联接，数据上不断融通发展，最终形成一个多方参与、资源富集、创新活跃、高效协同的工业互联网生态体系，才能为"新基建"的发展提供源源不竭的市场动力。

8.1.2 为什么要建设工业互联网生态体系

1. 生态体系中的网络协调者获益最大

根据哈佛商学院对于大量企业销售数据、利润率、资产回报率的测算和评估，得出了一个重要的研究结果：如果将商业模式分为资产建设者（Asset Builder）、服务提供者（Service Provider）、技术创新者（Technology Creator）和网络协调者（Network Orchestrator）的话，可以明显看到，不同的商业模式对应着不同的价值乘数（表8–1）。

表 8-1　不同商业模式的价值乘数

商业模式	价值乘数
资产建设者	2X
服务提供者	3X
技术创造者	5X
网络协调者	8X

显然，网络协调者的商业模式可以获得最大的价值回报。这是因为，作为网络协调者，本身就是网络化生态体系的早期投资者和持续建设者，享受了建设生态体系的最大红利——企业的利益不仅仅来自本身的、单向的业务（物质流、数据流、资金流）流动，而是得益于生态系统的不断成长。每个生态成员的贡献及利益都进行了共享，某个生态成员仅享受有限的邻近成员的贡献，而生态系统的网络协调者却获得了全体生态成员的贡献，成为最大获益者。

每个工业互联网平台企业都应该是网络协调者。在工业互联网的生态体系中，也必将在更多的结点上孕育出更多的网络协调者，让工业互联网为生态体系中的成员产生更大的价值回报。

2. 线下与线上生态体系叠加共存

自然界的任何一个生态体系，本身就是网络结构。从客观世界最基本的三要素来说，物质、能量、信息都是以“原生互联网”的形式组成生态结构的。因此，在现有的互联网中，很大一部分是自然天成的线下“原生互联网”，如森林树木的根系、地表微生物的生长等。实际上，人类是在向自然界线下“原生互联网”学习的过程中，一边建设人工世界的线下互联网，一边建设人工世界的线上互联网的。

人工世界的线下互联网有物质类网络，如陆路网、水路网、空路网、上下水管网、燃气管网、生物神经网络、生态体系网络等；还有能量类网络，如电力网、引力场网等，物质网络和能量网络都与空间环境形成了复杂的生态关系。另外，还有知识类网络，如本体论、语义网等。

人工世界的线上互联网有信息类网络，如企业内联网、外联网、因特网、万维网、知识图谱网等，它们与赛博空间中的计算机、软件等也形成了复杂的生态关系。另外，复杂的社会生态也打造了极其复杂的人际关系网络、人联网络。因此，无论在线下、线上还是人与人之间，不同类型的网络都具有广泛而复杂的生态体系。

工业互联网的产生与发展，有着其深刻的工业内生动力和生态依据。首先，工业领域的各种内生需求，一直需要建立人、机、物等工业要素的联接；其次，这种联接的网络结构和联接内容，比单纯的信息网络要复杂得多——工业互联网既要联接各种物质类的互联网，也要联接各种能量类的互联网，还要联接信息类的互联网，同时所有这些网络都可能与人际关系网络发生交汇连接。

联接了各种工业要素、覆盖了工业全价值链和全产业链的工业互联网，从其本身结构来说，在内生需求和演变趋势上，是必须要从线下生态体系走向线上生态体系的，线上与线下的生态体系是叠加共存的。因此工业互联网形成生态体系是一种与生俱来的必然结果。

3. 企业竞争将演变为生态体系竞争

伴随着工业互联网的普及应用，企业本身及其边界将会发生巨大变化，但这种变化是缓慢且难以察觉到的：在企业内部形态上，条块清晰、壁垒森严的部门边界将逐渐被打破；在企业外部形态上，开始注重优势互补、建立生态，不断建链、延链、补链、强链，并让这些链交汇成网。于是，企业就像一棵大树一样，在市场土壤中根越扎越深，根系越来越发达，并且与地面上林木参天、枝繁叶茂的企业价值链、产业链、人才链、资金链等叠加在一起，形成了看不见的线下和线上的网络关系。

不同行业的企业各有特色，聚焦点各不相同。不同的企业按照自己的经验理念，分别以管理、产品、研发或者生产为核心，形成自己的企业特色。未来，企业与企业之间的竞争，将会逐渐演变为企业工业互联网平台之间的竞争，并最终变成基于工业互联网平台的企业生态体系之间的竞争。显而易见，一个企业无法与一个生态体系中有着共同利益的一群企业进行对抗，因此缺乏生态体系建设的企业将逐渐失去持续发展的动能（图 8–1）。

同行之间存在业务竞争，非同行之间更多的则是业务互补。如图 8–1 右侧的平台甲和平台乙之间，可能存在着同时为两个平台提供服务的多个共享的合作伙伴，例如咨询、培训、设计外包、3D 打印等企业。因此，任何一个工业互联网平台都离不开多种多样的合作伙伴。

8.1.3 参与或被参与，赋能或被赋能

新工业革命在不同国家体现为不同形式，如德国的工业 4.0，法国的新工业法国，日本的工业价值链，美国的 Manufacturing USA 和工业互联网，中国的智能制造等。

我国的工业互联网，在与智能制造活动同行了一段时间之后，在各种有利因素的相互作用下，从 2017 年年底开始加速奔跑，以前所未有的速度快速推广普及

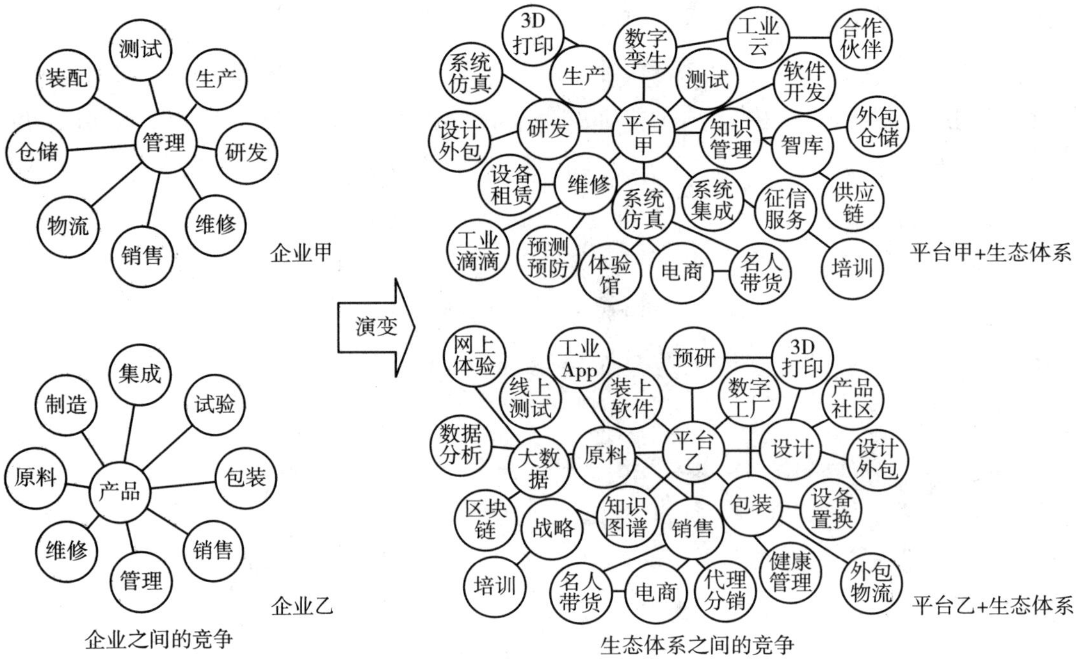

图 8-1　企业之间的竞争演变为企业生态体系之间的竞争

开来。更关键的是，与其他领域的技术（如工业技术、信息技术、通信技术等）都需要长期孕育与发展才能有意识地形成生态体系不同，中国的工业互联网发展似乎只用了不到三年的时间，就已经有较多的工业互联网平台提供商开始了生态体系建设，这是此前并未出现过的行业现象。

中国的工业互联网平台厂商，在短短的三年里从几十个发展到了几百个，参与工业互联网生态体系建设的企业、组织等更是难以计数，原有的生态、信息、技术等大部分叠加进来，形成了更为广泛、更为强大、更加互惠互利的生态价值链网。如今，工业互联网可以以其自身 2 万亿的市场带动 10 万亿的工业市场，产生巨大的产业带动效应和边际效应。

8.2　工业互联网的应用生态

8.2.1　工业互联网生态体系的应用视角

从 8.1 节所述工业互联网生态体系的 5 个特性来看，无论从哪个特性出发，都会看到工业互联网具有方方面面的生态成员、林林总总的相互作用、熙熙攘攘的数据往来。因此，工业互联网生态体系必定具有多元化的观察视角、应用视角和建设维度。

1）从工业互联网的基本构成与应用观察，具有网络、平台、安全以及应用对象四个维度。其中，网络领域包括工业以太网、工业物联网、因特网、局域网、私有云、公有云、混合云、5G、光纤网等内容；平台领域包括各种阶段、水平、属性和技术特色的工业互联网平台（PaaS）及其所支持的应用软件服务（SaaS或工业App）；安全领域包括数据安全、信息安全、网络安全、功能安全、物理设备安全等内容；应用对象领域包括所有可以应用工业互联网来产生应用价值的工业场景，如企业价值链、供应链上的各种业务活动场景，以及这些业务活动场景中的工业要素，如产品、设备、产线、流程、物料、人员等。

2）从工业互联网的需求与供给视角，具有建设者（供给侧）、使用者（需求侧）和参与者三个维度（图8-2）。供给侧主要是工业互联网（平台开发、工业App开发、数字基础设施、工业资产）的建设者；需求侧主要是各类大、中、小、微企业，有些企业也会以用户身份加入工业互联网平台的建设；参与者有政府、高校、研究院所、金融机构、线上社区、联盟、商业交易平台、泛合作伙伴等。

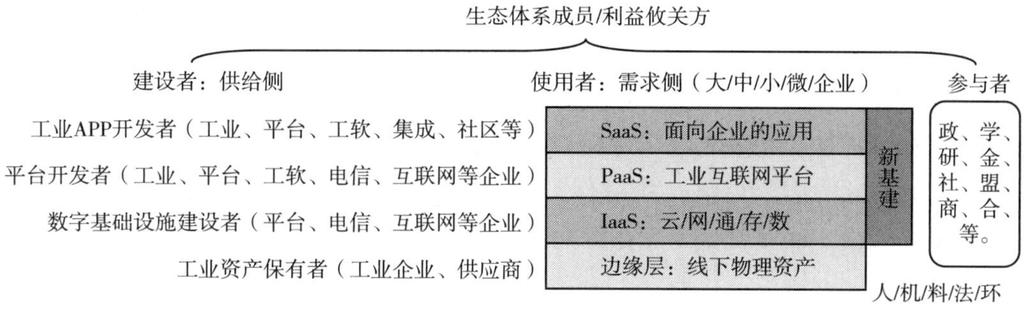

图8-2 工业互联网生态体系及成员

没有一家工业互联网平台厂商能够独自在供给侧开发出“边缘处理+云基础设施+网络管道+终端设备连接+工业知识建模+大数据分析+工业App服务……”所有的解决方案，大家都需要聚合很多合作伙伴（利益攸关方），共同构筑一种开放、共建、共享的创新生态体系。

从全体生态体系成员来看，研发企业、生产制造企业、平台企业、集成服务企业、工业软件企业、互联网企业、电信企业、智库、咨询机构、社区开发者、学协会组织、联盟、电商、中介、投资者、金融机构等，越来越多的市场主体作为生态成员加入了工业互联网平台建设、应用与推广进程中，成为工业互联网平台生态体系中的引领者、倡导者和践行者。

3）从工业资产供应链的应用视角：具有供应商、制造商、分销商、最终用户四个维度。

供应链是指围绕核心企业，从配套零件开始到制成最终产品，最后由销售网络把产品送到消费者手中的，将供应商、制造商、分销商直到最终用户连成一个整体的功能网链结构，属于典型的线下互联网。

在汽车生产供应链领域，一辆汽车大约有 2 万 ~ 3 万个零件，一级供应商（具有技术集成能力的直接供货企业）大约有上百个，每个一级供应商管理着几百个二级供应商（具有技术优势的间接供货企业），每个二级供应商后面还有大量的三级供应商（小配件、辅料企业）。通常汽车整车生产厂商都有 1 千 ~ 3 千个供应商。

在飞机生产供应链领域，一架民机大约有 500 万零件，除了一级、二级、三级供应商之外，还有四级供应商。通常民机整机生产厂商大约有 1 万 ~ 几万个供应商。

供应链的协作联合体的组成非常复杂，既可以是国内优势企业的联合体，例如国产大飞机“运 –20”的开发，就涉及了 984 个参研单位，共有 3500 家供应商；也可以是国外的优势企业联合体，某些国际化的研 / 产 / 销组合具有更丰富的协作内容，例如某手机产品是“美国设计、中国制造、全球销售”，某汽车产品是“德国研制、捷克组装、中国销售”。在这种全球化设计、全球化制造、全球化供应链、全球化销售的理念下，全球无数的供应商、次级组装商以及物流服务公司不得不互相合作，最终形成了一张覆盖全球的供应链网络。

供应商、制造商、分销商和最终用户，分布在全世界不同的国家或地区，语言和文化各自不同，需求与输入 / 输出也各不相同，本身就是一个复杂的线下互联网生态，协调起来非常困难。因此，诸如汽车、飞机等大型复杂产品的供应链管理，是极具挑战性的艰巨任务。

复杂产品的供应链管理，为工业互联网的诞生提供了巨大的工业内生需求。高速发展的现代信息 / 通信技术不断融入工业领域，与工业要素结合成为新工业要素，在工业领域传统的研发与生产的线下供应链关系之上，叠加了先进的信息 / 通信技术，诞生了工业互联网。传统供应链的要素逐渐纳入、融入了工业互联网，成了工业互联网的一部分。而工业互联网在重新梳理、诠释和优化了企业的供应链之后，在数物融合的空间中，将其重构为新的价值链网结构。

4）从价值链的应用视角：涉及内部后勤、生产作业、外部后勤、市场和销售、服务、采购、技术开发、人力资源管理和企业基础设施等多个环节。

价值链是哈佛大学商学院教授迈克尔·波特在 1985 年提出的概念。波特认为，每一个企业都是在设计、生产、销售、发送和辅助其产品的过程中进行种种活动的集合体，所有这些活动可以用一个价值链来表明，即：企业的价值创造是通过一系列活动构成的，这些互不相同但又相互关联的生产经营活动，构成了一个创造价值的动态过程，这就是价值链。

美国工业互联网联盟（IIC）的工业互联网参考架构（IIRA）给出了对跨行业工业互联网的独到理解。其中的产品生命周期维度，就是波特教授定义的价值链。该维度描述了一系列的企业活动，从产品的概念提出、需求分析、设计、研制、建造、验证、部署、运行、演进直至报废。而在工业板块维度，描述的则是工业的产业链。因此，在IIRA中已经同时包含了全价值链和全产业链的维度。它们都是工业互联网生态体系的组成部分（图8–3）。

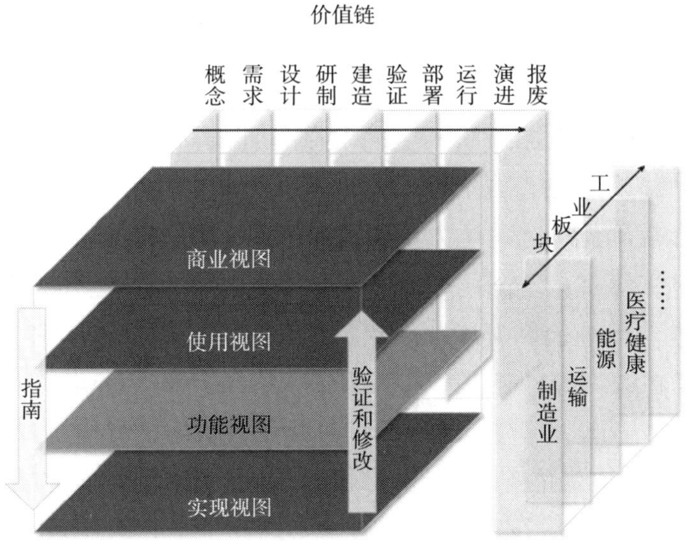

图8–3 IIRA中包含了价值链和产业链

中国的工业互联网应用成果，已经验证了工业板块维度的分类，工业互联网的应用不仅已经覆盖了制造业，也在不断向能源、交通、医疗等领域延伸拓展，涌现了一大批提质、降本、增效成果显著的企业。

5）从智造集成的视角观察：具有企业内 / 外部供应链、价值链等几个维度。德国工业4.0小组在《德国工业4.0战略计划实施建议》中推出通过“三项集成”实现智能化生产与服务模式，即：以智能工厂为单元，将各种不同层面的IT系统集成在一起（例如执行器与传感器、控制、生产管理、制造和执行及企业计划等不同层面），实现纵向集成和网络化制造系统（企内链）；通过产品全生命周期和为客户需求而协作的不同公司，使现实物理世界与赛博世界完成整合，实现产业链以及生产者与消费者的端到端集成（价值链）；将各种使用不同制造阶段和商业计划的IT系统集成在一起，这其中既包括一个公司内部的材料、能源和信息的配置，也包括不同公司间的配置，实现企业生态圈的横向集成与社会化协作（价值网）。

6）从生态成员的视角观察：具有政、产、学、研、用、金、社、盟、商等维度。政，指政府统筹协调，做好顶层规划。产，强调各类企业是工业互联网生态的主体，创新需求与研发实践来源于企业，创新成果应用于企业。学，指高校推动基础理论研究，培养复合型人才，加入工业互联网生态体系建设中。研，指科研院所和智库主导工业互联网标准、质量、安全、知识产权、案例等研究，促进研究成果产业化，对工业互联网生态起到引导和支撑作用。用，强调用户群体是工业互联网成果转化以及落地的主力军，能够提供应用需求反馈，验证技术成果，形成双向迭代，提高平台研发质量。金，指发挥多层次资本市场的作用，建立工业互联网基金等市场化、多元化经费投入机制，由社会资本参与工业互联网产业发展。社，指各种形式的开发社区是工业互联网生态的必备部分，工业互联网生态的形成，就是看是不是有足够数量的、独立于开发企业和用户的第三方社区开发人员参与进来。盟，强调无论是全国还是地方的工业互联网联盟，都是汇聚工业互联网各类参与者的重要组织形式，是国内外工业转型升级的重要内容的研究、发布、传播的关键生态载体。商，指商业交易平台是绝大部分工业品的价值体现和公平交易的场所，无论是在线下交易还是线上交易，都要最大限度地保障双方交易方便和安全。

7）从企业现场的视角观察：具有人、机、料、法、环、测、信（信息系统）等维度。人、机、料、法、环是对全面质量管理理论中的五个影响产品质量的主要因素的简称，也可以作为衡量工业互联网平台具体工作场景的生态体系指标。人，指制造产品的人员；机，指制造产品所用的设备；料，指制造产品所使用的原材料、半成品或在制品；法，指制造产品所遵守的规范与工艺；环，指产品制造过程中所处的环境。在企业要素不断细分和增加的前提下，有时候也会考虑以下两项要素：测：检验产品质量的各种测试仪器；信：所使用信息化设计与仿真手段（含预先在数字孪生体上做数字体验）。

8.2.2 工业互联网平台企业的生态体系

工业互联网平台的应用生态，由平台企业联合众多具有不同技术特色、行业知识和服务内容的平台联合打造而成。很多具有一定规模的工业互联网平台企业，已经基于自己的平台优势，发挥自身技术特色，与各界用户、各类合作伙伴合作，建设面向企业应用的工业互联网生态体系。下面介绍几种各具特色的企业应用生态。

1. 基于用户社区不断扩展生态系统

西门子（Siemens）公司借助其庞大的客户群和合作伙伴，经常发布高价值的应用程序。例如，基于自己的工业互联网 MindSphere，提出了建设基于价值链的合作伙伴和用户生态系统。围绕 MindSphere 的合作伙伴超过 500 家，并且还在不断增长。同时建立了 MindSphere World 用户社区（图 8-4）。

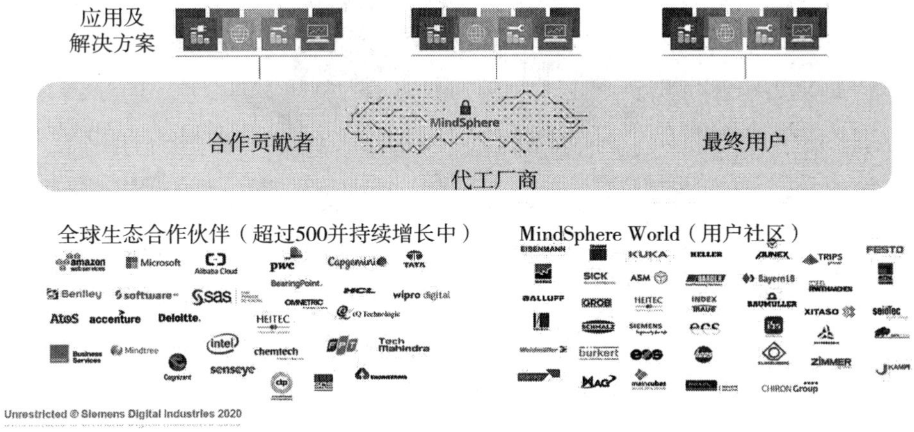

图 8-4　西门子公司的合作伙伴和用户生态系统

MindSphere 提供一系列 API，鼓励开发一系列完整的 IIoT 解决方案和服务，精确匹配客户的特定需求。这为合作伙伴提供若干机会，使他们能够在 MindSphere 的基础上构建和运营自己的数字产品。MindSphere 合作伙伴项目旨在创造客户和合作伙伴双赢的局面。合作伙伴可以提升其 MindSphere 应用程序，而 MindSphere 客户则可从大量可用的应用程序和服务中受益，解决自身面临的严峻挑战。

2. 基于战略联盟不断增加行业覆盖

美国参数技术公司（PTC）也提出战略联盟与关键合作伙伴生态系统的概念，以及覆盖多个领域的合作伙伴生态系统（图 8-5）。

图 8-5　PTC 公司的合作伙伴生态系统及战略联盟

自 2015 年起，PTC 公司围绕其 ThingWorx 工业物联网平台，大力发展解决方案提供商、业务系统分析公司、通信服务提供商、系统集成和 VAR 提供商、远程和嵌入式设备提供商等多种类的合作伙伴，构建了以 ThingWorx 为核心的庞大的生态系统（图 8-6）。

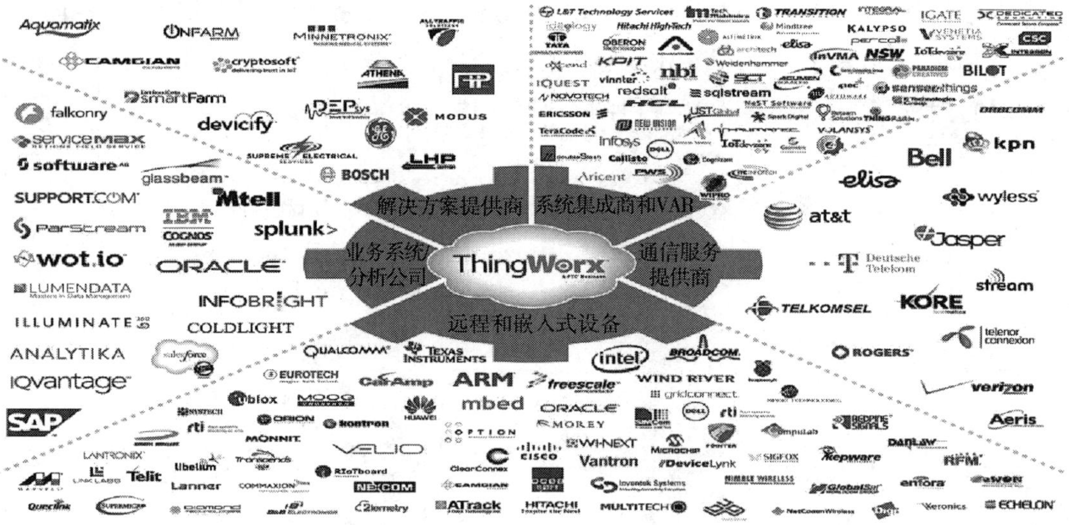

图 8-6　PTC 公司工业物联网生态系统

3. 布局和培育“生态森林”

作为中国工业互联网平台的先行者，树根互联较早意识到建立生态体系的重要性，布局和建立了自己的生态中心，开始执行“生态森林”计划。

树根互联的 ROOTCLOUD 根云平台已经服务了众多大型先进制造业企业及信息化水平薄弱的中小工业企业，覆盖了多达 61 个细分行业，打造了 14 个垂直行业云平台，并在逐步向诸多行业进行基于产业集群平台、产业链运营和跨领域新模式运营的生态拓展。树根互联的合作伙伴和产业链群体如图 8-7、图 8-8 所示。

图 8-7 “生态森林”中的合作伙伴和用户群体

图 8-8 “生态森林”中的产业链工业互联网平台

树根互联通过与 AWS 合作，在美国、德国、新加坡、澳大利亚、南非、巴西六大区域，实现了平台功能的全球覆盖。基于这六个区域，各个国家和地区的用户可以实现本地速度的接入和世界范围的数据同步。通过与沃达丰、挪威电信和 AT&T 等电信运营商合作，构建海外通信能力，让“生态森林”繁殖与扩张的脚步，跨越国界，走向世界。

4. 知识图谱赋能产学研用

北京智通云联科技有限公司是工业互联网领域的一个隐形冠军。该公司潜心研发十几年，创新性地在其 I.Smart 工业互联网平台上，实现了将语义网与工业互联网进行叠加，做到了“二网合一”，建立了一种以工业知识图谱赋能来提升工业互联网平台数据汇聚、分析与应用能力的生态体系，有效提高了工业要素的联接能力（图 8–9）。

图 8–9 基于知识图谱的工业互联网生态

产业链赋能生态：以“为客户‘研－产－供－销－服’全链条赋能”为目标，与安姆科（全球最大的消费品包装巨头）以及二维码、RFID 等赋码厂商建立合作伙伴关系，将智通云联可赋能业务环节由研发、生产、管理，进一步拓展至销售、服务等环节，形成客户全产业链赋能的能力。

云管边端生态：以提升工业互联网平台能力为目标，与利乐（全球最大的乳品设备与包装巨头）、阿里巴巴、腾讯以及海康威视等终端设备厂商建立起合作伙伴关系，提升智通云联工业互联网平台的云边端协同能力。

产学研用生态：以提升基于“知识金字塔”DIKW 模型的数据挖潜、知识赋能技术与应用能力为目标，与中国石油大学、中科院、中软国际、中能建、中石化等合作，在智通云联文本分析挖掘以及知识图谱构建应用核心技术基础上，进一步拓展图像、音视频等异构数据的处理能力，提升在智通云联基于知识图谱的工业互联网平台上的工业 App 和用户双向迭代的能力，提升面向不同行业领域的市场拓展与服务能力。

8.2.3 中小微企业工业互联网生态体系

绝大多数中小微企业不具备独立开发工业互联网的能力，需要借助政府或大企业的工业云、工业互联网平台，或者进入区域性的工业互联网公共服务平台。借助现有的工业互联网平台 / 工业云来构建自己的企业应用，这也是一种典型的工业互联网应用生态现象。

为中小微企业提供工业互联网服务，是工业互联网生态体系建设的重要内容。自 2016 年起，常州天正公司为了保证激光设备的售后服务和维保需求，在他们生产的每台激光设备中都安装了工业物联网终端，采集大量激光设备生产数据。根据激光设备生产数据的分析，开发了以生产数据为依据的“生产力征信”模型，并得到了广泛的市场验证。该模型和有关功能已经整合到天正工业互联网公共服务平台中，累计服务中小微企业客户超 1 万家。

1. 设备电机监测的技术手段

对于已经上云或使用了天正工业互联网公共服务平台的中小微企业来说，监测其开关机、电流负载、有效工作时间等设备运转情况最为简便易行。

在机器设备的旋转部件上，都会有一个或多个电机。在工厂里无处不在的电机，可以成为探索中小微企业工业互联网生态体系的入口——电机上云传感器。

目前电机上云的主流技术大多采用分体式传感设备，在需要时进行临时安装。这种分体式传感设备没有与电机集成，并且存在体积大、成本高、智能化程度低等缺陷。此外，电机接线盒内空间狭窄，电机运行过程中产生的电磁、温度、振动等干扰，极易对接线盒的狭窄空间内的传感设备造成干扰。

天正公司对传感设备进行重新设计，将电机运行数据采集设备集成在电机接线盒内，解决了可能带来的各种干扰问题（图 8-10）。

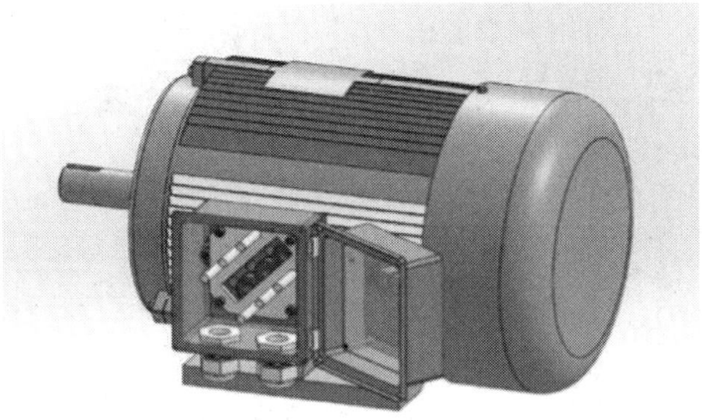

图 8-10 在电机接线盒内置电机上云传感器

在数据采集和预处理环节，增加了噪声滤波处理，消除电机运行时产生的电流谐波对测量数据方差比较大的影响，并在模数转换过程中采用高性能 AD 转换器。在数据采集模块的电源供应环节，为了消除电机等感性负载运行时产生的谐波及可能的浪涌，设计了防浪涌电路和谐波滤波电路。为了提高设备的电磁兼容性，采用金属板将接线盒内分为上下两个独立的空间，并对多传感器数据采集电路进行了特殊设计，例如，增加电路板层和布局，提高了信号路径的抗干扰能力以及电源回路的耦合滤波作用，同时对强电回路和多传感器数据采集设备在空间上的分布和装配进行了合理的安排，消除了机械振动对设备工作的可靠性带来的影响。为了降低电机温度的升高对数据采集的影响，采集前端电路还增加了温度补偿功能。

大量前期的基础性测试结果显示，天正公司设计的电机上云传感器等数据采集设备具有很好的测试性能和稳定的可靠性，确保了企业的设备使用数据可以在“云、边、端”之间来回顺利穿梭。

2. 设备故障预警

设备故障预警通过数据质量分析、数据预处理、数据探索、基于神经网络的故障诊断算法开发，实现对中小微企业正在运行的设备的故障诊断和预警，从而为维护企业设备安全、安全生产提供保障。

通过数据质量分析进行无效值和异常值分析，从总体上获得数据的值特征和信息量；通过对数据进行统计分析，获取数据的分布情况及其与正态分布间的接近程度。数据预处理的目的是针对因异常通信、工况突变造成的重要数据缺失、数据不正确或存在噪声以及数据不一致等问题，对各类参数的测量数据进行预处理，得到反映设备真实运行状况的数据。经过数据预处理后，原始数据中存在的粗大误差数据被修正，数据质量较原始数据明显提高（图 8-11）。

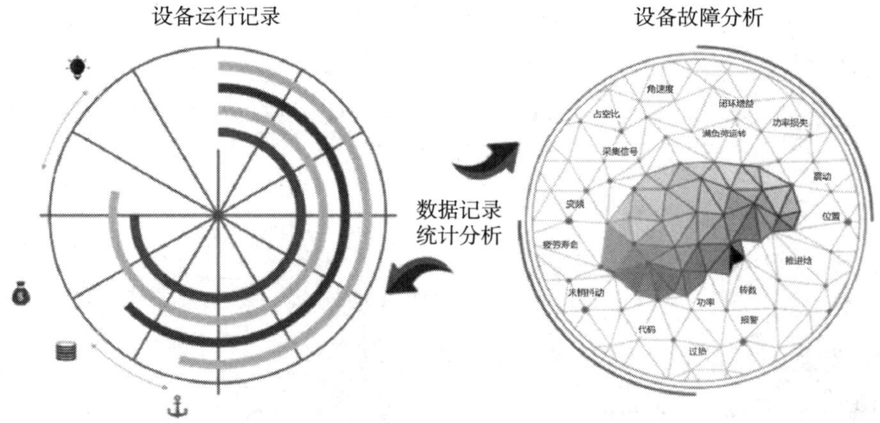

图 8-11 设备运行记录数据与故障分析

故障诊断所涉及的监测数据种类繁多，通过主成分分析对故障诊断所涉及的原始数据集进行数据探索，将众多测量变量综合为少数几个具有代表性的变量，使这些变量既可以表征原始数据的绝大多数信息，又相互独立，从而降低后续大数据挖掘的复杂度。采用神经网络的方法进行有监督学习，训练获得用于故障诊断的神经网络模型。利用已训练好的神经网络模型进行故障诊断，将监测所得的设备数据样本作为模型输入，通过模型的正向计算得到故障特征的预测值。将预测值和采集到的实时数据做比对，分析计算预测值和实测值的误差及与经验阈值的大小关系，判断是否故障。对于判决结果为故障的设备，发出故障预警（图 8-12）。

图 8-12 企业设备运行情况定位与展示

3. 研发生产反馈

天正工业互联网平台分析归纳环境温度、湿度、设备温度、生产工艺等条件对设备状态的影响关系，在此基础上通过数字辨识建模建立适用于不同类别设备损耗全生命周期数字模型库，从而为不同生产需求的客户提供多个设备投产前的可选方案和使用建议。

对设备健康状态进行归类，根据设备健康状态评估给出设备维保建议，便于及时进行设备维保，降低因设备故障的非计划内停产带来的经济损失。记录生产设备工作强度与维保周期，通过采集 1 ~ 12 号机的设备工作强度与维保周期数据，发现维保周期随着工作强度的增强而增加，维保周期在 4 个月以上的设备工作强度基本都在 70% 以上，而维保周期在 2 个月左右的设备工作强度仅 50%，可见维保周期与设备工作强度有关，可以据此针对设备不同工作强度给予相关的维保建议（图 8–13）。

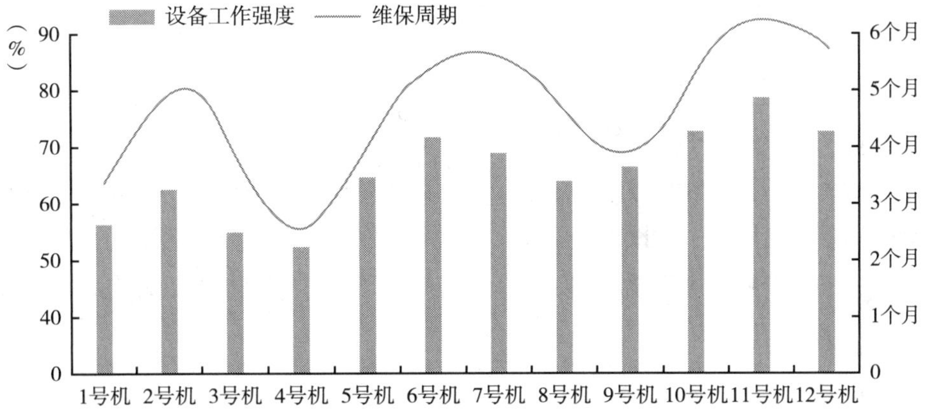

图 8–13 不同设备各种强度与维保周期定制（示例）

该平台还可以对设备温度数据进行季节性和周期性分析，对设备温度数据进行分析。

设备故障预警、生产研发反馈等应用功能的建立，为基于工业互联网向中小微企业提供多种模式的生态创新服务提供了技术上的保障。

中国工业互联网的定义和内涵，远比国外要更丰富、更具包容性。工业互联网的应用模式，尚无公认的技术路径和发展范式。上面提到的几种工业互联网的应用模式，不过是千百种应用中的几种而已。工业互联网应用生态需要全体生态成员一起来实践、探索和建设。

8.3 企业和区域协同发展体系

企业协同，在任何一个城市、区域乃至国际范围内，都是客观存在的，尤其是具有供应链关系的企业，以及具有行业协会、同业协会管理的同类企业。具有供应链关系的企业指大企业/整机厂商与中小微企业供应商之间的合作；具有行业协会、同业协会管理的同类企业指聚焦在中小微企业之间的合作。

8.3.1 企业协同发展体系中的工业互联网生态建设

企业协同的尺度和范围，从企业内资源的优化配置，发展到企业之间资源的优化配置，再进一步发展到基于生态的大范围、大尺度、大协作，形成社会化制造资源的优化配置。针对前两种资源优化配置的问题，过去主要依靠 ERP（企业资源规划）和 SCM（供应链管理）来解决，目前正在逐渐转向工业云/工业和互联网平台；第三种资源优化配置的问题，只有建立了社会化生态体系的工业互联网平台能够解决。

1. 企业协同逐渐向云端发展

数字化/信息化技术与传统的企业管理、供应链协同融合发展了近三十年，人们发现，用于企业协同的 ERP、SCM 虽好，但是存在以下问题：①部署在企业本地的软件系统（及硬件、网络、机房等）耗资巨大；②在软件使用上，需要开发定制，一旦系统升级需要重新部署甚至重新定制开发；③在软件部署上，难以做到不限时空、随时随地使用。

工业云的出现，让这些问题得到了较好的解决。

工业云是云计算在工业领域的应用，或者说是专门为工业提供的云计算服务。在工业云上的资源是云化工业软件。工业软件的分类决定了工业云也有相应分类，如工业设计云、工业制造云、工业管理云、工业控制云、工业供应链云、工业标准云等。即使在某个细分领域，如工业制造云中，还可以再细分为铸造云、锻造云、3D 打印云、MES 云、ERP 云等。

近些年，以工业云作为基础服务设施，各种工具软件和业务系统都开始了上云的历程，云 ERP、云 SCM 已经逐渐进入了实用状态。

以云 ERP 为例：因为只需根据企业实际需要购置和实施软件，软件不用安装在企业本地，而是在云端，通过互联网连接即可访问，软件的使用成本大为降低。当云 ERP 软件版本更新时，企业此前的功能定制与信息集成方案可以自动迁移到新版软件，无需额外投资。更重要的是，如果出现 ERP 软件的业务高峰，通常本地的服务器将会难以支撑，而云 ERP 能够以云端服务商庞大的服务器资源，自动调整和动态提供额外的计算资源，轻松应对业务量的激增。

2. 中小微企业亟需公共服务平台

软件工具和业务系统上云的另一个巨大的驱动力，来自中小微企业强烈的数字化/信息化需求。众所周知，中小微企业无论从资金上、人力上，都难以自建机房，自配服务器，自购成套系统软件和工业软件，自行建设、运营和管理企业的数字化/信息化系统。统计表明，受限于高昂的成本，90%的中小微企业与数字化/信息化无缘。但是，在新工业革命的大势趋势下，中小微企业又具有强烈的通过信息技术来实现自身变革与发展的意愿与诉求。而且，从整个工业转型的目的来说，大型企业的转型升级只是中国工业转型升级的一小部分，更大的部分在于中小微企业的转型升级。只有大型企业和中小微企业都实现了工业转型升级，我国的工业转型升级任务才算是真正完成。

如何提升中小微企业的信息化水平，如何降低它们所面临的信息化门槛，帮助其跨越信息化鸿沟，成为各地政府一直在认真思考和着力推动的重要项目。近年来，很多地方政府都建立了各种形式的工业云平台。例如，北京市政府自2010年实施“祥云工程”，减少工业云服务平台使用成本；2013年，工业和信息化部确定16个省市开展首批工业云创新服务试点；江苏省常州市，2017年启动“百企先行，千企上云”专项行动，通过产业基金和政府补贴相结合的方式，推动企业上云、用云，仅2020年就新增上云企业3600家，截至2020年年底常州现有上云企业9000余家，上云设备超过3万台（套）。

3. 从工业云平台进化到工业互联网平台

从工业云平台既有的工业软件工具解决方案、业务系统解决方案等，向工业互联网平台演进，并最终形成生态体系，是一种稳扎稳打、循序渐进的平台技术路线。这种技术路线在业界也已经形成了共识。

安筱鹏博士在《重构：数字化转型的逻辑》中指出：“工业互联网平台与工业云有着本质的区别，又有许多联系，工业互联网平台是传统工业云功能的叠加与迭代。从过去几年的工作实践及技术和产业发展趋势来看，工业云平台向工业互联网平台演进经历五个阶段：成本驱动导向、集成应用导向、能力交易导向、创新引领导向、生态构建导向五个阶段，这几个阶段可以并行，也可以跳跃。”工业云平台是工业互联网平台的初始阶段，并预测了平台发展的最高阶段是生态体系建设（图8-14）。

国内外很多工业软件厂商已经实现了研发类工具（如CAX）上云。核心业务系统上云也成了一个重要趋势，支持企业协同的ERP、SCM等软件都已经逐渐走入云端，成了云ERP、云SCM，大部分功能融入工业互联网平台，原有的供应链解决方

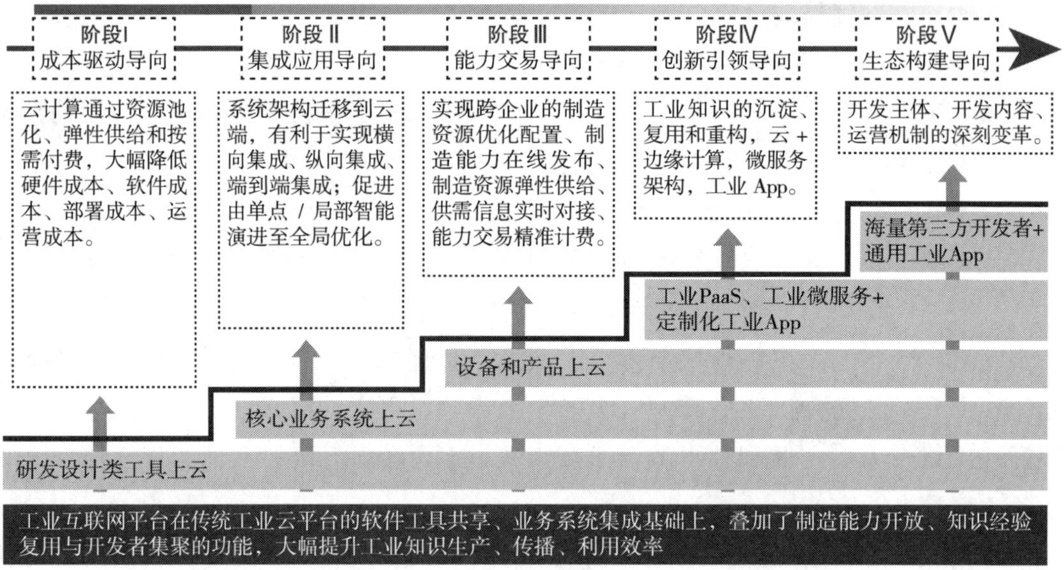

图 8-14　从工业云到工业互联网平台的五个阶段

案也变成了工业互联网平台的功能子集。基于云架构 / 微服务的工业 App 的开发，也在如火如荼地进行，形成工业知识的沉淀和复用。最终，工业互联网平台一定向着第五个阶段——生态构建的方向健康发展。

8.3.2　区域协同发展与区域一体化发展

区域协同具有明显的区域属性与地方特色。国内对区域协同的研究，主要着眼于区域利益、空间布局、产业结构、市场体系、地方品质等视角。每个地区的区域协同发展采用什么样的模式，与该区域的区域属性和地方特色有着较强的关系，与研究的着眼点有直接的关系。在区域协同的研究中，“区域”的尺度到底设置为多大，是聚焦在城市、城乡，还是着眼于城市群、省际边界区、省际合作区或者流域经济带？不同的空间尺度研究，将会构建出不同的区域协同发展模式。

区域一体化是区域协同发展到一定程度后提出来的更高的区域发展需求。近年来国家以强有力的政策导向，加强了区域一体化的推进。区域一体化从需求上极大地推进了区域工业互联网的应用与发展。

2019 年，国家发布了《长江三角洲区域一体化发展规划纲要》，包括上海市、江苏省、浙江省、安徽省全域（面积 35.8 万平方公里）。如果仅仅计算城市中心区域，上海市以及江苏省的 27 个城市总面积达到 22.5 万平方公里，这是国内首个、也是最大的区域一体化项目。类似的多省市区域一体化合作活动还有川渝毗邻地区一体化发展合作（成渝地区双城经济圈建设）、京津冀区域合作与区域经济一体化合作、珠三角核心区深度一体化合作、粤港澳区域合作、东北老工业基地区域合作等。

不同区域提出了不同的一体化策略，其中，较有代表性的是“六个一体化”——区域规划一体化、产业布局一体化、基础设施一体化、公共服务一体化、生态环境一体化、创新机制一体化。从技术上说，实现“六个一体化”，除了传统的线下面对面协调和线上有限协同之外，目前最有效的技术手段是建设新型数字化基础设施，应用工业互联网平台来对接各方需求和规范，传递各地工业状态数据，协调管理指令和洞察区域性的企业发展规律，在整体上促进地方 / 企业的数字化转型。

从政策上说，支撑区域一体化政策的不断出台和落地，为工业互联网的生态建设打下了良好的基础，为基于区域一体化的工互联网公共服务平台的建设铺平了道路。

从潜力上说，以长三角为例，该区域在我国经济发展最活跃、开放程度最高、创新能力最强，制造业发达，产业供应链比较完备，是公认的工业与信息化资源高密度聚集区，也是工业互联网发端区和先行区。据统计，长三角三省一市 GDP 产出占全国 25%，制造业占 30% 左右，培养隐形、单项冠军超过 2000 家，省市级专精特新“小巨人”企业累计 3 万余家，行业门类分布广泛，是深入贯彻《长江三角洲区域一体化发展规划纲要》和《国务院关于深化“互联网 + 先进制造业”发展工业互联网的指导意见》两个战略的重要承载区域。近年来，三省一市政府共发布工业互联网相关政策 105 份，大力支持企业上云，汇聚了全国 28% 的工业互联网解决方案提供商，孵化了一批数字化转型标杆企业，成了工业互联网创新发展重点区域。

8.3.3　区域协同发展体系中的工业互联网生态建设

目前，我国经济已经由高速增长阶段转向高质量发展阶段，工业与信息化资源高密度聚集区正在成为承载发展要素的主要空间形式，特别是 2020 年“新冠”疫情发生以来，国家调动全国多种资源支持特定省份和地区抗击疫情，对跨省、跨区域的合作与协调发展提出了新的要求。

1. 佛山有色金属产业集群生态构建

该生态体系位于珠三角西北部，聚焦佛山市南海区的南海工业互联网创新应用示范区。徐工汉云工业互联网平台入选了“广东省工业互联网产业生态供给资源池”和“广东省工业互联网上云上平台供应商及应用服务产品”。

徐工汉云根据南海区的区位优势，做了大量的行业调研与分析，发现金属加工与制品企业普遍存在管理粗放、布局不合理、质量意识不强、生产效率偏低、数字化水平低、管理与技术人才缺失等突出问题，整体产业对精益化生产、数字化转型和智能化管理有较强的需求。

徐工汉云联合南海区大沥镇政府、有色金属产业联盟、佛山职业学院、南海农商银行以及其他生态合作伙伴，联合制定了南海区首个基于工业互联网的产业集群解决方案——有色金属产业集群一站式解决方案。方案规划了透明工厂、共享制造、数字营销、人才培养、金融服务等模块，充分对有色金属产业链进行了延链、稳链、补链、强链。链上的所有生态合作伙伴一起联手，共同促进南海区经济高质量发展。

2. 常州基于生产力信用评估的金融服务

银行能不能给一些中小微企业贷款，是一个银行自己很难判断的问题。合作伙伴的信用评估服务，可以帮助银行较好地解决这个问题。信用评估服务的依据之一，是中小企业生产数据信用评估模型，简称生产力信用评估。

如前所述，天正公司的做法是，以海量的单机设备为基础，通过在设备上安装该公司开发的电机上云传感器和数据采集模块等，动态采集企业生产数据，形成面向中小微企业的跨地域、跨行业的工业物联网，掌握已经入网的中小微企业的设备开关机和运行状态等情况，通过在一定地域范围内的中小微企业设备联网获得的大样本数据，采用标定竞争半径的方式，标定客户的相对信用、估算设备的保有价值，并与该企业所在行业的平均生产力水平进行比对，获得该客户在竞争区域内的竞争力排名，进而推导出客户的信用水平。

根据区域制造业同行业企业的生产数据，分析汇总生成区域生产力运行水平模型，进行区域性的生产力信用对比评估分析，形成基于大数据的城市信用体系，并开放城市与企业的信用数据和报告，开发促进区域制造业生产力信用评估，为制造业提供多方面的风险保障。更重要的是，让银行等金融机构对贷款对象有了一个较为清晰的了解（图 8–15）。

图 8–16 给出了一个通过生产力数据信用分析之后，银行给企业发放企业信贷的实例。经过对图中三家公司的设备保有价值、生产力水平（复合）、生产力水平（地区、行业加权）、信用评级等方面进行评估，三家企业分别获得 39 万元、217 万元和 346 万元授信额度。由于信用评级得分不同，得分最高的无锡某公司贷款利率仅为 3.25%；而得分较低的溧阳市某公司等级虽被评为 AA 级，但因设备保有值较低，贷款利率高达 6.69%。

让金融企业作为合作伙伴进入工业互联网的生态体系，为中小微企业从全国引入各类金融支持，这既是一种基于工业互联网的合作模式创新，也是工业互联网的

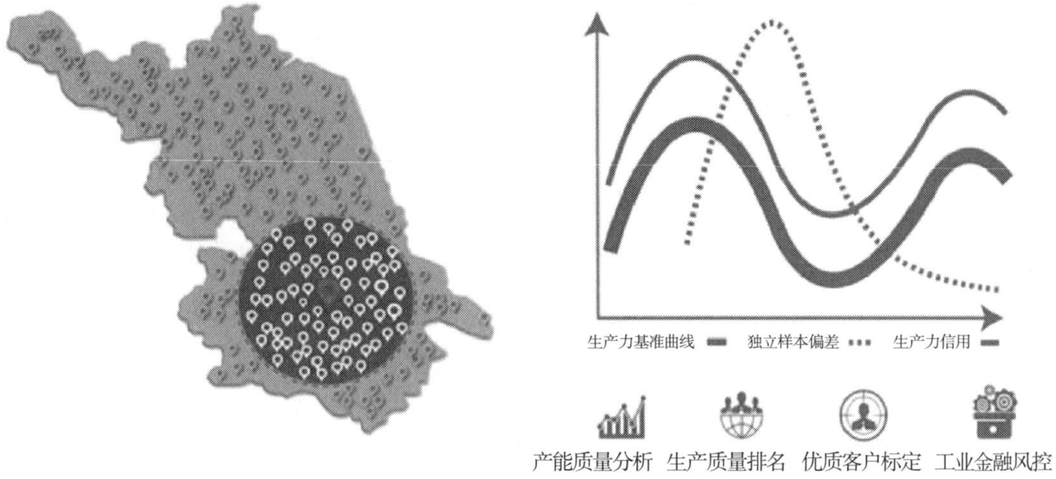

竞争半径：区域竞争力模型　　　　征信算法：交叉对比模型

图 8-15　区域制造业生产力信用评估

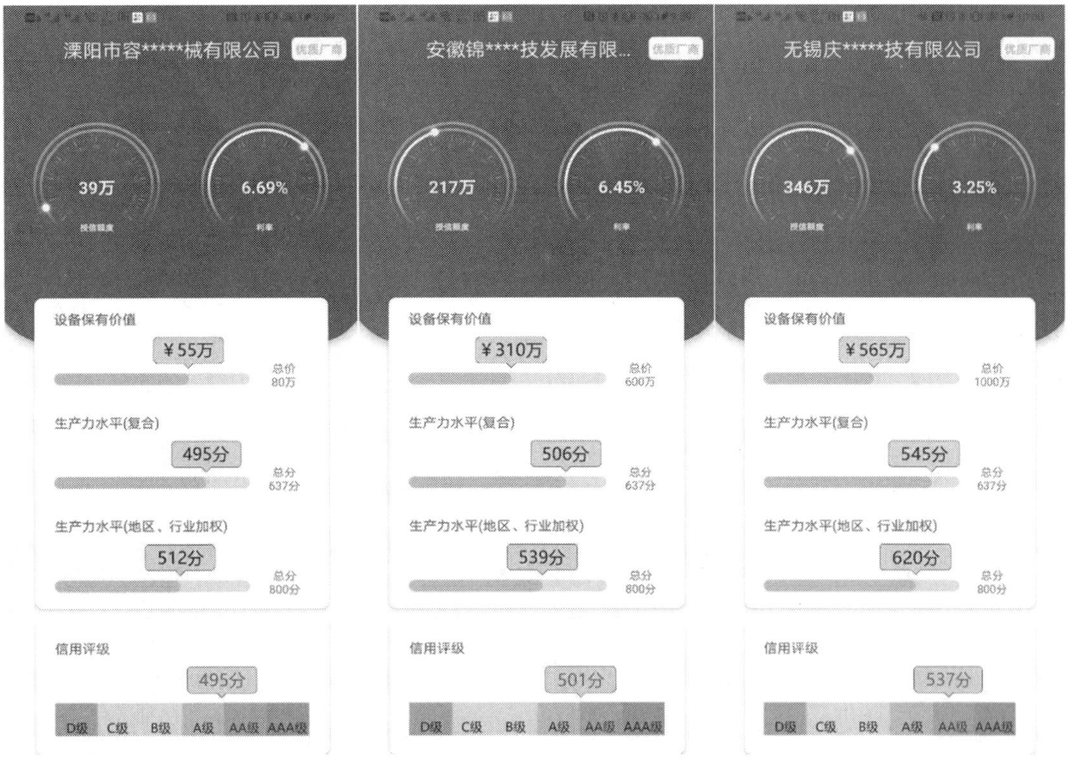

图 8-16　三家企业的生产力数据信用分析

生态链的有效拓展。这种新模式将促进各金融机构的产品竞争与服务竞争，降低企业融资成本，从根本上解决工业中小微企业融资贵、融资难的问题。

3. 青岛打造工业互联网之都

青岛市将工业互联网视为新一轮产业竞争的决胜之机和破解企业发展困局的利器，决定将青岛打造成世界工业互联网之都。

目前，青岛已出台《打造世界工业互联网之都规划方案》以及《青岛市工业互联网三年攻坚实施方案（2020—2022年）》，连同其他多项支持与鼓励政策，以吸引和集聚更多与工业互联网生态有关的企业、资本、人才和技术来到青岛，形成“乔木”参天、“灌木”茁壮、“草木”葱郁的工业互联网“热带雨林”。围绕“平台铸核心、生态赢未来”的理念，吸引感召全球各类工业互联网、5G、人工智能企业来青聚集，打造产业链、资金链、技术链、人才链“四链合一”的产业生态。到2022年，青岛市计划推动3000家以上工业企业实施数字化、网络化、智能化改造升级，初步形成涵盖工业互联网平台、系统解决方案等领域的完整产业链。

青岛将通过工业互联网平台赋能、产业资源汇聚、核心环节产业化，培育千亿级产业新生态。重点打造高端智能装备、电子信息、智慧模具、绿色建材4个百亿级产业集群，依托智慧农业、纺织服装、智慧能源、健康医养、工业品服务云平台等培育8个50亿级行业集群，在房车旅游、化工机械、智慧交通、智能制造、教育、智慧城市、跨境物流等领域孵化20个10亿级企业。

青岛计划三年内建设100个工业互联网产教融合型基地；推动高校工业互联网教育学院、研究院、产业学院建设；支持山东科技大学、青岛科技大学分别组建工业互联网产业学院、工业互联网学院；推动中国海洋大学等具备条件的在青高校普遍建设工业互联网研究创新平台；支持青岛大学人工智能学院发展；支持青岛职业技术学院、青岛工程职业学院、青岛技师学院建设工业互联网学院。与清华大学探索共建虚体性质的工业互联网研究院，开展工业互联网平台、工业大数据、先进计算等关键共性重大技术跨学科研究、标准研制、产品研发、试验验证、应用推广等工作。

4. 长三角公共服务平台建设

基于工业与信息化资源高密度聚集区，在少数区域一体化做得比较好的区域实施工业互联网生态建设，既是新基建的重要建设内容，也是区域发展的必然的内生需求。基础设施一体化、公共服务一体化，是前面提到的“六个一体化”中首先要落地的两个重要内容。

各地工业云和工业互联网平台的发展往往局限于本地，省级的工业互联网平台融通发展也面临挑战，但尚可在省内协调解决。但是，就目前情况而言，跨省合作的工业互联网平台在中国从未有之。工业互联网的“第一性原理”是不限时空联接全产业链上的全要素，让数据在所有的平台上能够自动流动，通过精准而丰沛的数据，优化配置工业资源，从而产生巨大的经济价值。因此，在珠三角、长三角等工业与信息化资源高密度聚集区，建设跨省的工业互联网区域一体化公共服务平台，不仅可释放巨大的区域数字经济新动能，更具有深远的促进区域一体化发展的聚合作用。

“长三角基础制造业一体化工业互联网公共服务平台”是由苏浙皖沪众多企业与中国工业互联网研究院共同打造的项目。该项目以常州天宁区为试点建设区域，以国佳云为（常州）信息科技有限公司为平台建设推进牵头单位，充分利用了常州在工业互联网和工业云方面的现有建设成果，开创了基于工业互联网跨省市合作的先例，为发展区域一体化的工业互联网生态体系创造了有利的条件。

该项目建设目标可以简要概括为：“4+2×3+1”模式创新。

四个一体化：推动长三角区域工业互联网数据共享、应用服务、人才培养和政策推广一体化发展，形成区域协同创新。

两大资源池：区域解决方案资源池＋平台资源池，形成“一呼万应”的新服务模式；**两项相关标准：**做好基于标准的区域数据一体化创新；**两种培训形式：**打造线上、线下人才培训体系，实现人才培训服务模式创新。

一批冠军企业：孵化一批隐形冠军和单项冠军企业，形成冠军企业的培育模式创新。

8.4 工业互联网的开放合作

平台本身的开放、平台与平台的合作、平台与各个利益攸关方的合作、共建平台、共谋发展、合作共赢，在今后一个相当长的时期内，都是发展工业互联网的主旋律。

8.4.1 平台本身不断提高开放性

根据工业互联网平台生态体系的开放性，工业互联网生态体系应该不断引入新成员、新技术、新标准、新链条和新模式。工业互联网平台的开放性和兼容性越好，可以合作和愿意合作的业务伙伴就越多，生态体系就建设得越好。

从技术上说，一个开放的平台，不能只用自己的云作为基础设置，应该兼容市场上所有的主流云基础设施；不能只按照自己遵从的协议来联接自己生产的设备，还要能够联接市场上所有的增量与存量设备；不能只使用某种特定网络进行设备联接，而是可以使用市场上所有的主流网络技术进行联接；不能只使用自己平台上开发的工业 App，而是可以兼容其他平台上的工业 App；不能只集成自己的工业软件，也可以把其他厂商的工业软件集成到平台上；等等。

国内外有不少工业互联网平台已经做到了较好的开放性和兼容性。

1. 较为综合的平台联接能力

以西门子公司 MindSphere 工业物联网平台中的 MindConnect 集成服务为例：它不仅可以为本地的企业系统提供连接服务，还可以把基于云的企业系统、数据库和产品等集成起来，它具有可以联接至工业系统、历史数据库、PLC、SCADA、DCS、MES、制造运营管理（MOM）、产品生命周期管理（PLM）、ERP 系统和服务平台（例如 Salesforce）的多种连接器——其中连接至云平台的连接器超过 30 个，它还提供了 20 多个连接至本地企业系统的企业连接器。

2. 较为全面的数据采集能力

北京亚控科技具有全球领先的工业互联网的边缘数据接入和协议解析能力。经过 25 年的研发与技术积累，北京亚控科技积累了 5000 多种数据采集驱动程序和支持的 369 种主流通信协议，数量双双排名世界第一，覆盖了国内工业设备种类 90% 以上，形成了中国独有的数字技术财富宝库，极大地丰富了中国工业互联网的生态体系。2018 年，在硅谷动力评出的工业互联网平台及解决方案提供商中，TOP10 有 8 家、Top50 中有 29 家采用了北京亚控科技的数据采集产品。目前，北京亚控科技已经与浪潮、阿里巴巴、华为、百度、徐工等工业互联网平台达成战略合作协议，为其提供设备接入服务。

3. 较为丰富的工业 App 数量

北京索为系统公司在工业 App 的开发上具有较长的历史。近十年来，索为系统公司以“知识自动化”为导向，聚焦产品研发，与用户一起合作开发了 7000 多个工业 App，成了目前国内拥有最多工业 App 开发数量和丰富开发经验的工业互联网平台企业。该公司开发的工业 App 涵盖了十大军工和两大民用领域，包括了航空、航天、兵器、船舶、航天发动机、航空发动机、核工业、汽车、材料、工艺工装、嵌入式软件、工业电子等，与企业用户、高校等合作伙伴一起，构建了较好的工业互联网 App 生态。索为构建的 SYSWARE 平台解决了工业软件的集成和驱动的问题，让工业 App 以低代码的方式进行可视化开发，使掌握工业技术 Know-How 但是不熟悉软件开发的工程技术人员，可以参与工业 App 的开发，大大提升了工业 App 开发的生态开放性。

8.4.2 平台与平台之间互联互通

现在市场上的工业互联网平台已经有数百个，较为活跃的平台大约有几十个。平台与平台之间的互联互通一直是一个有待解决的问题。

现在几乎所有的工业互联网平台都是独立发展的，极少有平台实现互联互通，这并不是因为在技术上无法实现彼此连接，而是因为按照技术系统的发展规律（S-

曲线进化趋势），工业互联网平台技术处于发展期的早期阶段，目前各个平台优先考虑的是如何把自己做大做强，然后才会考虑各个平台之间的互联互通问题。

根据业内专家的研究结论和技术系统的发展规律，独立的工业互联网平台间的关系，会因为业务拓展的内需、客户呼吁的外需、生态体系的吸引，从独立的平台逐渐发展为互联的平台，进而成为互联平台共建共享生态体系（图 8-17）。

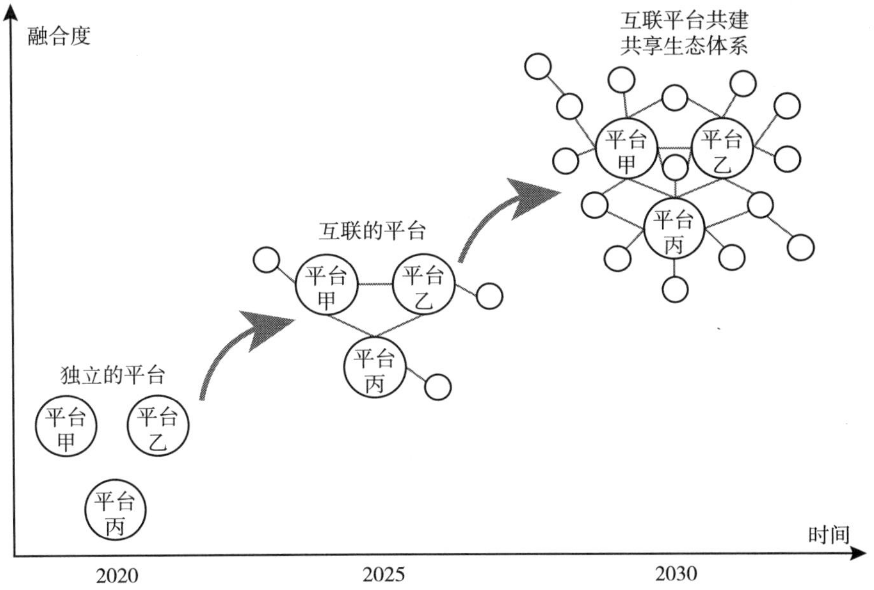

图 8-17 工业互联网平台发展路线

在平台互联过程中的合作伙伴选择上，同行、同质的工业互联网平台之间容易产生竞争，因为业务竞争关系，合作时间点会比较晚一些；而非同行、非同质的工业互联网平台之间则容易形成合作，现在已经看到了一些不同工业互联网平台相互合作的案例，例如在共同申请和承担国家项目上，侧重产品研发的工业互联网平台与侧重生产制造的工业互联网平台经常合作组团投标，侧重装备生产的工业互联网平台与侧重设备预测式维护的工业互联网平台也经常联手服务客户等。

在合作共赢、共享利益、服务客户的目标驱动下，越来越多的工业互联网平台之间将会不断交流和互动，不断形成平台之间的合作。最终，各个平台之间的关系，从基于项目的临时互联发展到基于市场共同利益的持久的平台互联，形成生态系统。

不仅工业互联网平台之间要互联互通，工业互联网平台还要与现存的、商业模式成熟的各种非工业互联网平台互联互通，这种非同行合作因为没有同业竞争问题而容易启动。例如，威客平台、商业物流平台、电商平台、外贸平台、人联网平台、金融平台、人力资源平台、气象平台、农牧业平台、建筑平台、医疗、政府招标平台等互联互通，紧密合作，尽快做大自己的生态圈。

8.4.3 平台技术不断创新与融合

在技术生态方面，工业互联网平台不断融入各种新技术、新模式，是工业互联网生态体系健康发展的良好保证。限于篇幅，下面仅介绍几个比较典型的将新技术融入工业互联网平台的案例。更多新技术应用案例，请参阅本书第 11 章。

1. 大数据技术融入工业互联网平台

根据工业互联网平台的定义，数据采集是工业互联网平台的基础，大数据分析、应用和展示是必备的关键技术。

数据可视化是辅助企业管理决策的重要界面。金蝶云星空提供数据分析快速开发工具，帮助制造企业根据管控重点，基于云星空经营分析平台的 BI 解决方案和服务，快速构建数字化展示方案，内容可以覆盖全渠道、研发、销售、生产、采购、制造、仓储、成本、财务、阿米巴管理等各个业务环节。显示介质实现了从 PC 端到手机移动端再到指挥室大屏的全部打通。

在大数据智能方面，金蝶与美林数据、数澜科技、AWS 等生态伙伴合作，结合不同行业、不同企业的应用场景，将金蝶云星空采集的数据和外部数据，利用公有云的算力和人工智能算法的创新，走通“上云用数赋智”的最后一步，实现“数据 – 信息 – 知识 – 智能决策”的升华，用数据加快个性化定制和柔性生产的结合，实现工业数字化转型，帮助制造企业提升经营质量，实现工业经济向数字经济的转型。金蝶云已经在桃李面包的返货率上进行了探索，在试点店面实现了降低近 7% 的指标，如果优化后进行全面推广，将给企业带来数千万的利润，能够有效地帮助制造企业提升经营质量。

2. 5G 技术融入工业互联网平台

诸如 5G 这样的新技术应用到工业互联网的场景中，与原有的工业网络实现优势互补、创新融合，将大大提升工业互联网平台的开放性。

近两年来，徐工信息立足汉云平台，就“5G+ 工业互联网”成立创新研究中心与实验室，公司核心技术与业务骨干、汉云生态合作伙伴、研究机构、高校等组建产学研用研究团队。主要围绕四个方面推进工作：①5G 基础网络环境建设与试验验证。联合运营商完成实验室所需的 5G 基站、5G 核心网及边缘计算等，搭建 5G 产业应用开发环境，并完成技术测试、实验验证。②5G 相关应用技术、标准的攻关。参与国家“5G+ 工业互联网”标准研究、制定与推广工作，着力突破 5G 的工业场景下的应用技术攻关。包括 5G 边缘智能终端、5G 网络下的高精度室内定位、高精度时间同步、5G 和工业互联网融合下的网络安全等。③“5G+ 工业互联网”创新应用能力建设，着力推进5G与汉云平台深度融合。选定十大行业，深挖典型应用场景，推动行业测试验证，打造江苏省首个“5G+工业互联网”公共服务平台，纵深推进和提升公共服务能力。④构建“5G+工业互联网”产业生态圈。加强产学研用协同，吸引工业企业、制造企业、研究机构、创新技术企业、投资机构等参与，促进跨界合作，实现优势互补、共赢发展，构建产业链、创新链、人才链、资金链深入融通的产业生态圈。

3. 数字孪生技术融入工业互联网平台

“数字孪生＋工业互联网”可以有效地提高工业互联网平台的开放性。

上海优也公司的 Thingswise iDOS 平台具有数据层、模型层、数孪层和应用层，将工业互联网、数字孪生和工业智能软件技术深度融合为一体。

该平台的数孪层，通过数字孪生体技术整合数据、算法，对于企业业务所关注的物理实体和生产、业务过程，在数字空间进行了系统性描述和表征，解决生产环境中由于对复杂现场环境缺乏系统完整的数字化表征方法和技术所导致的碎片化系统描述状态问题，以实现跨工序、跨流程的端到端信息流通和优化。

目前在生产环境中，有不少业务场景需要复杂的算法模型，负责生产、运维的技术人员（包括科研院所、高校等专业人员等）虽然具备相应的工业知识以及建立相应算法模型的能力，却缺乏把这些算法模型在现场简易实施的系统环境。数孪生层的数字孪生体可以为这些人员提供一个在工业现场实现算法开发能力的系统环境。

数孪层中针对每一类工业设备的算法模型及相应软件都以插件方式嵌入数字孪生体，与平台的其他组件高度解耦，因此写算法模型的技术人员，不必关注平台运行细节，只要根据算法的需求开发和验证算法，然后按平台的算法模型 SDK 对算法模型按部就班地进行封装，这些算法就能做到“即插即用”（图 8–18）。

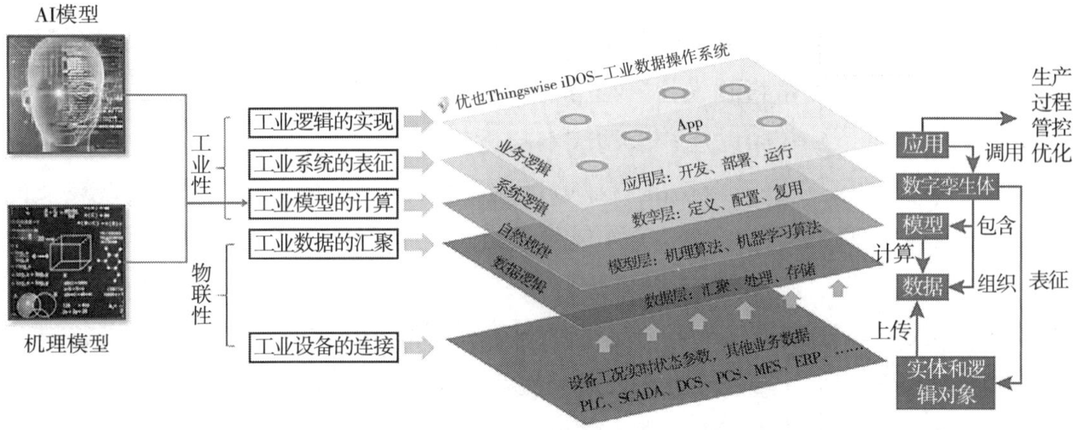

图 8–18　优也公司的“数字孪生＋工业互联网”平台

4. 低代码开发技术融入工业互联网平台

低代码、无代码开发模式，让不熟悉软件开发技巧的工程技术人员也能够熟练驾驭工业互联网平台，大大提高了平台的开放合作性。

与大多数工业互联网平台有所不同的是，寄云 NeuSeer 工业互联网平台为用户和第三方合作伙伴提供了包括边缘计算、数据管理、数据分析和建模以及低代码工业应用开发等一系列能力，用户和合作伙伴可以基于平台提供的各种开发能力，快速构建一系列包括生产制造、设备运维、状态监测、质量分析、效率分析、生产决策和调度以及工控安全等类型的工业应用。

NeuSeer Stack 提供多种低代码、无代码的开发环境，支持通过组态结合数据绑点的方式实现可视化界面的高效开发；同时，也支持第三方基于多种开发语言和丰富的微服务，构建各类工业应用。

寄云 NeuSeer 工业互联网平台还提供了丰富的工业 PaaS 能力，帮助合作伙伴以“拖、拉、拽”的开发方式，构建不同行业应用的工业 App，实现应用和数据的开放和共享。

5. 人工智能技术融入工业互联网平台

“AI+ 工业互联网”是提高平台技术开放性的有效手段。

格创东智工业互联网平台为泛半导体先进制造业提供算法开发生态和特色算法应用，聚焦生产数据整合分析与应用能力提供专业性工具，围绕制造环节的垂直业务应用场景，已上线品质检测、设备预测性维护、虚拟量测、工艺配方优化、缺陷识别检测等多个工业 App，体现了三大核心优势：

一是支持微秒级高频数据采集和数据分析，简易高效。在采用傅立叶转换算法将其转换成低频数据的基础上，平台提供许多可编辑页面，方便不具备 IT 技术的工程师或用户能够通过平台做日常监控。

二是开发基于机器视觉和图像识别的 ADC 自动缺陷分类系统，降本创效。替代 50% 以上的产品质量检测人力，AI 识别速度提升 5~10 倍，准确率从人眼的 85% 提升到 90% 以上，每年帮助客户节约成本超过千万元。

三是基于 MFA 多因子分析的“虚拟量测”应用，提质增效。围绕制造环节的垂直业务应用场景，找到影响结果的显著因子，在生成虚拟量测模型的基础上提前预测生产品质结果。通过使用 MFA 建立模型，虚拟量测系统将液晶面板生产企业的不良品单位从批次缩小为单片，仅一年就为客户带来数百万元效益。

开放合作是工业互联网发展壮大的价值取向，互联互通是工业互联网繁荣兴旺的鲜活标志，融合创新是工业互联网行稳致远的技术保障。

8.5　本章小结

本章借用自然界生态体系的定义，阐述了工业互联网生态体系的概念。

工业互联网的建设与发展，既有工业自身的内生需求驱动，也有线上互联网和线下互联网的生态体系的叠加共存。因此工业互联网形成生态体系是一种与生俱来的必然结果。工业互联网将在十年内，逐渐从独立的平台，发展为互联的平台，进一步演变为工业互联网平台生态体系。

从工业互联网发展到工业互联网生态体系，不是“要不要”的问题，而是“什么时间开始”的问题。缺乏生态体系支持的工业互联网平台，是做不大、走不远的平台。

工业互联网生态体系的建设，可以从企业协同的角度，也可以从区域协同的角度。二者思考视角不同，结果殊途同归。

工业互联网平台必须不断提高平台的开放性和兼容性。不管是哪一家的工业互联网平台，都应该不断引入新成员、新技术、新标准、新链条和新模式，在互利共赢的原则下，让平台迅速地向着构建生态体系的方面迈进。

在企业构建自己工业互联网平台生态体系的同时，不同平台之间的互联互通也必须提到议事日程上。在平衡各方利益和确保知识产权的情况下，实现不同平台之间的数据交换和工业 App 共享。

我为人人，人人为我，主动分享并同时获得全体生态成员的贡献，是工业互联网生态体系建设的理想目标。

习题

1. 什么是工业互联网生态体系？
2. 为什么说工业互联网形成生态体系是一种必然结果？
3. 请列出 10 个工业互联网生态体系成员。
4. 请说出 3 种发展工业互联网生态体系思路。
5. 中小微企业上云 / 上工业互联网的困难有哪些？如何解决？
6. 工业互联网的协同体系有哪两种？
7. 如何提高工业互联网平台的开放性？
8. 从独立平台走向互联平台共建生态体系，有哪三个阶段？

参考文献

[1] 彭昭. 生态进化工业互联网平台的必经之路 [EB/OL]. 腾讯网，2019-07-28.

[2] 陆云强．Why IIoT is becoming a strategic necessity [EB/OL]．西门子公司官网，2020-06-06.
[3] 西门子公司．Siemens MindSphere：助力世界工业推动实现数字化转型白皮书 [R/OL]．西门子公司官网，2020-07-28.
[4] 郎燕．PTC 公司工业互联网生态资料 [EB/OL]．2020-06-04.
[5] 黄路川．赋能万物 连接未来 [EB/OL]．2020-07-05..
[6] 项雪飞．工业互联网与“一带一路”[EB/OL]．树根互联，2020-07-05.
[7] 黄凯．徐工信息汉云平台的生态建设 [EB/OL]．徐工信息，2020-07-24.
[8] 高艳．智通云联工业互联网生态 [EB/OL]．智通云联，2020-07-25.
[9] 张翀昊．天正工业物联网平台简介 [EB/OL]．天正公司，2020-06.
[10] 王敏超．“长三角”区域一体化工业互联网公共服务平台 [EB/OL]．国佳云为，2020-06.
[11] 林诗万．优也生态体系建设 [EB/OL]．上海优也公司，2020-08-09.
[12] 时培昕．寄云工业互联网生态 [EB/OL]．寄云科技，2020-08-10.
[13] 王锦．东智工业应用智能平台介绍 [EB/OL]．格创东智，2020-08-10。
[14] 计晓军．金蝶云星空工业互联网发展生态 [EB/OL]．金蝶公司，2020-08-16.
[15] 杨春生．日韩如何进入航空供应链 [EB/OL]．知识自动化，2020-07-14.
[16] 络遇．德国“工业 4.0”推广为何受阻 [EB/OL]．工控网，2015-05-14.
[17] 陈凌馨．工业互联网将成为青岛的“决胜之机”[EB/OL]．中国经济时报，2020-07-30.

第 9 章　工业互联网行业应用

本章主要介绍工业互联网在不同行业的应用，具体包括工业互联网与热力行业、煤炭行业、物流行业、汽车行业、农业行业等行业的应用案例以及工业互联网在飞机总体设计系统中的应用案例，每个案例按照基本情况、系统架构和系统意义三个部分分别进行阐述探讨；最后，对本章的内容总结。

本章学习时需要思考：不同行业应用发展需求的理解和分析，工业互联网针对不同应用场景的总体解决方案，工业互联网技术引入带来的影响的思考。这部分内容能够帮助对前面各章节所述工业互联网技术有更深入的理解。

9.1　工业互联网与热力行业——智能锅炉云平台

9.1.1　基本情况

在我国目前以煤炭为主导的能源消费结构下，热力行业是伴随着人类发展与生存的永恒产业。时代的发展伴随着能源消耗的上涨，锅炉作为我国重要的热能动力设备，截至 2017 年，我国工业锅炉约有 40.1 万台，总容量合计约 206 万蒸吨。目前，国内工业锅炉行业存在分布广泛，监管和运营管理低效，管理成本高；锅炉自动化程度低，安全性不足；环保治理装备不足，对污染控制力度不够，锅炉超标排放严重等问题。

随着环保意识的提升，环保政策逐年加深，未来工业锅炉产品市场发展除了受我国国民经济的发展速度和投资规模等因素影响外，越来越受到能源政策和节能、环保要求的制约。针对设备的安全性、环保性以及节能性进行改革，将互联网技术、大数据技术融入工业锅炉企业将成为锅炉企业的必经道路。“智能锅炉”将是锅炉企业未来的发展方向，运用数据感知、数据分析和智能计算，通过基于互联网的远程监控与运行管理系统对锅炉日常运行数据的采集、分析，诊断、指导锅炉按需设计和结合用户体验进行设计改进。

东方国信是一家集大数据、云计算及移动互联三大技术体系，以自主研发的大数据产品及解决方案服务于 10 余个行业和业务领域的技术公司。智能锅炉云平台，是东方国信面向工业锅炉领域打造的行业工业互联网平台之一，平台整合工业锅炉从设计、制造、运行、维护、优化等全生命周期的设计数据、设备数据、模型数据、仪表数据、业务数据等，结合生产工艺进行数据治理，构建工业锅炉数字孪生体，以数据为中心进行数据分析、形成生产过程的业务。

9.1.2 系统架构

东方国信智能锅炉云平台主要运用平台 IaaS、PaaS 及 SaaS 层的资源及工具打造智能锅炉云平台。智能锅炉云平台的打造，将热力行业锅炉的传统单体大锅炉模式转变为模块化锅炉模式。模块化的设计以及智能软件的协调与控制，实现了不再依赖人工经验阶段性的调节锅炉，而是利用工业互联网技术优化锅炉燃烧，大大降低了企业的管理成本和人工成本，帮助锅炉企业进一步提升能源利用率，实现节约资源，降低碳排放，高质量可持续发展。系统功能与平台融合关系如图 9-1 所示。

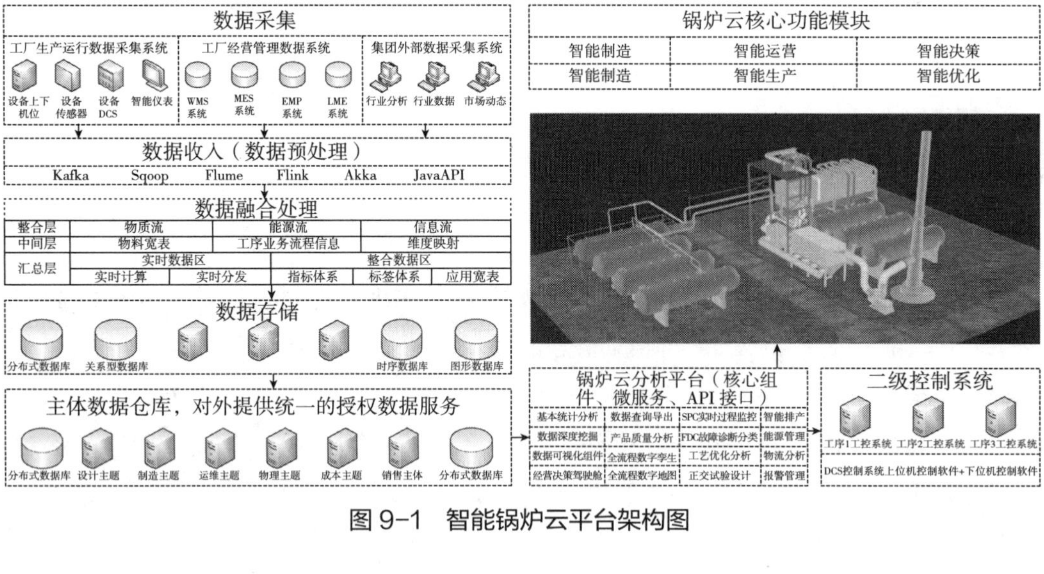

图 9-1 智能锅炉云平台架构图

在边缘侧通过工业协议的智能网关 Cloudiip-Link，实现对锅炉各系统（包括供料系统、燃烧系统、烟风系统、水系统、烟气净化系统、辅机系统）实时运行监测数据的采集；将 42 座工业锅炉的 9000 多台设备的运行数据同时接入平台，并通过平台自有的操作系统对数据的存储、计算资源进行高效划配，为系统安全运行、节能减排和持续发展的构建奠定基础。

在服务企业的同时，通过提炼现场专家经验形成了 20 个机理模型，充分利用云计算、大数据、物联网等成熟的技术，支撑包括数据采集、数据融合、数据存储、数据分析、数据应用的业务流程与实现方法，满足数据全生命周期管理的业务需求；通过高拟真轻量化的数字孪生模型实现全生产周期可视化，将锅炉、生产、资产、管理数据融合集成，实现各环节全生产周期的计算、存储、控制；覆盖设计优化、生产过程管控、设备全生命周期管理、安全预警、能源管控以及仓储库存管理等工业锅炉应用场景。通过开发智能 App，让企业用户从手机 App 或 web 端，实现无差别线上监控。

9.1.3 系统意义

传统单体大锅炉运作方式存在燃烧效率依靠人工经验、管理运营工作效率低、设备更新落后等问题。由东方国信提供的工业智能锅炉云平台解决方案，已经覆盖了 42 座工业锅炉 / 加热炉，应用后降低能耗 15%，实现累计创造经济效益 3.5 亿元，每年减少碳排放 26 万吨。未来三年将扩展到能源行业领域 600 座工业锅炉 / 加热炉，平台企业营业收入预计可达 1.5 亿元，为用户企业带来效益预计可达 2.5 亿元。帮助工业锅炉设计优化，保障设备安全稳定、高效运行，实现节能与环境协同治理。

“智能锅炉云平台”可为产品使用者提供一体化的服务解决方案。

1）锅炉数据的管理与分析：针对工业数据的来源与类型，利用边缘节点，进行边缘数据采集以及关系数据采集，为大数据分析与生产监控等提供了实时、有效的数据。

2）现场运行状态实时掌握：利用手机 App 或 web 端，随时查看锅炉运行状态。实时监控功能是对锅炉现场生产数据和设备数据在锅炉数字孪生体中动态展现，将锅炉智能分析系统分析和预测结果传送到锅炉控制系统，并对锅炉操作进行指导。

3）环保节能优化改造建议：通过对燃料成分、锅炉负荷、炉膛温度等进行分析计算，对环保排放数据进行预测、预警。对相关运行参数进行分析，提供优化改造建议。

4）锅炉寿命全程周期管理：利用大数据、云计算等一系列技术措施，对锅炉的规划、设计、运行、维护、优化、报废进行全程的管理，以获得锅炉寿命周期费用经济实惠、设备综合产能最高的理想目标。

5）锅炉运行综合管理系统：改变传统定期以固定时间进行检查的模式，实现锅炉运行成本统计、锅炉运行状况统计、锅炉生产日报、锅炉生产周报、锅炉生产月报、锅炉运行考核、核心数据行业对标等功能。

智能锅炉的新模式推动锅炉行业的发展，促进了信息化与生产化的深度融合，利用物联网、云计算、大数据等现代化技术解决原技术上存在的障碍，优化了信息技术下对于锅炉的可控性，提升了锅炉的安全性、生产率以及环保性。对于传统锅炉行业的转型升级起到了关键的引领示范作用，同时对锅炉企业的可持续发展和循环经济起到了积极的推动作用。

智能锅炉云平台的使用能够显著提升我国锅炉企业的智能化制造水平，提升我国的工业大数据分析优化和先进控制技术能力，能够带动产业链上下游的技术合作与协同创新，推动了“中国制造 2025”战略的落地与实施。加强工控行业向网络化、智能化方向发展，提高了我国智能制造在全球的竞争力。

9.2 工业互联网与医疗行业——COSMOPlat 健康产业解决方案

9.2.1 基本情况

当前，在工信部以及相关部委的支持与推动下，将加快工业互联网在医疗行业的应用，加强医疗医药企业的数字化、网络化、智能化转型。工业互联网走进医院会颠覆原本的传统医护救治模式，智慧型医护救治模式能让患者在第一时间得到最有效的治疗，提高救治率、降低致死率和致残率，进一步提高医疗质量。

众所周知，心血管疾病一直是人类社会难以克服的疾病之一，发病突然、死亡率高，以及对抢救时间的严苛要求，都使得它成为一种严重威胁人类生命安全的疾病。海尔卡奥斯作为全球产业界物联网探索的先驱者，2019 年由海尔卡奥斯工业互联网平台（COSMOPlat）打造的国内专业服务于心血管疾病防控体系的信息化系统——“心 · 侠”系统成功应用于上海市第十人民医院。该系统将医护、患者以及所需设备“智能互联”，全面打通从院前初筛诊断、院中急症救治、院后康复管理的各阶段流程，最终提升防治效率、扩大资源覆盖、改善健康水平。

9.2.2 系统架构

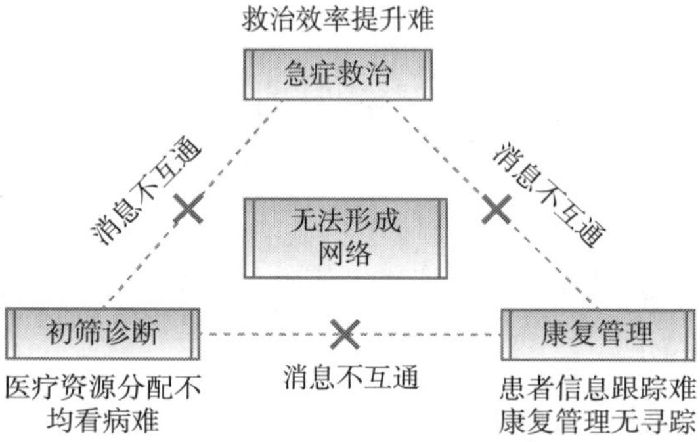

图 9-2　传统救治模式

针对心血管疾病来说，由于患病人群基数大，医生资源稀缺，传统的救治模式无法将医护和患者进行合理分配，并且由于救治、诊断以及后期康复的信息不流通，无法对患者的前期、中期、后期全程监控，对治疗效率的提升难（图 9-2）。

用工业互联网科技武装后的智慧型

医护救治模式，全面打通院前 – 院中 – 院后，实现互联互通、上下联动的分级诊疗、急慢分治的医疗服务模式，加强基层医疗能力、医院流程管理能力与患者健康管理能力，最终提升防治效率、扩大资源覆盖、改善健康水平。

由于心血管疾病发病时对于救治时间的严苛要求，医护人员通常无法在抢救的同时进行准确的救治时间节点记录，而这个记录通常会作为规范救治、管理的依据。通过 COSMOPlat“心・侠”系统，医护佩戴具有数控终端的医疗设备，无需人工回忆记录，客观记录节点时间，并通过智能化采集生成患者专属病例信息，做到随时可查、随时可用，最后通过与院方共建医患院外互动平台，让医生与患者可随时进行线上咨询、康复指导（图 9–3）。

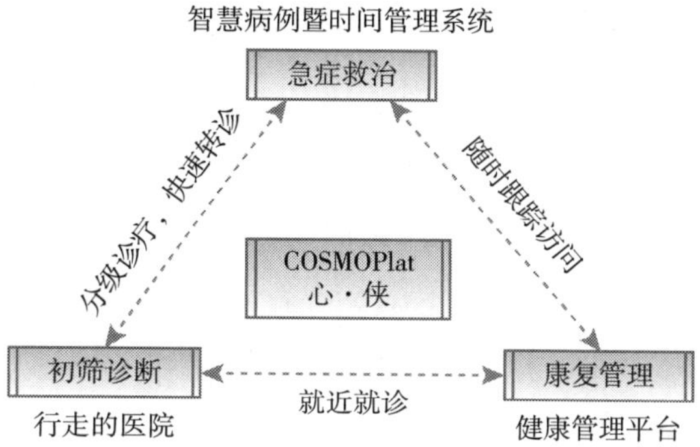

图 9–3 COSMOPlat“心・侠”系统结构

9.2.3 系统意义

医疗行业的发展与人民群众的健康息息相关，由于人口老龄化、疾病年轻化以及各方面的变化，我国医疗事业发展面临巨大的挑战。在宏观政策及技术发展的共同推动之下，医疗行业迎来了发展新契机。海尔卡奥斯作为工业互联网方面的引领者，截至 2019 年 10 月 11 日，COSMOPlat 全球首发的“心・侠”系统在上海市第十人民医院与上海仁济医院的临床应用中，已累计成功接诊救治 1000 名患者。院方表示，解决方案有利于急性胸痛患者一体化闭环式诊治流程，实现胸痛患者的救治效率有效提升 15%，为致命性胸痛患者搭建一条黄金生命抢救线。“心・侠”系统为社区医疗站、偏远山区提供移动化医疗诊断设备，对居民健康数据进行监测，移动医疗设备关于心血管疾病的诊断准确率在 95% 以上。

9.3 工业互联网与物流行业——智慧物流互联系统

9.3.1 基本情况

随着电商行业的快速发展，物流数量出现爆发式增长，物流行业还存在货损率高、物流多方信息不透明、不能满足快速决策等问题。特别是大型购物节期间难以满足单据快速处理，造成物流发出缓慢，不能实现物流轨迹分析造成路径不优选等问题。

近年来，随着互联网的快速发展，大量物流设施通过传感器接入互联网。据

2018 年的一次统计，我国已经有超过 400 万辆物流重载货车安装北斗定位装置，并仍在增长。同时，还有大量托盘、集装箱、仓库和货物接入互联网，实现了实时同步相关物流信息，为智慧物流的部署奠定了基础。

华为云为不同规模的物流客户提供各种灵活云端解决方案，面向不同业务场景帮助物流客户快速、低成本部署业务，利用高弹性、高可靠、高并发、安全防护的特点提供端到端的信息通信领域技术和服务支撑，通过物流互联网、大数据分析和边缘智能（EI）算法服务使物流行业实现降本增效，增强竞争力。

9.3.2 系统架构

顺丰 DHL 采用基于华为云的工业互联网架构，构建高效的园区泊位管理、仓储管理等智慧物流解决方案，根据不同的方案场景分别在企业侧部署边缘计算、前端感知设备，在华为云部署数字平台，用户端实现智慧应用。系统总体架构如图 9–4 所示。

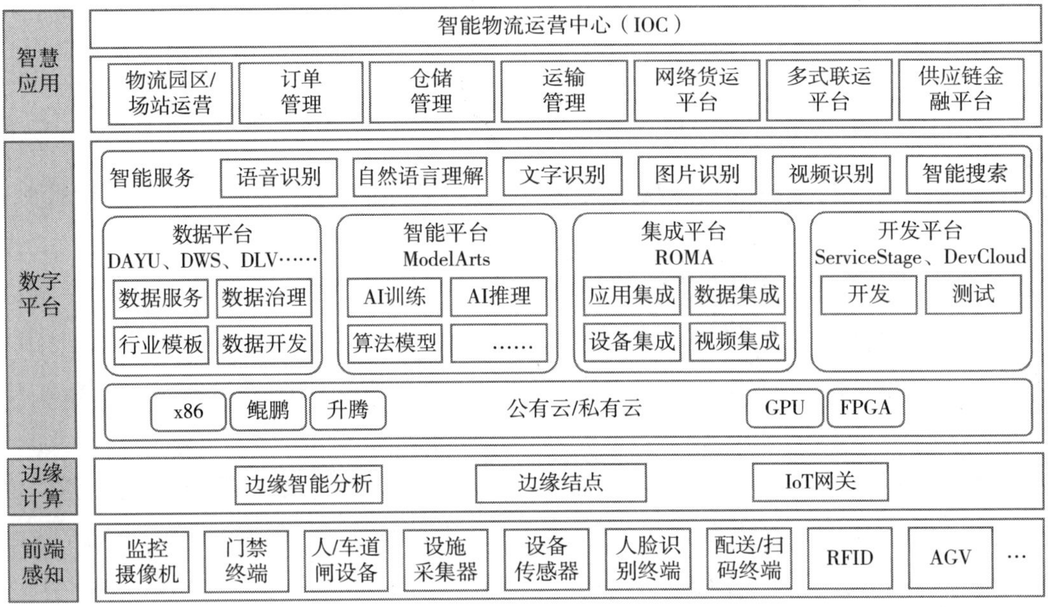

图 9–4 基于华为云的智慧物流架构

具体的，顺丰 DHL 基于华为云的物流仓储管理系统架构如图 9–5 所示。

物流仓储管理系统在仓储现场部署视频采集、视频存储等服务，结合华为云深度学习和数据分析，上层应用实现人脸识别、行为品控分析、分拣流水线监控、数据可视化。例如，实时监控智能识别仓储现场存在的问题，提高了企业管理能力。

顺丰 DHL 基于华为云的物流配送管理系统如图 9–6 所示。

物流配送管理系统，文字识别（Optical Character Recognition，简称 OCR）以开

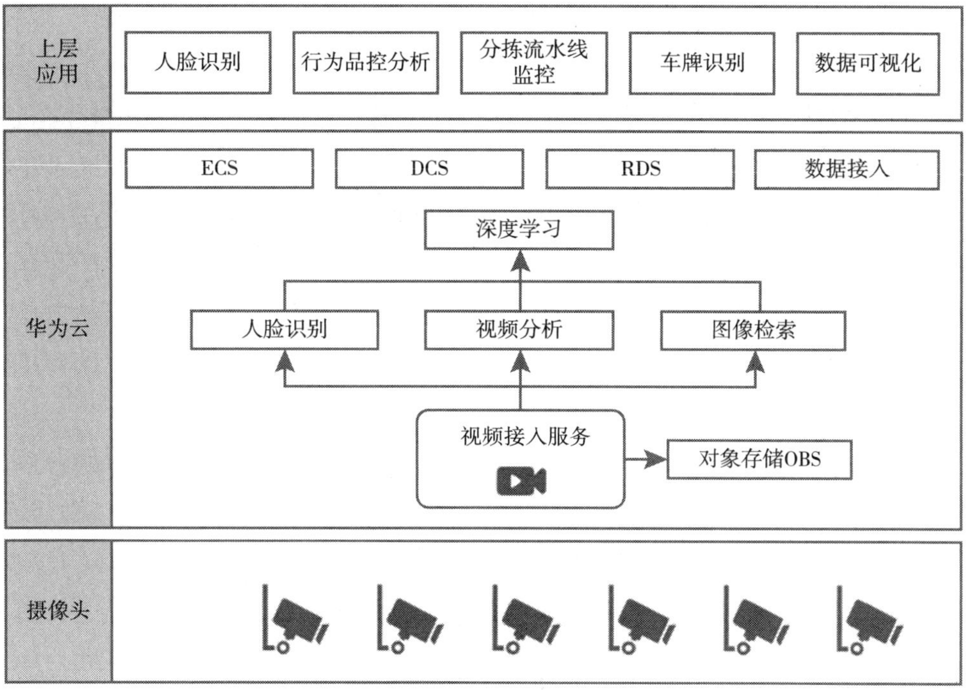

图 9-5 顺丰 DHL 基于华为云的物流仓储管理系统架构

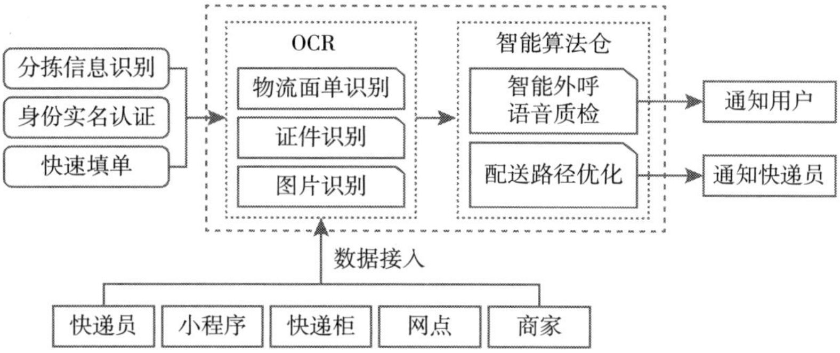

图 9-6 顺丰 DHL 基于华为云的物流配送管理系统

放 API 的方式提供给快递员、小程序、快递柜、商家和网点等用户。实现分拣信息识别、身份实名认证和快速填单等功能，数据经过 OCR 处理在云端传入智能算法仓，通过信息汇总分析实现智能外呼和配送路径优化与用户和快递员完成信息交互。

9.3.3 系统意义

基于华为云工业互联网服务，将物流运输、仓储、配送各个环节数据实时汇入云端，供应商周转时间缩短 33%，供应中心数量接近 500 个，国家仓库 30+，站点异常率 <5%；打通物流业务数据孤岛、物流、信息流、资金流的全面协同，实现拣货效率提高 20%，仓储面积优化 30%；基于智能 AI 算法、大数据分析平台降低

运输成本 30%，减少仓内及外场工作人员 23% 以上；顺丰 DHL 总体调度效率提升 30%，人工成本降低 50%。

整个系统的特点主要有：边云协同、开放集成、智能化、性能可靠，充分展示了现代工业互联网的优势。具体如下：基于边云架构，通过集成平台、物联网管理平台能力实现线上线下数据打通，将参与整个物流系统的各个环节的业务应用打通；以大数据平台、人工智能训练平台为基础，通过华为自有供应链经验孵化出的 AI 算法为手段，助力物流企业快速实现降本增效；使用华为云强算力及丰富的云服务实现物流业务系统高性能运行，保障高业务量并发下的快速处理；使用华为云高可靠架构，保障数据的可靠性，业务运行的稳定性。

顺丰 DHL 结合华为智慧物流架构这一具体工业互联网解决方案，实现前端数据感知可靠、边缘决策可信、物流业务云端开发，完成工业互联网转型实践，为其他相关行业转型提供参考案例。智慧物流是工业 4.0 的重要主题，顺丰 DHL 智慧物流互联系统加强国家政策进一步引导、促进新技术的普及应用，推进了创新、提高了技术水平，不仅给其他企业做出示范，而且给用户带来了更优质的寄运服务和寄运体验。

9.4 工业互联网与汽车制造行业——车间设备运行监测分析系统

9.4.1 基本情况

在工业互联网智能制造的环境下，为了贯彻落实《国务院关于深化“互联网 + 先进制造业”发展工业互联网的指导意见》的战略部署，汽车行业也必须跟进工业互联网的脚步，抓紧实现智能制造转型升级，构建基于工业互联网理念的智能制造典型场景应用及数字化、信息化业务体系，整合相关数据资源完善汽车企业内部、外部统一的制造生产链。

在汽车制造行业，车间内部机床设备的运行状态监测是十分重要的，这关系到整个车间及车间工作人员的安全。当车间设备运行时间过长时，车间的机床设备会长期处于高温、腐蚀、易燃易爆的环境下，机床设备的各方面性能会下降得比较快，但这些设备还都处于整个车间的关键部位，如空调风机设备、排废气风机设备等，任何一个设备停机都会直接造成全部车间停工甚至全厂生产停工，如果处理不及时甚至可能导致重大的安全事故。传统的车间设备安全管理要求合理使用和维护设备，建立健全全员的设备管理制度、机电设备组人员对全公司设备进行全方位宏观监控管理，车间主管、技术员、操作人员和维修人员的高素质水平等，这很大程度上受人为因素影响，并有很大程度上的不稳定性。

在工业互联网条件下，车间设备运行管理的智能监测使工作效率更加高效并且减少了人力资源的使用。镃云（上海）物联网科技有限公司的EQPT-IoT机床工业互联网管理平台，通过数控机床转速和主轴振幅数据的实时或定时采集，抽取共振点的转速-振幅，通过对历史数据训练预测模型，预测机床运行中的异常设置和故障。通过智能监测系统能够指导规避缺陷转速排产，减少次品率的发生、降低对主轴和道具的损耗；分析共振转速趋势，评估机床耗损情况，适时检修，减少维修人员数量，降低维修诊断费用，增加客户黏度留存，提升设备销量。

9.4.2 系统架构

整个系统的框架包括设备端，工业互联网平台端，数据平台端。在设备众多且分布范围广的条件下系统还能自动进行故障判断、故障预测，让检测人员能及时做好设备的维修和维修准备条件。设备机床维修监测系统的整体架构如图9-7所示。

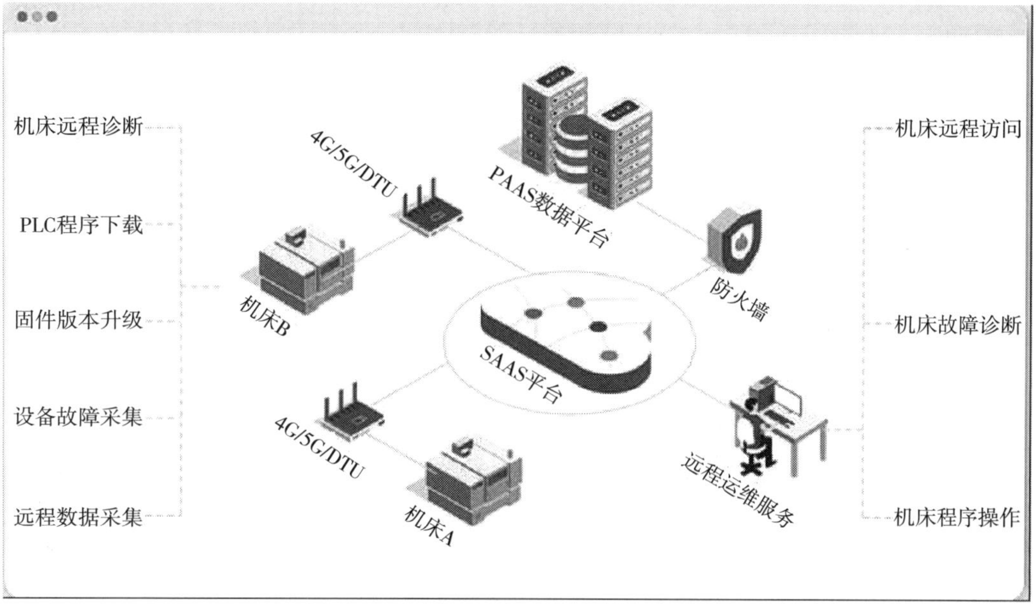

图9-7 设备机床维修监测系统的整体架构

设备端由车间的各个机床分布构成。各个设备机床上安装了传感器、线路铺设等，不仅可以保证振动噪声少、信号数据上传稳定，还可以保证电气以及作业施工标准化，从技术源头上保证数据采集的实时性、可靠性和完整性。

基于镃云科技PaaS云平台数据，通过数据库和设备监控，管理人员可以实时监测设备异常，避免故障停机或不当操作，还可以监测每个工人、每台设备每天的生产量、生产效率。通过汇集多个中小加工厂PaaS层数据整合产能资源，镃云科技可为客户企业生成实时生产资源池，并为其提供订单引流、金融服务。

设备端的信号数据收集完成后，通过 4G/5G DTU 模块处理后上传到工业互联网 SaaS 平台（如图 9-8）。SaaS 平台是阿里云的一种云解决方案，数据库架构和设计模式是 SaaS 系统架构的核心，阿里云完善的数据库 PaaS 生态可以让 ISV 快速集成，上传云端的效率提升 20% 以上。SaaS 控制面通过集成 DMS 企业版实现数据库研发和运维自动化。

通过 SaaS 平台，可以实现管理人员远程运维服务，包括机床远程访问、机床故障诊断、机床程序操作等。

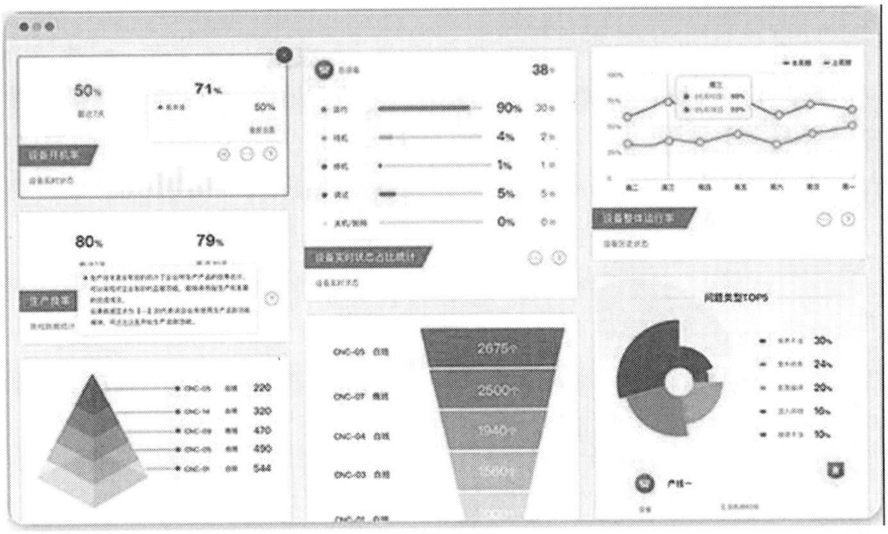

图 9-8　数据可视化

9.4.3　系统意义

EQPT-IoT 机床工业互联网管理平台特点在于能实时、定时采集机床运行数据，保证机床健康运行。能够通过生产训练预测模型以及预测异常和故障。通过设备机床的远程运维，可以减少维修人员 50%，降低维修诊断费用 70%，增加客户黏度留存 80%，提升设备销量 60%。通过平台上的数据可视化，可以快速降低维修成本 50%，极大提升用户体验 80%，掌握预判客户风险 70%，提升企业的行业竞争力 100%。

EQPT-IoT 机床工业互联网管理平台应用于一汽青岛汽车制造有限公司，协助青岛一汽建设覆盖全厂各车间的设备运行监测分析系统。对比 2018 年历史统计数据显示：采用目前的监测分析系统进行事前维护或者维修，成本损失降低 2000 万左右。

整个车间设备运行监测分析系统的优势在于能够预警缺陷转速，指导排产。通过数控机床转速和主轴振幅数据的实时或定时采集，抽取共振点的转速 – 振幅，通过阿里云工业大脑对历史数据训练预测模型，预测机床运行中的异常设置和故障，指导规避缺陷转速排产。还能预测异常设备故障情况，通过采集机床体检数据，在

PaaS 平台上预测机床运行中的异常设置和故障，改变企业地毯式排查的维护模式，能够提前阻止设备故障的劣化趋势。同时及时地分析评估耗损，减少次品率的发生，减少对主轴和道具的损耗。分析共振转速趋势，评估机床耗损情况，及时检修，减少机床故障带来的经济损失。

EQPT-IoT 机床工业互联网管理平台可以在早期发现隐形故障及时采取预防措施，使设备避免可能发生的故障，降低机床停机率，提高机床的利用率，延长机床的使用寿命，降低工艺生产过程中的成本，还可以完成机床远程监控、调度、服务和管理等工作。通过项目平台的示范可以促使行业内其他企业或者业务模式相近的其他行业企业产生推行设备监测分析系统的意愿，并可从中了解设备监测分析系统的过程、需要掌握的关键技术，学习经验并提升汽车行业整体制造水平，促进汽车行业实现自动化、网络化，向智能、高效方面发展，也有利于社会资源的整体优化。

汽车业正在从制造大国向制造强国迈进，“产品的质量”和“制造装备自主化能力的提升”是重要抓手。EQPT-IoT 机床工业互联网管理平台对于推进落实第一个十年行动纲领“中国制造 2025”有着十分重要的意义。通过对车间设备机床的实时监控检测，减少事故发生率，降低设备故障发生率，促进“中国制造 2025 ”行动纲领的实施，有利于工业企业数字化转型，打造全新的工业互联网生态体系。

9.5 工业互联网与农业行业——智慧农业解决方案

9.5.1 基本情况

我国的农业正处于小农经济向集约化转型的阶段，这一转变将带来由个人、社会到国家根本的改变。在我国大部分的农村地区，由于生产方式落后，目前依然采用传统的农业模式，这种模式几乎没有受到现代化改革的影响，种植技术的传播主要靠言传身教和实践积累，由于天气的多变以及不规范管理，养殖、种植的风险较大，对于初次踏入农业行业的工作者来说，若没有较多的农业经验，失败的概率也较高。随着国家现代化的发展以及政策的推动，传统农业与工业互联网的相遇，衍生出一种新的智慧农业模式，这种模式以物联网、人工智能、大数据、农业生产等现代技术为基础，根据农作地区的不同，农作产物的季节性、多样性以及周期性特征形成一整套工业互联网 + 农业系统，使得农业工作者不再完全依托自身经验进行农作，而是利用科技手段，随时观察农作数据开展工作。但是，目前智慧农业模式并不普及，基层应用仍是我们急需解决的最大问题。

新华三集团基于多年在大数据领域的经验，形成了一套农业大数据解决方案，可满足不同农产品单品种大数据建设需求。在不同的农产品领域，如花生、茶叶、柑橘、马铃薯、大蒜、猪肉、大闸蟹等，采集的数据种类和来源不同，因此需建立面向领域的可扩展的数据采集平台，以在未来支持更多的农产品数据接入。

9.5.2 系统架构

工业互联网的发展，支撑和引领农业的智能化发展以及转型。智慧农业模式对于广大的农业工作者来说，可以从三个方面实实在在地获得新模式带来的收益。农业生产方面，农业工作者无需外出，就可从智能化终端设备获取农田或养殖场的实时监测数据，有效提高了农业劳动生产效率；农业管理方面，由于数据以及监测的存在，对于自然灾害以及应急事件反应更为迅速，且为之后复盘打下基础；农业经营方面，形成的规模化经营以及外部因素电子商务的兴起，提高了农作物在市场的流通率，有助于实现“田间到餐桌”零距离。

新华三集团利用农业行业不同农作物拥有不同的周期性、季节性等特性。采用工业互联网的数据采集与分析处理技术，形成农业行业特有的数据系统，其系统架构如图 9–9 所示：

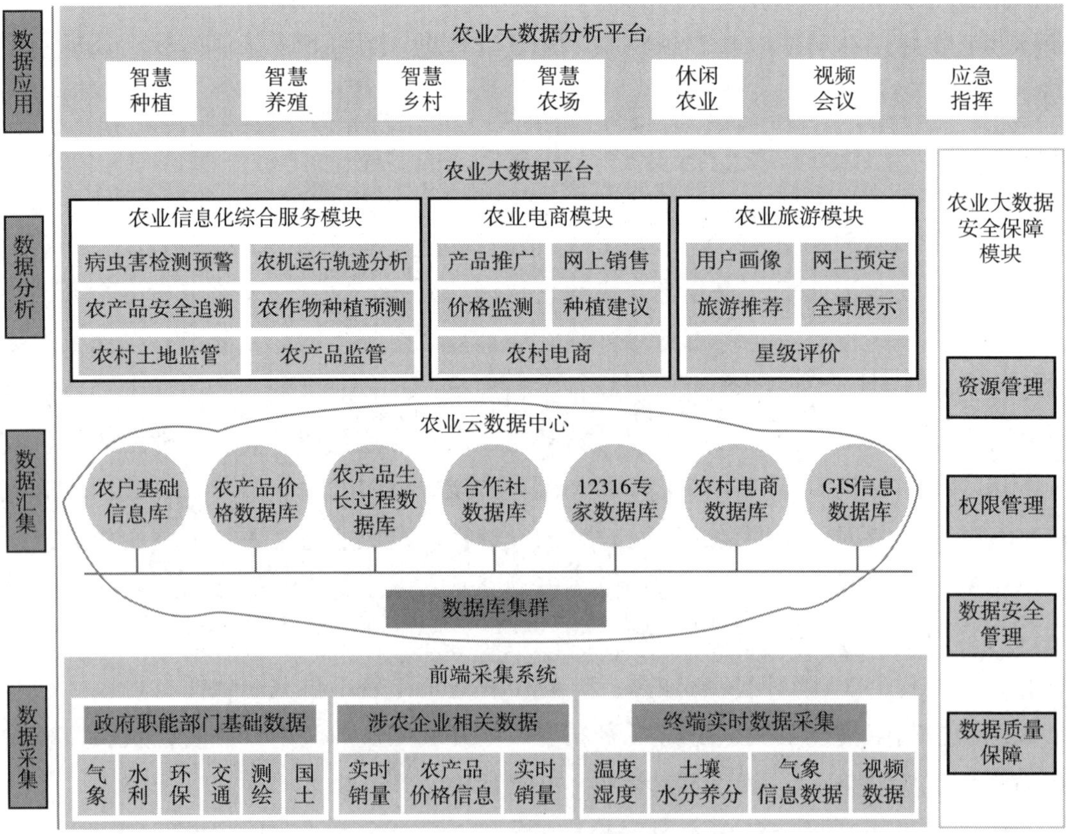

图 9–9　农业大数据平台系统架构

数据采集层，既包含相关涉农企业和政府职能部门的现有数据汇聚，也包含农业物联网实时数据采集节点，对于形式多样的数据进行海量采集。数据加工汇聚层，主要依托农业云对数据进行标准化处理，建模入库，向下提供统一的数据入库接口，向上为平台数据分析提供标准接口。数据挖掘分析层，各平台从自身需求出发，关联不同数据源，利用 H3C DataEngine 大数据技术手段挖掘分析，实现不同的业务需求。数据应用层，基于特色平台提供的能力开放接口，涉农企业和政府职能部门以及公众用户可以开展创新应用。

对于该农业大数据平台的实施，首先，运用数据采集系统采集政府职能部门基础数据、涉农企业相关数据以及农作物养殖终端的温湿度土壤天气等实时数据；其次，将这些数据上传到云端，农业云数据中心将这些数据汇集形成数据库集群；然后，云数据中心将这些数据传到农业大数据中心的各个模块，农业大数据中心包含农业信息化综合服务模块、农业电商模块、农业旅游模块这三个模块，分模块对数据进行分析后可以得到关于土地、农作物等种植预警，可以预设电商对农作物的销售推广方案，也可以扩展农业旅游业；最后农业大数据分析平台将这些数据应用到各个涉农行业，并且有助于各行业开展创新应用。

9.5.3　系统意义

我国作为农业大国，“三农”问题一直是关乎国计民生的根本性问题，在成为制造大国的同时，我们更应推进工业互联网在农业行业的应用，推动农业全面改革，实现数字化生产。新华三集团提出的智慧农业解决方案，很好地整合了农业产业链资源，将逐步服务于贵阳全市 1500 个行政村，900 多个农民产业合作组织，1.1 亿贵阳农产品电子商务市场，通过 H3C S10500 系列数据中心交换机承载接入全国 70 多家一级农产品批发市场，汇聚购买、物流、质量、产量等 100 多种关联农业数据资源，打造 TB 级农业数据聚合，成立本地运营实体贵阳现代农业大数据交易中心。更关键的是，通过智慧农业解决方案的大数据分析与交易平台，形成标准化的农业大数据交易体系和农产品交易数据标准，打通跨产业的数据通道，可以对全国的农业市场进行精准化分析，提升农产品产地的种植 / 养殖规模化，实现产销对接，推动资源整合，实现 10 亿元级别的大数据交易服务。

智慧农业解决方案的建成，将对食物从“种下去”到“吃下去”的过程进行全程监控。这不但能够解决市民关注的食品安全问题，也能帮助贵阳打造健康农业产品品牌，提升附加值。同时，还能形成企业诚信交易信息数据，帮助农业管理部门进行数据收集及管理分析，提升管理效率，加强政府监管水平和决策能力。智慧农业产业给传统农业升级编织了一副四通八达的发展“网”，帮助当地农业实现了智能化、精准化和科学管理化，实现了农民增收、精准扶贫的目的。

9.6 工业互联网与飞机制造行业——飞机总体设计系统

9.6.1 基本情况

随着我国经济实力的持续增长，飞机制造业逐渐成为关注的焦点之一。C919、ARJ21等具有我国自主知识产权飞机的成功研制，表明大飞机重大专项是党中央、国务院建设创新型国家，提高我国自主创新能力和增强国家核心竞争力的重大战略决策，是《国家中长期科学与技术发展规划纲要（2006—2020）》确定的16个重大专项之一。ACI预计到2040年，中国航空客运量将达到40亿人次，占全球19%，飞机设计与制造具有非常广阔的前景。

作为关系国家安全的高技术产业，是知识密集性、技术密集性、综合性强、多学科集成的产业，其中涉及14个大专业、74个子专业，同时是高投入性、高附加值和高风险性的产业。飞机总体设计过程是复杂的系统工程，现有的研发体系建立在“串行式”研发的基础上，与之相匹配的使能基础设施难以满足集成研发的要求。大量的研发工具和系统严重依赖国外技术厂商，工具与系统异构化现象突出；研发核心知识显性化程度不够，并行和集成研发能力未充分显现；各专业数据零散分布，缺乏数据共享，数据源不唯一，导致专业间设计协作困难；设计过程缺乏主线引导，专业间关系不畅通、不规范，迭代优化困难且无法追溯。这些特点使得航空制造业成为工业互联网有潜力的应用领域之一，从飞机数万个零部件的制造、运输，到飞机的飞行、维修，工业互联网技术的应用空间无处不在。工业互联网技术可以大大提高供应链的自动化能力，保障飞机零部件的供应，使得航空部件的状态可实时监控，提高航空飞行和航空服务的安全性与保障性，使飞机部件的维修保养和更换变得非常方便，其最终目标是保证持续的空中安全。

为了将工业互联网与飞机制造结合起来，赋能助力飞机制造业，中国航空工业集团公司西安飞机设计研究所联合北京索为系统技术股份有限公司，通过多次统筹协商，进行了系统的论证与技术攻关。通过飞机总体协同设计系统的建设，对各种型号飞机（客运飞机、货运飞机、军用飞机）的外形设计、布局设计、飞行性能、布置设计、重量特性、操稳特性、气动设计、气动特性、载荷特性等不同飞机设计阶段的工作方法、工作要求、流程关系进行了仔细梳理，高效率地满足设计探索、反复迭代、多轮逼近、综合协调、多解寻优、逐步深化的需要，提高设计协作、促使知识沉淀、减少中间消耗、增加推进力度、规范工作程序，从而提升飞机总体设计水平和核心竞争力，同时缩短制造周期、降低制造成本。

9.6.2　系统架构

飞机总体设计系统架构如图 9–10 所示，整个项目分为两期建设：

一期主要是系统框架、概念与方案设计功能的构建，包括布局设计、外形建模、布置协调、重量评估、气动估算、性能评估、操稳设计等模块，其特点是快速建立方案并进行分析估算。对部分具备条件的模块（布置、重量、性能模块）进行局部深化，形成完整、实用的概念与方案设计评估环境，同时为二期建设奠定基础。

二期主要针对初步设计阶段，是在概念及方案设计功能（一期）基础上的深化、细化和优化，包括气动设计、进排气设计、布局完善、外形细化、气动特性分析、操稳分析、载荷计算、静弹分析。并与一期融为一体，形成完整的飞机总体协同设计系统。

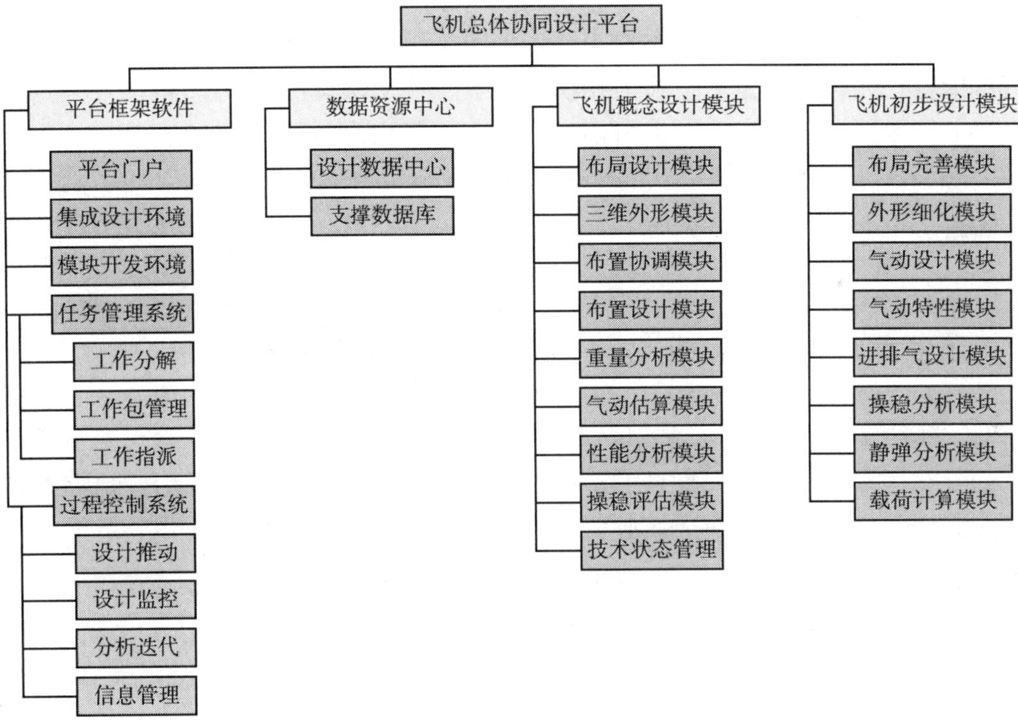

图 9–10　飞机总体设计系统架构

基于索为 SYSWARE 平台的飞机总体协同设计系统，以唯一数据源、柔性流程驱动、过程支撑及状态管控、方法规范、迭代优化为目标，采用目前国际最新的第三代设计平台技术和过程设计控制理念，以“数据资源中心”为核心，采用柔性设计流程，研发出了飞机总体设计专业 App 库（包含 157 项工业 App），集成了飞机总体设计分析软件 121 种，建立了过程管控中心、数据资源中心和知识支撑库，构建出涵盖飞机概念与方案设计、初步设计两个阶段，具有总体方案快速设计与评估、深化计算分析以及方案评定优化等功能的飞机总体协同设计系统。

9.6.3 系统意义

从整体应用效果来看，引入工业互联网概念后，通过在过程管理、数据共享、知识管理等方面的优化升级，飞机总体设计平台能够有效缩短飞机研制周期 50% 以上，降低飞机研制经费 30% 以上。

在飞机制造过程中引入工业互联网相关技术，将工业互联网中“万物互联”的核心概念一起引入，在飞机制造过程中将原本独立的制造过程相互联系，也将原本串行的制造流程变为相对并行的制造流程，提高制造效率的同时缩短了制造周期，相比传统的飞机制造过程大大提高了产业竞争力。

飞机总体设计平台的成功问世，直接证明了工业互联网为其他行业带来的无法忽视的助推作用，飞机制造业作为知识密集性、技术密集性、综合性强、多学科集成的产业，同时是高投入性、高附加值和高风险性的产业，通过在制造过程中引入工业互联网从而赋能助力产业本身，向其他行业提供了新的发展方向，也增强了其他行业引入工业互联网的信心。

9.7 工业互联网与水务行业——智慧水务运营管控平台

9.7.1 基本情况

随着在污水整治中的大显身手，在用设备的数量几何级增长，运行维护管理却成为水务行业与众多环保拥护者最为头痛的事情。因污水处理工艺的特殊性，且污水处理的构筑物占地面积大、处理流程长、设备众多易出问题、进水情况时有变化等，在传统运维中管理人员无法随时随地实时地了解现场实际情况，为了解每个生产现场运行状态的日常巡检常常浪费大量的时间；由于缺乏设备运行档案导致对设备定期维护、保养以及损耗品管理安排，都凭经验靠记忆，不仅运营成本高，而且容易出现故障报备延时，巡检及维护效率低下；现场设备运行数据、处理参数无法进行统计归集，造成很多数据丢失，设备及处理工艺也无法及时优化。

2018 年，川仪环境科技有限公司与工业互联网平台赋能公司树根互联合作，共同探索工业互联网在环保设施运维系统中的应用，通过双方的不断努力，基于根云平台，倾力打造出覆盖污水处理全产业链的智慧水务运营云平台，赋能污水处理厂、环卫处理设备，实现对环保设施的智能监控以及资产全生命周期的管理。

9.7.2 系统架构

依托根云平台，利用大数据、云计算、GIS信息技术以及物联网数据采集仪、监测仪等传感设备，智慧水务运营云平台彻底改变了传统环保设施的运维模式。

1）统一上云。在覆盖95%主流工业控制器、支持600+种工业协议解析的根云平台的支撑下，智慧水务运营云平台实现了不论是西门子、施耐德，还是川仪自主研发设备的轻松联网。原有散落各处的设施统一接入平台，实现环保设施的运行参数、工作状态、设备使用效率等重要的设备指标全生命周期的自动采集、记录以及随时随地查看，实现了移动化、数字化、集中化的管理。

2）智能分析与故障预警。通过AI、大数据，将采集数据与各个工艺环节的要求达标数据进行比较、分析、评估和处理；同时，通过分析与识别系统，及时发现设备故障，发布故障预警提示。

3）全程可视化。不论是综合显示大屏，还是设备监控，智慧水务运营云平台全部采用树根互联的“云视界”可视化解决方案，对接设备、业务、运维系统获取关键数据、设备效率、OEE（设备综合效率）、维修保养报告、服务流程工况、人员状态等关键指标一目了然，实时动态的数据更新，让真实的水务运行状态跃然“屏”上。

4）提升后市场效益。在树根互联智能售后管理系统（iFSM）的支持下，智慧水务运营云平台可有效为用户提供在线、远程和现场的全方位服务支持。可随时随地查看设备运行状态，结合历史故障参数，完成远程诊断；对于疑难问题，还可在线精准指导用户工程师进行处理，有效避免现场设备停机误工，为川仪环境科技有限公司带来显著的后市场经济效益。

9.7.3 系统意义

智慧水务运营云平台，令川仪环境科技有限公司的环保设施运维实现了真正的无人值守，维护人力成本降低了80%；实现了耗材、药剂、配件等科学合理的调配，运营成本降低30%以上，吨水能耗降低23%；实现了操作人员的巡检、维护时间的合理规划，企业运营人员减少了20%，工作效率提升了50%；实现了故障的一键报修，减少了设备停机时间，设备运营效率提高40%。

污水处理关乎百姓民生，是行政监管的重中之重，智慧水务运营云平台为行政监管等第三方实现运行、维护及处理结果等数据的实时监管创造了可能，实践中，监管需求满意度达100%。在供给相对饱和，竞争日趋激烈的状态下，工业互联网正在改变着原有产品的形态，拓展着经济价值领域，甚至重新定义着产品的边界。借力根云平台的川仪环境科技有限公司，其价值范围已经延伸到设备的全生命周期及网络的远程，如唤醒的种子，不断迸发出强大的生命力。

9.8 工业互联网与港口行业——5G智慧港口安全方案

9.8.1 基本情况

当前全球港口面临劳动力成本攀升、劳动强度大、人力短缺的难题，降本增效进行自动化改造成为全球港口共同的诉求。5G技术的应用将大大提升港口的信息化水平和运营维护效率，为港口自动化提供了新的动力。集装箱码头越来越多地使用更高水平的自动化来提高生产效率以确保竞争优势。港口是典型的工业作业环境，重型机械设备密布，任何的网络安全风险都将直接影响到港口的正常运转，甚至可能导致停工停产，给港口企业和客户带来巨大的经济损失。

为了适应未来无人化码头的趋势，上海洋山港三期现有RTG150台进行远控改造。改造采用移动5G网络，需要保证低延时和大带宽的网络特性，同时满足港口业务数据不离开港口MEC网络的要求。

9.8.2 系统架构

方案针对RTG轮胎龙门吊作业特点、港区网络部署环境、港区业务流程等特点，提出了全新的5G赋能港口业务的安全技术方案。

1）基于“云－网－边－端”安全治理模式，形成云网边端协同多级联动的全方位安全保护模式。其中，云是全业务安全聚能平台集中训练、数据全网共享；边缘和网是安全业务赋能节点，提供数据并实现本地实时防护。

2）面向业务软件定义安全：从安全治理的视角出发，打通业务与安全的根本联系，建设面向港口业务的、可定制的安全能力。

3）针对终端安全、控制安全、网络安全、应用安全、数据安全等不同维度，保障港区基础网络安全，进而保证港口业务安全开展。

图9-11是洋山港智慧码头5G网络组网示意图，在码头的现场通过部署的CPE与码头设备连接，MEC部署在本地，UPF下沉安装在MEC中，满足港口的业务需求。

整体技术架构由基础数据采集、数据建库与分析、安全能力构建、业务分析和应用场景实践等多个层次构成。如图9-12所示：

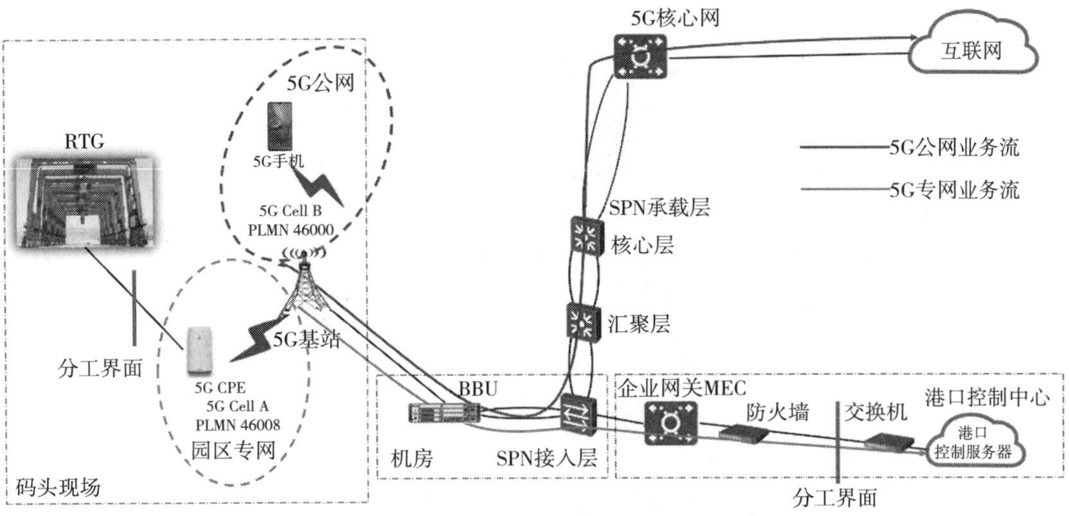

图 9-11　洋山港智慧码头 5G 网络组网示意图

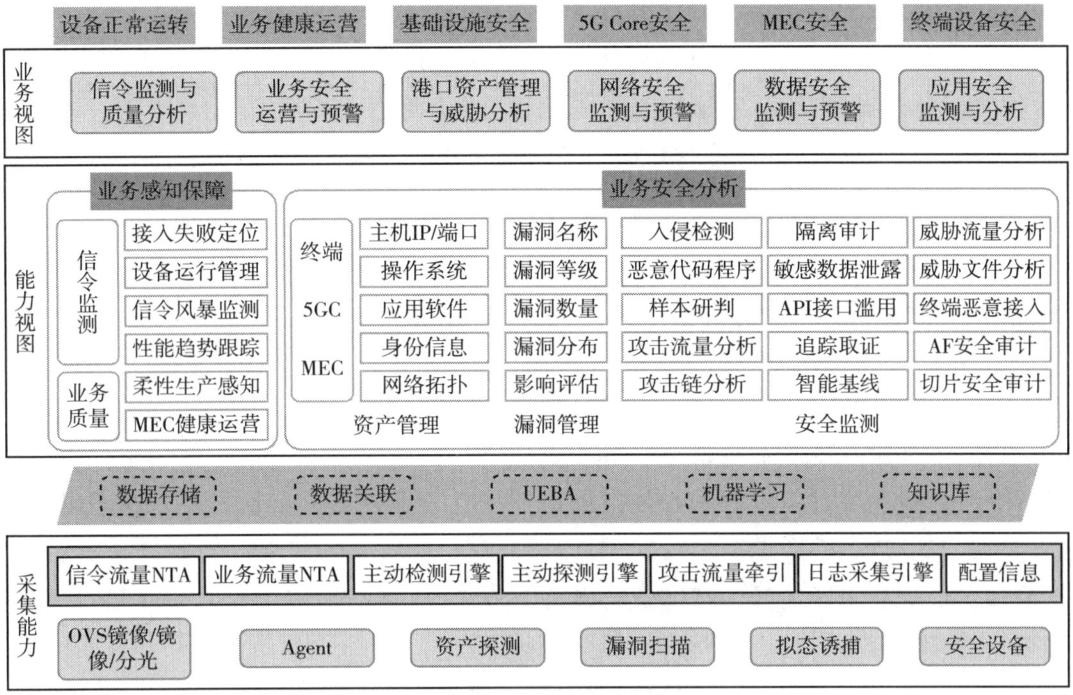

图 9-12　平台整体架构

底层通过多源数据接入实现对港口 5G 数据的采集，包括分光、镜像、OVS 镜像方式获取南北向、东西向的信令流量和业务流量，支持主被动方式采集资产数据及入侵事件，支持在边界通过拟态诱捕等方式获取数据。通过数据的建库，依托多项关键技术开展数据的分析和安全能力的构建，实现港口 5G MEC 应用安全监测的安全分析、港口资产管理与威胁分析、码头业务健康运营、港口终端设备安全运营等典型业务场景的应用和推广。

9.8.3 系统意义

洋山港振华 RTG 5G 安全方案通过在港口机房 MEC 平台上部署轻量级安全 Agent，搭建拟态诱捕设备和安全管理平台，建立一系列的智能检测基线分析，感知网络指标、设备运转情况、业务运行情况，提升码头自动化安全预警水平，保障港口网络正常运转。资产探测与漏洞扫描主动获取港口资产与漏洞：共报送漏洞 35 个，其中高危漏洞 21 个、中危漏洞 14 个，当天完成加固修复。基于 AI 的设备状态和业务运行数据的深度分析而建立的产能预测体系，实际与预测产能相差 3% 以内。预计港口 150 台 RTG 设备远控改造全部完成后，可以将生产率提高 50%、运营成本降低 50%以上。港口整体安全系统将进一步保障业务正常高效运转，感知潜在风险，定位网络设备故障。初步估计三年期节约经济效益将超千万元。

港口业务效率是核心，同时具有连接终端数量大、类型多的特点。基于无线视频回传的远程实时操控，是 5G 智慧港口改造的主要场景之一。5G 的“大带宽”“低延时”的网络特性助力垂直运输工具的远程控制和水平运输工具无人驾驶，让视频传输又快又稳。5G 的“广连接”特性能够支撑每立方有几万—几十万个连接，海量物联网的场景由此成立。

9.9 工业互联网与其他行业——产品远程运维系统

9.9.1 基本情况

智能运维服务是企业转型的需要，也是市场发展的要求；研发智能化产品，发展智能运维服务是设备厂商未来的发展定位。产品远程运维场景主要通过远程设备接入，获取设备运行数据、位移数据，利用工业互联网平台实现数据接入、设备资产管理、设备健康评估等，帮助生产者或客户实时了解设备状态，提升产品智能化水平和服务能力。

重庆品胜科技有限公司是移动标记系统解决方案的供应商，在移动式标签打印机、资源标识管理软件、高品质耗材等领域持续研发投入，致力于为客户提供一站式服务，企业重点产品标签打印机终端普遍存在耗材配件消耗多、售后成本高、原厂维保率低等因素制约其发展，为了提高标签打印机终端设备管理效率及降低运维成本，设备上云远程运维管理的需求日益迫切。

9.9.2 系统架构

基于工业互联网的产品远程运维架构如图 9-13 所示，自下向上分为设备域、平台域和应用域三层。

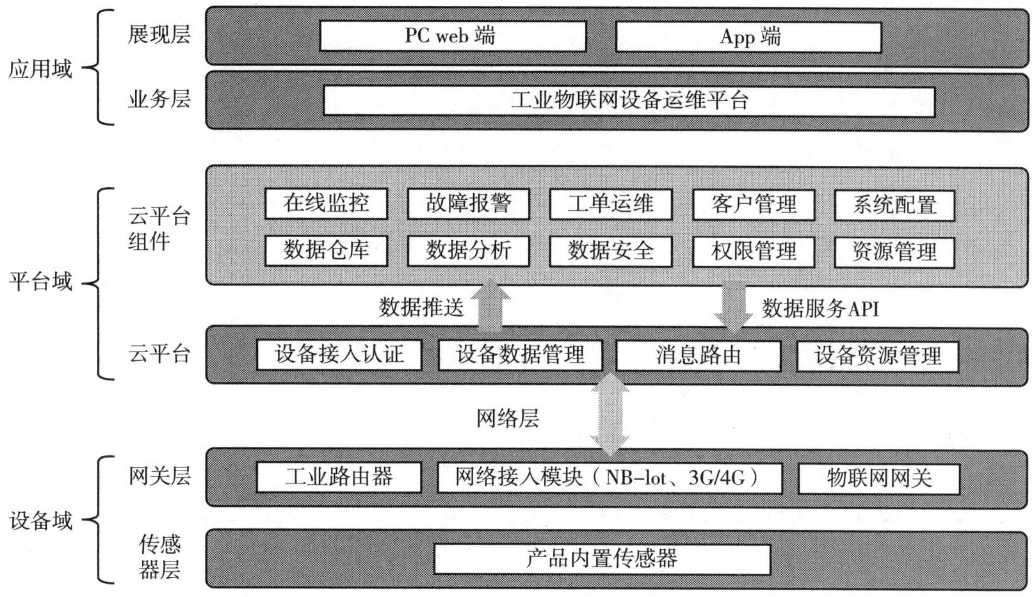

图 9-13　基于工业互联网的产品远程运维架构

设备域利用产品内置传感器进行自动检测采集产品的技术参数、运行状态、故障代码等信息，通过物联网网关等完成数据采集及边缘计算，实现每一台产品与平台的连接。

平台域利用云端服务器对数据进行分析处理，进行设备状态监控、故障分析预警、消息推送、资源权限管理及提供相关服务 API。

应用域利用 PC 及移动端 App 等形式提供产品实时状态检测展示、故障统计分析、在线诊断服务、实时参数展示等功能。

打印机终端远程运维网络连接如图 9-14。远程运维的实施要在工业产品上安装部署云接入能力，并配置相关的协议和网络传输方式，远程运维管理平台运行在企业云服务器，通过互联网连接客户端 RFID 打印机产品的专用设备，接收来自产品设备的数据信息并下发控制指令。产品远程运维管理平台与产品设备之间通过三元组（ProductKey，DeviceName，DeviceSecret）实现设备端和服务端的认证，基于 MQTT 和 HTTP/2 协议通过消息订阅与发布实现数据通信。

远程运维基于云服务进行构建，通过注册云平台账号，登录云平台，创建自己的产品，根据产品的情况输入内容，选择为自定义品类、认证方式和数据格式。创

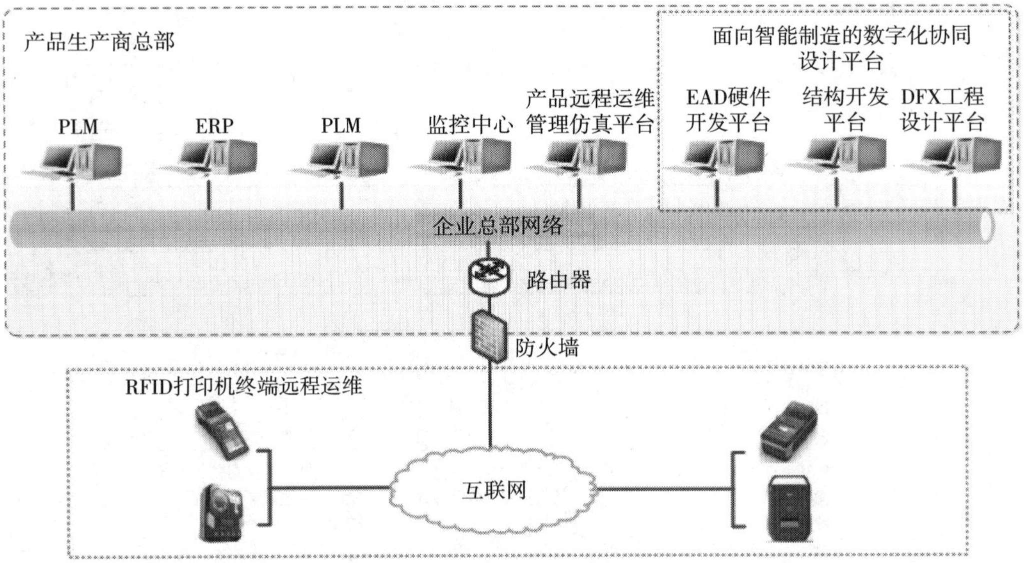

图 9-14　打印机终端远程运维网络连接示意图

建完设备，获取到设备的三元组信息，用于认证产品，若是动态注册的产品还要用到 ProductSecret。创建完设备和产品之后，进入产品详情，单击 Topic 列表，将所要通信的 Topic 设置权限为发布和订阅（图 9-15）。

图 9-15　运维产品类型信息设置界面

基于远程运维平台的产品远程运维要求实现设备云监控、云运维、云端设备全生命周期管理，为生产企业提供准确、快速、低成本的设备监控及远程运维服务，主要包含设备运行数据采集、数据存储、实时在线监测、紧急事件报警推送、远程故障诊断、数据分析、工单运维管理、系统公告等（图 9-16）。

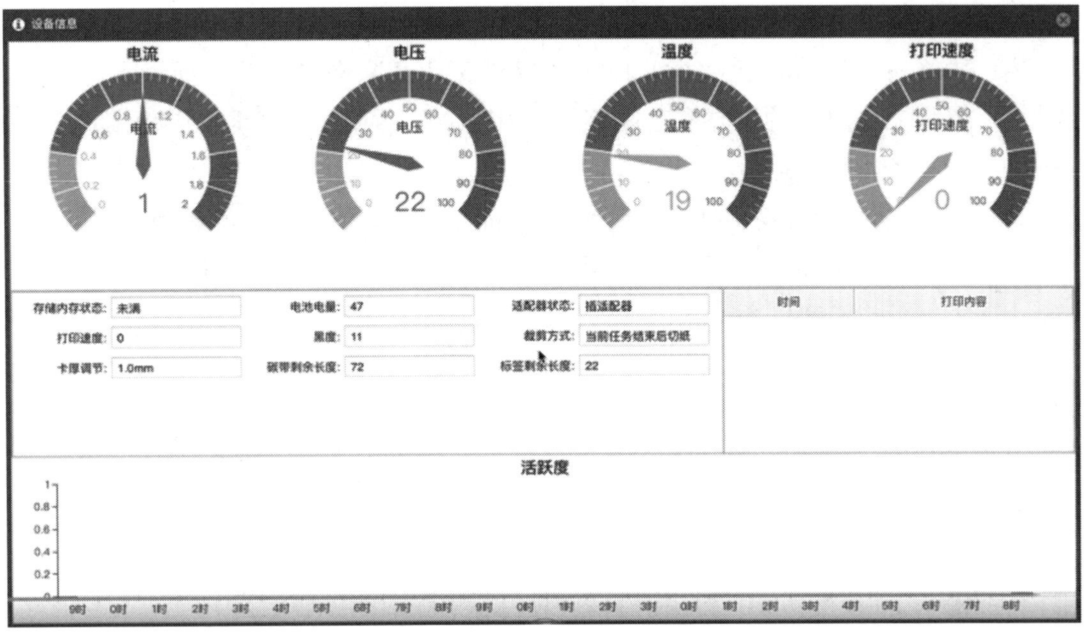

图 9-16　产品远程运维界面

9.9.3　系统意义

对于客户来说，远程运维意味着缩短故障解决时间、减少安全隐患。对于设备厂商，通过对产品的用户使用情况及历史数据进行分析，发现产品缺陷，逐步完善和迭代设备能耗模型、故障预测模型，指导后续产品研发和改进，同时也可通过云平台加强客户服务响应速度和能力，规范服务流程，提高用户满意度，提高用户黏性。

基于工业互联网的打印机远程运维通过物联互联平台的开发、建设和实施，进一步完善制造商与产品、客户与产品、制造商与客户的互联，实现产品在网上、数据在云上，基于实时数据分析，逐步实现预警提示、自诊断自服务、远程设备管理与升级等智能化服务。

9.10　本章小结

本章主要介绍工业互联网在不同行业的融合应用案例，各应用案例普遍反映出工业互联网的使用能够显著提升行业的网络化、智能化水平，提升在工业大数据分析优化和先进控制等方面的技术能力，带动产业链上下游的技术合作与协同创新，提高企业核心竞争力，推动“中国制造 2025”等战略的落地与实施。

习题

1. 尽管每个垂直行业和企业投资及启用工业互联网的目的、场景不尽相同，但是实施路径的逻辑和基本步骤是相似的，简述工业互联网应用都有哪些基本步骤？
2. 举例说明工业互联网在智能产线、智能车间与智能工厂中的典型应用场景？
3. 请以一个工业互联网典型应用场景为例，思考企业如何及时纳入相关新技术进行技术迭代升级？

参考文献

[1] 工业互联网产业经济发展报告（2020年）[R/OL]. 中国信通院，2020-03-24.
[2] 李海花. 工业互联网的发展历程及实现路径 [J]. 互联网天地，2019（08）：23-27.
[3] 工业互联网体系架构（版本2.0）[R/OL]. 工业互联网产业联盟，2020-04-23.
[4] 工业互联网标准体系V2.0 [R/OL]. 工业互联网产业联盟，2019-02-25.
[5] 工业和信息化部，国家标准化管理委员会. 工业互联网综合标准化体系建设指南 [R/OL]. 中国政府网，2019-03-08.
[6] 工业互联网平台赋能重点行业数字化转型方法论白皮书 [R/OL]. 赛迪智库信息化与软件产业研究所，2020-04-22.
[7] 工业互联网垂直行业应用报告（2019版）[R/OL]. 工业互联网产业联盟，2019-02-25.
[8] 工业互联网优秀应用案例 [R/OL]. 工业互联网产业联盟，2018-02.

第 10 章　工业互联网商用模式

互联网平台主要面向消费者提供通用化服务，以通用规模优势获取商业收益。工业互联网由于工业体系的专业性与复杂性，目前商业模式仍然侧重传统工业方式和企业用户，更加强调面向特定场景的个性化服务，其商业价值主要集中在个性化实施，但最终将向通用化能力延伸。

本章主要介绍了工业互联网商用模式。从专业服务、功能订阅、资源交易、金融服务等方面进行了阐述，并重点分析了中小企业、大型企业、行业领军企业三类企业的商用模式。

10.1　概述

互联网时代企业商业模式是通过外部环境、需求发展以及内部能力三者之间协调作用实现。因此，如果要从根本上了解互联网时代下商业模式产生的基础和发展方向，首先需要对互联网经济环境、时代环境、用户需求以及竞争模式的发展进行了解和分析。进入 21 世纪以后，全球发生了翻天覆地的变化，可归纳到以下几方面：

1）经济全球化：世界各国和地区之间通过密切的经济交往与合作，在经济上形成相互联系、相互依存、相互竞争和相互制约的关系，使得全球的经济更加具有整体性（图 10–1），任何一国或地区经济领域的变动都会引起全球经济整体性的变动。随着信息技术的发展以及其在经济领域的广泛应用，为经济全球化提供了技术支持。特别是进入 21 世纪以后，互联网技术的快速发展与应用，为世界各国企业进行全球信息交流和操作提供了技术支持和保障。

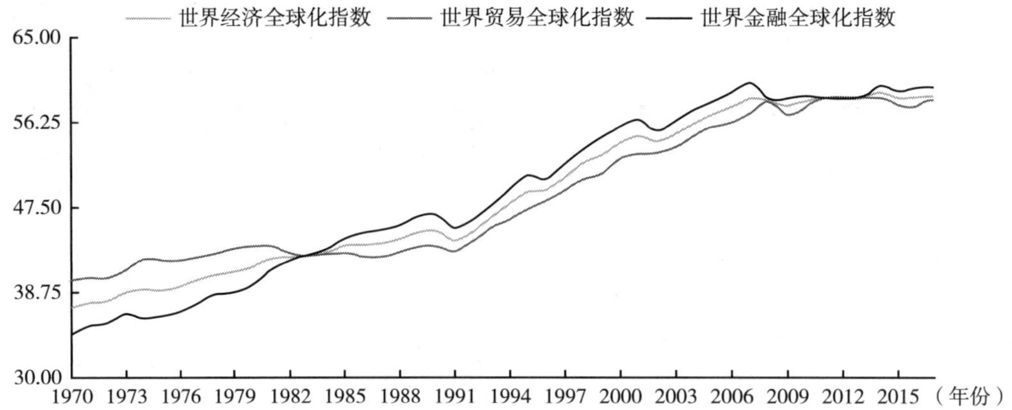

图 10-1 世界经济全球化指数趋势

2）网络经济：以现代信息技术为核心，建立在计算机网络（Internet）基础之上的新经济形态，在信息技术基础上从事信息和知识的生产、获权和使用的经济活动。

3）知识革命：由于信息资源的开放和知识革命，企业之间的竞争已不再仅是对传统资源占有的竞争，中小企业、小企业甚至个人在某种程度上拥有了和大企业竞争对抗的能力。

因此在互联网时代，企业的商业模式如果想要获得成功，首先，需要适应网络时代网络经济的特点，明白网络时代的用户需求，才能够充分利用互联网的优势，吸引用户，满足用户的个性化需求；能够利用互联网提升用户价值实现水平的同时，降低实现用户成本；其次，成功的商业模式必须有自己独特的价值体系，且难以被复制和模仿；同时，在如今互联网经济时代下，单纯依靠技术领先以及资源优势，无法确保成功，因为竞争的形式已经发生了巨大的变化，从以前单纯的新产品、新技术以及其后的价值链竞争，已经发展成价值网络的竞争，并且价值网络成为扁平化趋势发展的必然选择。所以为了使企业能够长期保持竞争优势，需要建立价值网络体系，而这对于竞争对手来讲往往是难以复制的。

商业模式在当代企业的竞争中扮演重要角色，其本质是企业创造价值的核心逻辑，企业内部的所有工作重心都要围绕这一逻辑施展。商业模式是一个企业为满足目标顾客需求，如何利用内外部资源和能力，提供产品和服务，获取持续利润的解决方案。也就是说，商业模式主要指的就是企业能够满足消费者需求的一个资源系统。如图 10-2 所示，在这个系统里面含有三个关键性的要素：价值、能力和方式。第一，价值反映商业模式要创造什么样的价值来满足目标顾客的需求；第二，能力主要是指企业需要具备哪些能力和资源来创造价值；第三，方式表明企业怎样实现价值，即企业如何配置这些资源才能够实现企业、顾客以及其他利益相关者的价值最大化。这些资源可以提供消费者无法自给自足却又必须购买的产品和服务，而这些资源具有不被人轻易复制的特点。商业模式围绕如何传递和创造客户价值以及企业价值而运作。

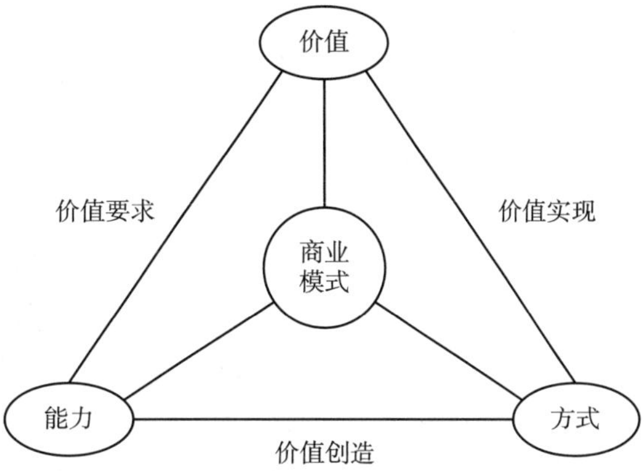

图 10-2 商业模式要素框架结构图

传统工业企业与工业互联网企业之间不仅是营收模式不同，而且在商业模式上也是截然不同的。传统行业一般思考的重点集中在产品更新，优化产业链等方向。但互联网行业更为注重商业模式的创新，比如 Google 和 Facebook 等，它们在成立之初并没有完整的商业模式，而是通过自身的运营提高用户的群体量，在企业产品吸引到足够多的客户之后，商业模式的轮廓也就显露出来，这是互联网行业形成商业模式的基本路径。简单来说，互联网企业的商业模式是在互联网为媒介的基础之上，结合传统行业的运营模式，包括一些销售渠道、商业合作以及线下运营等，形成具有成长性、价值性、创新性的商业运作模式（图 10–3）。

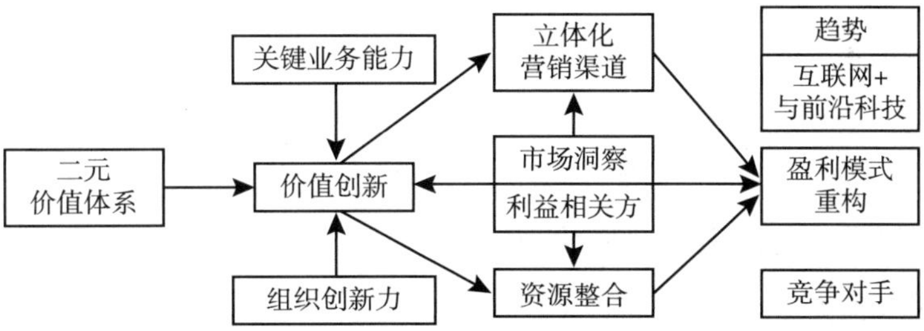

图 10-3 商业模式的创新模型

工业互联网平台将行业自身特性与商业模式结合，发展出了以专业服务、功能订阅、资源交易、金融服务等四个方面为主的商业模式。其中专业服务依靠企业自身的资源技术与能力，结合客户需求场景，进行定制化解决方案开发与现场部署，是目前最主要的盈利手段；功能订阅以企业通过平台面向客户提供自己的技术服务，是盈利的重要补充手段，可能成为未来商业模式的核心；资源交易在传统行业的产品交易模式中发展出来能力交易与知识交易，并利用平台进行业务的交易，其中产品交易模式较为成熟，能力交易与知识交易仍在探索中，是未来研究的热点之一；金融服务是工业与金融业结合的主要措施，是企业探索的新模式，具有巨大的潜在价值。

10.2 专业服务

自从工业互联网被纳入“新基建”范畴以来，围绕工业互联网的产业链上下游相关板块异常活跃。众所周知，工业互联网由网络、平台、安全三部分组成，网络是实现工业全产业链、全价值链的基础，安全是有序发展的保障，平台是整个工业全要素链接的枢纽，也是工业资源配置的核心。所以，平台在三者之中重要性不言而喻。互联网平台为消费者提供通用化服务，通过规模化形成优势，以获取商业利益。工业互联网平台的侧重点不仅是传统工业方式和企业用户，而是更加强调面向特定场景，为客户提供个性化服务。根据工业互联网产业联盟的白皮书指出，现在工业互联网平台的商业模式主要是专业服务和功能订阅等。

专业服务是工业互联网平台最主要的盈利模式，也是平台系统集成的最主要的服务方式。绝大部分大数据分析平台都通过这种方式为消费者提供服务。同时，也衍生出了咨询服务，而咨询服务也逐渐成为工业互联网企业专业服务新的盈利增长点，越来越多的企业利用平台企业所聚集的数据，用以数据分析参考，以促进业务拓展和利益增长。

10.3 功能订阅

平台盈利的重要补充是功能订阅，功能订阅在将来也可能会成为平台商业模式的核心业务，大部分会在工业互联网平台出现，这个趋势值得重点关注。

但是互联网平台的商业模式和工业互联网的不可一概而论，这是由于互联网平台通过无差别服务为消费者提供服务，是利用规模化的优势并从中赚取商业利益（图 10–4）。而工业互联网平台会根据特定的问题，提供特定的解决方案，这是由工业体系的专业性和复杂性决定的。所以工业互联网平台的商业模式倾向于传统工业方式和企业用户，也就是 To B 模式，该模式侧重于根据特定环境提供特定服务，但可以预见，通过提供特定服务，分析商业模式，最终向无差别服务的发展。

由上述分析可知，工业互联网平台和互联网平台的商用模式不可一概而论，有相同也有不同。

一方面，工业软件服务与 IT 资源已普遍采用订阅服务模式。

云资源订阅方面，各个公司都拥有比较成熟的 IaaS 云资源租用服务，如阿里巴巴、华为、腾讯、Amazon 和 Google。

功能组件订阅方面，GE Predix公司为消费者提供了50多种微服务工具集，并以订阅的方式获得收益。Baidu公司提供工业设备的定位服务API，按照使用的流量进行收费。

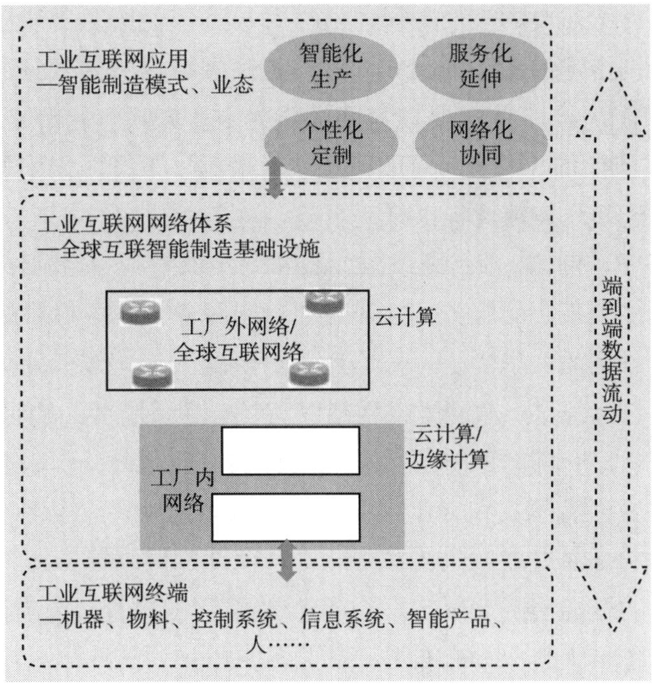

图10-4 端到端数据流动模型

工业SaaS订阅方面，在PTC的应用商店上拥有40多个基于ThingWorx的工业SaaS，此服务是以订阅方式提供的；ANSYS公司在ANSYS企业云和它的合作伙伴的云平台上提供了仿真软件的云端订阅，用户可以方便地选择所需要的服务；甲骨文和SAP公司云化了自家平台，提供ERP订阅模式；西门子ManageMyMachines等应用软件以订阅模式进行收费。

另一方面，在工业资产运营和维护、能源消耗优化等领域的托管服务，已经成为工业互联网领域新的订阅方式。

各个企业基于自己的技术优势建立自己的工业互联网系统或者平台，为不同客户提供不同的订阅服务。各企业系统与平台的盈利模式则各有不同，一些企业按照使用的模块进行收费，模块包括软件的解决方案、软件支持与维修协议（图10-5），所需要的服务费用根据软件

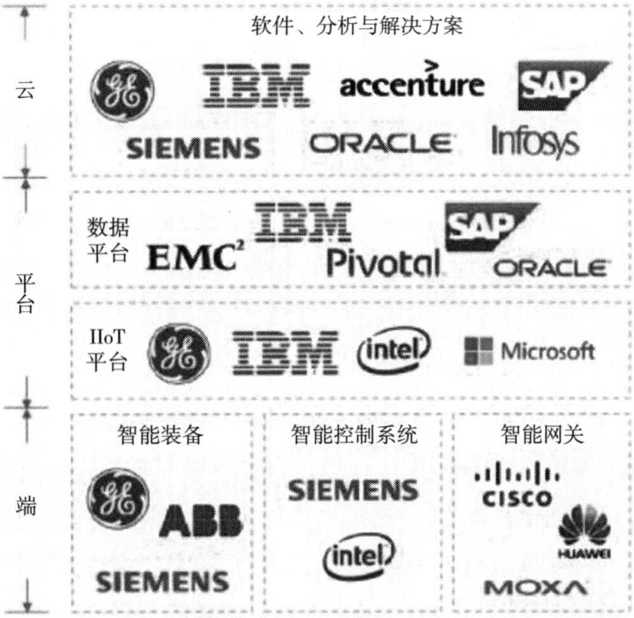

图10-5 软件分析与解决方案

方案需要的模块进行评估；另一些平台按照所使用的流量进行收费，流量计算是根据指定的物联网 SIM 卡和运营商网络资费套餐进行计算。截至目前，云服务平台和通用 PaaS 平台是以订阅模式为主要方式。趋势是由资源订阅逐步发展到功能订阅。当前 IaaS 的资源订阅已经较为普遍，下一步发展的关键是怎样丰富和扩展平台的功能模块，以此提供订阅服务。

例如，微软公司的 Azure 平台提供了大数据分析、机器学习和人工智能等 100 多种模块的服务，并开通了订阅服务，其中提供的订阅的模块是按小时或者包月来收费的。华为公司的华为云平台提供了大数据分析、云服务器，存储、深度学习等订阅项目，收费方式包括以流量、包月包年、以设备运行时间等多种方式。

目前，PaaS 平台是通过提供专业服务获得收益的，关于未来的发展，主要是开展订阅模式和专业服务，并具备了金融、交易和分成等多模式的获得收益的方法。它是通过虚拟化技术将计算、存储、网络等资源池化，向用户提供可计量、弹性化的资源服务。IaaS 发展成熟度高，其技术迭代快，在市场上具有一定的垄断地位，各个大公司都有布局，如微软 Azure、腾讯云、华为云、亚马逊 AWS、阿里云等公司，占据了全世界绝大部分主要市场，此外西门子、Ge 等公司也提供底层通用型平台。

目前，大部分工业 PaaS，在工业制造 know-how 和专业技术积累方面的经验不足，由于受到互联网消费模式的横向整合，在市场上获得成功的影响，从而忽视了工业制造与互联网消费领域两者之间的专业性不同，在决策层制定策略时，很容易导致战略方向和发展路线的失误，工业 PaaS 的发展建设路线是在专业性的基础上，再向上提供通用能力的服务。

SaaS 的发展受到了 PaaS 因素不足的影响，其潜力没有全部发挥出来，目前 SaaS 正处于萌芽阶段。

现在，SaaS 逐渐参与工业制造业的细分领域（图 10-6），其中，中小型规模的企业对 SaaS 应用的需求是最迫切的，其业务量也最大，创造的价值也最直接。目前，业务平台是以客户定制化的需求为主，但业务范围受到限制，业务平台在未来会受到商业扩展的需求，将其各个业务组件下沉到平台，发展其通用性、可移植的平台业务能力，并可以借助工业 App 开发商和信息系统集成商的服务，将服务平台的范围扩展的更大。在此发展的过程中，业务平台会收集海量的工业领域的数据和工业制造资源，从中进行数据分析，并基于此分析，将会创造更多新的价值空间。

例如，树根互联公司是基于云平台开发的硬件扩展、大数据分析、金融服务等功能，从订阅模式、专业服务和金融服务等多个方面，摸索获利的模式。树根互联和久隆保险公司合作，推出了基于物理设备数据互联和保险赔偿报案的情况，根据实际的业务场景，异常判断的数据分析，进行风险分析，此项合作开发，使久隆保险每个月可以减少至少约300万元的保险理赔损失。在产品融合方面，通过投资华三行建工物联公司，通过基于区块链融资租赁业务平台，开发出工业工程机械融资租赁的业务，这项业务使其在数月内获得近2亿元的租赁收益。

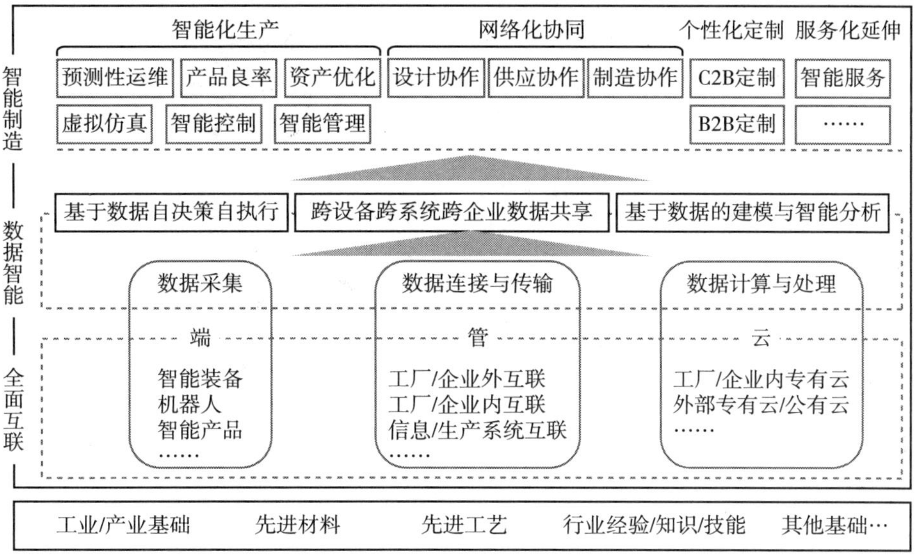

图10-6 工业互联生产模型

10.4 资源交易

工业制造中常见的资源交易主要有工业产品交易、制造能力交易、工业知识交易。其中，工业产品交易和发展较为成熟，制造能力交易与工业知识交易目前仍处于探索阶段。在工业产品交易方面，大部分工业互联网平台依托其对产业链资源的集聚，提供工业产品交易服务。如积微物联基于CⅢ平台对订单需求、库存、物流数据进行整合与分析，提供钢铁、钒钛等产品的在线交易服务，钢铁年交易额超过700亿元。在制造能力交易和工业知识交易方面，智能云科利用iSESOL平台对装备工况、地理位置等数据进行分析，面向机械加工领域企业提供订单匹配与交易服务，探索制造能力交易模式。航天云网利用INDICS平台积累产品设计图、标准件模型等资源，供企业用户使用。但是，由于现阶段知识产权与数据共享问题、制造系统的互联互通与管理问题尚未完全解决，导致制造能力与工业知识的交易模式仍需要探索。

10.4.1 工业产品交易

近几年来，工业电商平台迅速发展起来，工业电商平台也慢慢的从线下交易向线上交易转变，更加专业化的电商平台渐渐出现在大众消费者的视线中，平台服务也越来越专业化，以往的以收取会员费、广告费为主要盈利的方式渐渐淡出人们的视线，平台信息流、业务流、资金流、物流服务逐渐融合。

趋势之一：交易方式从线下交易向线上交易转变

B2B 电子商务最显著的特点就是从线下交易向线上交易转变，但是线上与线下并不是非彼不可的关系，尤其是收到大批量订货时，能够及时完成线上支付，也需要通过实地考察货品质量进一步确认，防止风险发生。而对于标准化的常规工业品完全可以实现线上交易。目前，国内比较大型的 B2B 电商平台主要有阿里巴巴、生意宝、慧聪等，它们都在慢慢实现工业品的在线交易功能。

趋势之二：产品定位从综合性平台向专业化平台转变

未来电商发展的下一趋势是小而美，曾经的综合平台主要是以发布信息为主，但现在这种方式已经不能满足用户的更深层次需求，现在综合平台向专业化发展，一些小型的 B2B 工业品商城也不断涌现，其中较为典型的专业化电商平台有科通芯城、陌贝网等。

趋势之三：平台服务专业化程度越来越高

由于电商平台下的工业品也需要在线交易，需要对平台服务专业化程度严格把控，比如在进行线上交易之前就必须事先了解商品的规格、用途、质量、性能等信息，专业化的服务是工业品电商平台的最基本要求。

趋势之四：以会员费、广告费为主的盈利模式日渐式微

以往的电商平台主要是发布信息，盈利方式就是收取会员费、广告费，但是这种盈利方式已不适应当前社会的发展趋势，根据中国电子商务研究中心的数据显示，高达 52.1% 的用户已不会在网站上充值会员。未来电商平台必须能为用户提供真正有价值的服务才能被用户所认可，比如按照实际收益付费，提供行业资讯、行业报告，在线融资等服务内容。

趋势之五：电商平台集信息流、业务流、资金流、物流服务于一体

未来 B2B 工业品电商平台发展的趋势是信息流、业务流、资金流、物流服务一体化，B2B 电商平台阿里巴巴、生意宝、慧聪等已经或正在建立自己的支付平台和物流平台，目前陌贝网已经实现了“四流”一体化服务。

信息流主要是提供行业资讯，为企业决策提供参考，业务流主要是规范线上交易流程，资金流提供安全的在线支付环境，物流主要提供物流信息查询等功能。

目前在国内，按照商品定位不同可以将现有工业品 B2B 电商网站分为综合 B2B 网站（如阿里巴巴、慧聪、环球资源）和行业 B2B 网站（我的钢铁网、金银岛、科通芯城、陌贝网），按照盈利模式不同可以分为 B2B 平台网站（阿里巴巴、慧聪）

和 B2B 自营网站（固安捷、科通芯城），按照交易方式不同可以分为 B2B 门户网站（环球资源、中国制造网、慧聪网）和 B2B 交易网站（固安捷、科通芯城、陌贝网）。

图 10-7 外贸 B2B 门户平台——中国制造网

环球资源网、中国制造网（图 10-7）、慧聪网、网盛生意宝作为 B2B 门户网站的代表。电子商务最初的经营方式是门户网站，目前慧聪和网盛生意宝正在布局在线交易。上市公司环球资源网、中国制造网都定位于对外贸易信息发布，网站汇集中国企业产品，面向全球采购商，提供高效可靠的信息交流与贸易服务。环球资源网除信息发布外，还提供电子杂志、采购资讯报告、买家专场采购会、贸易展览会等服务。

慧聪网主要提供行业信息发布、商情广告、行业分析报告等服务，目前也在向线上交易和融资布局。其很多经营模式与阿里巴巴雷同，如买卖通、产业带等，创新之处不多，最近推出的支付工具——慧付宝，功能也与支付宝类似。

生意宝定位于商业信息搜索，采用“小门户 + 联盟”的模式，通过收购、参股的方式运营上百个行业网站（小门户），再通过网站之间的联盟实现规模效应，让用户体验既“专业”又“综合”的服务。但是数量庞大的小门户分散了企业资源，看似专业的模式并没有实质内涵。生意宝以会员费、广告费、增值服务为主要盈利方式，目前已经推出支付产品——生意通，正在向互联网金融支付领域进军。

阿里巴巴、敦煌、固安捷是综合 B2B 交易网站的代表。阿里巴巴定位于中小企业电子商务，2010 年阿里巴巴推出工业品牌商城，打造出全球第一家工业品牌产品在线采购平台，平台汇集 1000 多家国内外知名品牌官方授权代理商和品牌原厂，提供 12 个大类、800 余个品牌、超过 10 万种产品。阿里巴巴从门户做起，目前已经过渡到在线交易，依托支付宝便捷支付功能为企业提供在线交易和融资服务，让天下没有难做的生意，稳坐工业品电商第一把交椅的位置，无人能够匹敌。

图 10-8 外贸网上交易平台——敦煌网

敦煌网（图 10-8）是国内第一个为中小企业提供 B2B 外贸网上交易的网站，目前增长势头良好。敦煌网的理念是帮助中国中小企业通过跨境电子商务平台走向全球市场。网站成立之初，支付系统采用与 PayPal 合作模式，2010 年敦煌推出自己的支付平台 DHpay。敦煌网盈利模式是佣金制，免注册费，只在买卖双方交易成功后收取费用。

行业 B2B 网站以科通芯城、陌贝网为代表，科通芯城为自营模式，陌贝网为平台模式。

深圳是电子元器件产业的中心，科通芯城利用这一优势，通过互联网搭建了一个全新的 IC 元器件采购平台，打造独特的工业品电商模式，成为电子元器件行业网络交易平台的领军。

图 10-9　中国首家轴承行业在线交易平台——陌贝网

与科通芯城相比，陌贝网（图 10-9）也是一家垂直 B2B 网站，网站定位于轴承在线交易，不同的是，陌贝网采用平台模式，通过与轴承生产厂家、授权经销商合作打造轴承品牌专卖平台，平台通过与银行合作提供在线担保支付，是中国首家实现在线交易的专业轴承交易平台。

10.4.2　制造能力交易

制造能力是指企业生产符合市场规则与需要的产品或者服务的能力。在工业互联网环境下的制造能力一般是指智能制造能力，拥有智能制造能力的企业自然也拥有自主研发的能力，企业将研发成果生产出来，产品将经济效益很好地体现出来，实现在市场上的交易。智能制造的能力涵盖了设计、生产、物流、销售和服务等方面。其中生产能力最为关键，智能制造的生产能力是一个企业能否实现自主创新的重要因素，企业通过研发新的设计、设备、技术和产品，再经过生产制造，通过物流、销售和服务将产品投放市场，得到经济效益，形成良好的经济与技术的闭环，促进企业的发展。智能制造的生产能力能够将一个产品高质量低成本地生产出来，主要包含新产品试制能力、新产品生产能力以及配套能力三个部分。新产品试制需要消耗大量的材料、设备、器械等物资，能够支撑消耗这些物资的经济能力便是新产品试制能力的一部分，新产品试制能力的其余部分为工艺制定能力和实施能力。新产品在生产过程中，需要通过机械设备等进行生产，企业设备生产产品才是新产品生产能力，而当产品设计需要变更或需要质量保证时，生产能力也包括这些事件的应变能力等；企业需要采购生产所需要的原材料、零配件及其部件的外部协作材料或工具，配套能力是指企业的采购实力、工程能够安全可靠地实施及监督的能力。

在工业互联网商用模式下，资源交易中的制造能力交易是将企业在智能制造方面的能力信息放入交易平台，提供订单匹配和交易服务等。交易之前，企业需要在智能制造能力评测系统进行智能制造能力评估。智能制造能力评测系统拥有两种评估路径，分别是对流程型和离散型制造企业的评估，每种能力评估路径又将分为20个能力评估子域，将企业制造能力全方位地体现出来，达到全面评估效果。流程型制造企业的主要评估域为设计过程中的工艺设计能力，生产过程中的采购、计划与调度、生产作业、设备管理、仓储运输、安全环保、能源管理方面的能力；物流方面的能力，销售能力，客户的服务能力，人员的组织能力，技术方面的数据、集成、信息安全能力，装备以及网络资源等。离散型制造企业的主要评估域为设计过程中的产品与工艺的设计能力，生产过程中的采购、计划与调度、生产作业、安全环保、设备管理、仓储运输、能源管理方面的能力，物流方面的能力，销售能力，客户服务与产品服务能力，人员的组织能力，技术方面的数据、集成、信息安全能力，装备以及网络资源等。

企业需在制造能力交易平台上进行资源交易。在工信部工业互联网产业联盟首批通过可信服务认证的工业互联网平台中，典型的制造能力交易平台有iSESOL网、CⅢ平台等。iSESOL平台网站主页如图10-10所示。

图10-10　iSESOL平台网站主页

iSESOL平台的四大业务板块为登云入网业务、产能交易业务、厂商增值业务、要素赋能业务。通过开放共享和数据赋能，为客户提供全生命周期、共享的装备；还能提供产能交易、工业App、供应链金融等服务。同时，积极拓展面向不同区域、不同行业的产品云平台，助力区域智能制造升级。目前已拓展山东铸造产业云、永康门业工业互联网平台、瑞安汽摩配工业互联网平台等。在iSESOL网，供应商可以申请深度验厂，智能云科的专业验厂团队对供应商进行实地审核与评估，通过报告形式将验厂结果呈现给采购商，如实展示供应商生产能力、经营状态等，帮助采购商进一步了解工厂生产能力并快速做决策。

10.4.3　工业知识交易

知识交易顾名思义是指知识产品的买卖。在国家出台和完善知识产权保护后，知识交易也需要合法化与正规化。知识的拥有者需要获得知识产权，而知识的需求者需要通过交易获取所需要的知识，交易对象可以是个人或组织。知识的拥有者能够通过“告知”知识获利，知识的需求者通过“购买”知识实现自己的需求，交易双方实现双赢。知识的庞大体系通过交易的流动，能够将知识合理合法地扩散，且扩张的速度较之前大大加快。

工业知识交易是知识交易在工业产业中的体现，许多知识活动以知识交易为主体。工业是指原料采集与产品加工制造的产业或工程，可提供给工业知识交易的资源如冶金工业的冶炼技术、电力工业的电路设计图纸、化学工业的化工产品生产技术、食品工业的材料配方、机械工业的标准件模型等。

现如今，数据传输互联的便捷性，使得资源在网络流通广泛，为发展工业互联网商用模式使知识能够合法交易，资源交易以在互联网平台交易为主。资源交易中的工业知识交易是将工业知识资源以图片、文本、文件等形式在互联网平台上进行交易。典型的工业知识交易互联网平台有浪潮云 In-Cloud、航天云网 INDICS 等。

中国航天科工集团公司于 2017 年推出了 INDICS 工业互联网平台，全称为 Industrial Intelligent Cloud System。在工业知识交易方面，INDICS 工业互联网平台提供的平台生态服务中包括了知识服务。知识服务目前只有标准云综合服务，标准云服务是基于 200 多个标准化组织 200 多万条题录标准资源的开放式云端服务，该服务可以查看标准详情、下载标准体系、检索标准目录、管理标准建设体系等，使得企业的经营管理活动和生产技术能够变得科学化、程序化与规范化。通过知识交易得来的知识体系，提高企业的工作效率和产品质量，降低成本，增加企业的市场竞争能力，将经济效益最大化。该平台网站如图 10-11 所示。

图 10-11　INDICS 交易平台

10.5　金融服务

工业互联的金融服务模式潜在市场巨大，是未来相关工业企业探索工业互联商业模式的主要方向。工业互联网的金融服务主要运用大数据、人工智能等前沿技术基于工业数据进行业务的分析。

金融服务在工业互联网行业影响巨大。最明显的影响之一是升级了对传统工业的投资理念，大幅降低了对传统工业制造业等行业的投资门槛，另一方面也促使相关产业进行技术改革。金融服务使捆绑服务出现，改变了投资理念，投资从对传统工业设备的投资转向了对设备使用的投资。更深层次的影响是改变了客户间的关系，使企业从设备的销售变为理解客户的业务或财务（图 10–12）。

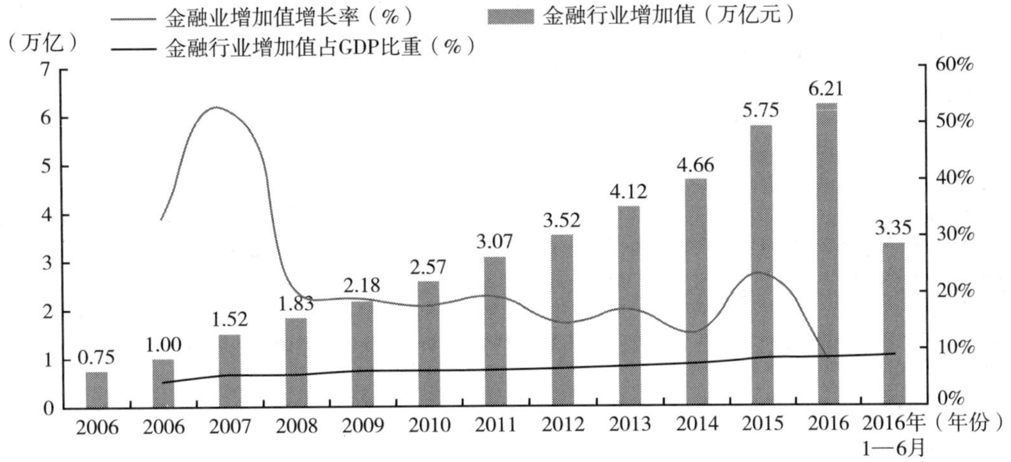

图 10–12 我国金融业增加值

工业互联网金融服务在现实中能够解决中小微企业融资等金融方面的难题。根据调查显示，在中国中小微企业提供了绝大部分的就业和税收，主要为 80% 的就业、60% 以上的 GDP 和 50% 以上的税收，对国家发展具有重要意义。此外，中小微企业在我国的企业中也占了绝大部分（图 10–13），调查显示 2018 年小微企业有 9318 万家，占比 88%。虽然中小微企业的数量和规模巨大，但是针对它们的小微贷款只占企业贷款 37.6%，资源分配很不合理，因此工业互联网金融服务的出现有望改变这种不合理的局面。

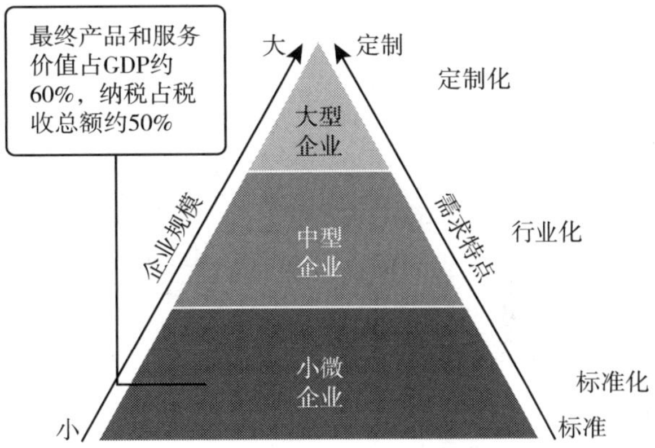

图 10–13 我国企业结构

基于工业互联网的金融服务主要有五类要素：产业链、中小微企业、金融科技、工业互联网应用和金融服务机构。工业互联网金融行业未来主要的研究方向是工业互联网应用与金融科技。

中小微企业的金融服务是工业互联网金融服务的主要目标。一方面，因信息不对称导致的贷款信用不足的问题靠工业互联网金融可以有效解决；另一方面，对于大型企业进行自身的信息化，企业往往采用本地化策略，因此工业互联网针对不同企业提供定制化服务方案；此外，中小微企业往往预算有限，更倾向于选择低价甚至免费软件，更愿意接受标准化服务，而服务商则可以通过软件获取大数据；最后，银行早已覆盖了针对大型企业的服务覆盖，而中小微企业则因为风控等其他原因，仍有较大的发展市场。

当前中国经济正在进行新一轮调整，但一些传统工业因为技术落后等原因，导致竞争力不强，进行产业升级劣势被不断放大。企业的信贷政策不断收紧，使部分企业在经济不景气时出现了订单减少、经营恶化，最终导致资金链断裂的情况。因此，在传统工业向工业互联网转型的过程中，商业银行也需要进行同步调整信贷投放方式和创新金融服务新方式。当前工业企业融资的主要方式还是银行贷款，但又因为经济下行的缘故，银行更加重视风险防范，对企业贷款的审核更加严格，中小企业难以向银行贷款。企业自有资金不够，资产抵押物不足以向银行贷款时，通过推动产融结合是振兴制造业、增强金融服务实体功能的重要方法（图 10–14）。

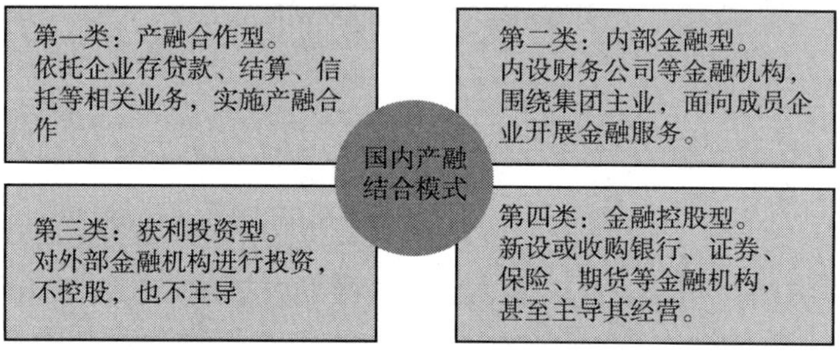

图 10–14　国内“由产到融”模式

工业企业与金融机构进行产融结合主要基于工业互联网平台展开。目前主要有三条路径实现：

1）数据 + 保险模式。该模式利用获取的工业生产中的有关数据，进行多方面的风险分析，对工业企业进行保险的投发。如平安银行基于平台获取和集成工业排污企业的生产、经营、排污、信用等数据，利用 AI 与大数据技术进行环境监管风险分析，实现环责险有效投放。

2）数据 + 信贷模式。以往，工业生产中的数据主要存留在机器或系统里，造成了严重的数据孤岛现象。工业互联网通过全面采集工业数据，融合产业链、价值链和产品全生命周期的数据。利用“数据 + 信贷”模式不仅可以消除企业间信息的不对称，解决全产业链物资供应、生产协调等问题；还可以实时管控生产经营过程，也可以事后回溯总结经验，解决质量、效率、成本等问题。通过这种模式，工业互联网平台也可以为中小微企业提供新的融资契机。中小微企业的信贷数据将可以从收入、利润等财务指标延伸到客户数、订单数、服务能力和可扩展空间等互联网要素进行重估。而可提供金融服务的金融机构也可以通过与金融科技企业、工业互联网平台合作，精准地寻找到满足投资要求的中小微企业，使信贷支持更加迅速高效，从而给中小微企业的发展注入动能。如海尔金控利用COSMOPlat平台为中小企业提供融资借贷、供应链金融服务。

3）数据＋租赁模式。根据国际成熟市场的经验，金融机构支持传统工业企业发展资产金融的主要业务模式是供应商租赁。供应商租赁是一种专门为设备供应商或制造商的产品提供融资的金融服务，能够深度嵌入产业价值链中，更好地支持和服务于实业发展，更有利于依托资产管理能力形成差异化的盈利模式和独特的风险管控体系，是金融机构开展产业金融的典型业务模式。例如徐工基于汉云平台的大量设备管理能力，探索经营租赁模式，融资租赁率超过80%。中科云谷基于平台对设备租赁进行全过程管理，实现租赁回款管理等功能。

未来，随着工业互联网的发展，传统工业模式的转型以及资产金融回归经济本质，工业互联网的金融服务将迎来巨大的发展机遇。金融机构需要借鉴其他行业成熟的金融服务经验，同时深度理解工业互联网发展方向和商业模式，选择合适的金融服务并基于实际的管理能力，构建合作模式大力发展基于工业互联网的金融业务。

此外，金融科技结合金融服务与工业互联网相关技术，它的出现为优化工业互联网平台的场景以及支持中小微企业的信贷服务提供了新的研究方向（图10-15）。

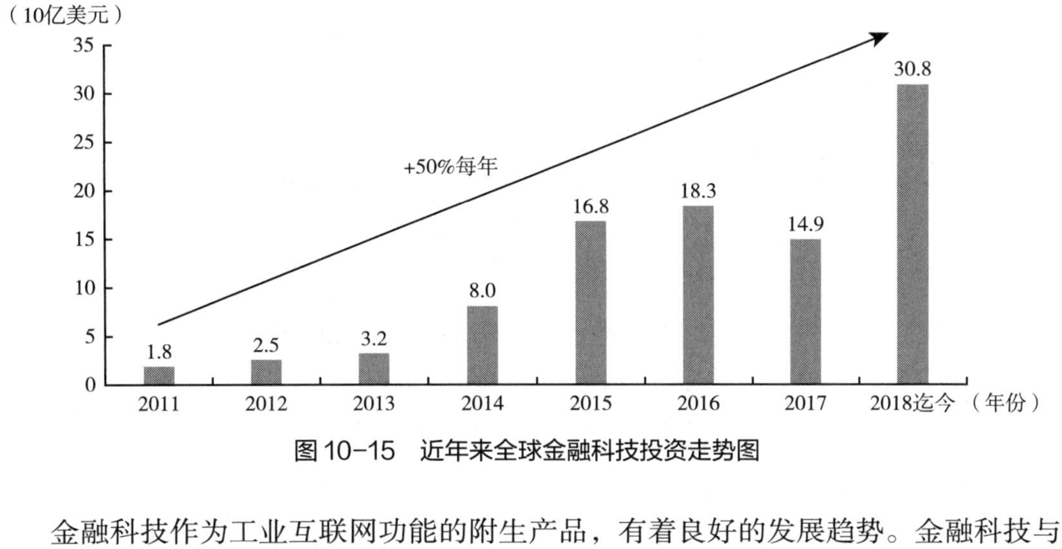

图10-15　近年来全球金融科技投资走势图

金融科技作为工业互联网功能的附生产品，有着良好的发展趋势。金融科技与物联网、工业互联网以及互联网其他产品，比如云计算、区块链、人工智能等，有着相同的技术基础，因此金融科技也有着与这些互联网产品相同的功能，例如区块链可以将核心企业与工业互联网的上游供应商、下游采购方交易中的关键业务数据进行上链管理，利用这些关键数据，使产业链生产变得更加高效，因此可利用金融科技将这种模式运用于金融服务，将金融机构引入各个为中小微企业提供实时线上信贷服务的平台中，通过这种方式有效缓解中小微企业的融资难问题。金融科技与工业互联网相互结合、互相促进，能有效解决中小微企业融资的问题，其效果比单纯的使用金融手段更好。

金融科技对工业互联网的发展具有促进作用，金融科技可以提升工业互联网平台的服务能力，增加产业链黏性、降低生产成本、增加融资规模、提升企业竞争力并产生规模效应，维持工业互联网健康发展的良性循环，此外也是作为完善工业互联网生态圈的重要一环。不同行业具有不同的资源，例如工业企业拥有实体运行数据和行业经验，金融机构有风控经验和资金资源，金融科技技术的创新与应用可将两者有机结合，不仅可以提升服务能力、降低服务成本，还可以增加对产业经营的全面风险判断与控制能力，从而推动金融更好地支持实体经济，让工业互联网良性健康地向前发展。

10.6 各类型企业的商用模式

上述四种商业模式是目前工业互联网主要研究发展的商业模式，其中一些模式发展运用较为成熟，一些商业模式还处于初步摸索阶段，并且未来仍将有新的商业模式被研发运用。针对上述四种商业模式，不同的商业模式有着各自的特点与侧重方面，不同的商业模式也是传统工业行业在互联网时代发展中的摸索研究，对于工业企业来说，根据企业类型与规模可分为中小企业、大型企业和行业领军企业三类，虽然各个企业对于各商业模式都有自己的研究与侧重，但根据商业模式的特点，结合三类企业的实力、技术与资金，对三类企业进行整体分析，不同规模的企业有着适合自己的商业模式发展路径。

针对目前工业互联网四种主要商业模式，对于中小企业，该类企业规模小，资金实力有限，大部分中小企业主要的客户为散户，缺少固定客户和市场，因此中小企业盈利的方式主要为不同客户的不同问题根据自身实力与条件，设计合适的解决方案，或者为客户提供自己的技术，因此中小企业使用专业服务和功能订阅的商业模式；对于大型企业，拥有雄厚的资金和广泛的渠道，有特定的客户和一定的行业名气，有较好的实力保证，因此客户在采购工业产品更倾向于大型企业，而对于大型企业来说，其技术与资源更广泛，客户更倾向于购买大型企业的资源，因此大型企业更适于于资源交易的商用模式；对于行业领军企业，其资金实力雄厚，在行业具有一定的垄断地位，其发展目标也更倾向于保持地位、带领行业发展，因此他们的客户往往也包含中小企业，通过自己的资金和技术帮助中小企业发展，整合行业，并且其雄厚的资金与声望能使它们进入金融业，因此对于行业领军企业，其未来的发展热点主要是金融服务（见表10-1）。

表10-1 企业适用商业模式表

企业类型	适用商业模式	案例
中小企业	专业服务、功能订阅	①极熵物联提供设备运营托管服务 http://js.dbpe-cps.com/ ②远光平台提供燃料智能解决方案 http://www.ygsoft.com/ ③盖勒普制作提供运营管理解决方案 http://www.sfc-mes.com/
大型企业	资源交易	①浪潮云 In-Cloud 工业互联网平台 https://cloud.inspur.com/ ②智能云科 iSESOL 平台 https://www.isesol.com/ ③航天云网 INDICS http://os.casicloud.com/
行业领军企业	金融服务	①海尔 COSMOPlat 平台 https://www.cosmoplat.com/ ②树根互联根云 https://www.rootcloud.com/ ③徐工信息汉云 https://www.hanyunplat.com/

10.7 本章小结

工业互联网的发展对中国的工业生产运作模式带来了深刻的影响，也为我国工业企业的发展带来了新的商业模式，传统工业企业由原来基于设备和产品的盈利模式逐渐替换为基于服务的盈利模式，最终企业出售的不再是产品而是服务。未来工业互联网的主要商用模式可分为专业服务、功能订阅、资源交易、金融服务，其中资源交易又包含工业产品交易、制造能力交易、工业知识交易。目前工业互联网的商用仍侧重于传统工业方式和企业级用户，侧重于面向特定场景的个性化服务，因此，目前工业互联网商用的通用能力不足，随着技术的发展与工业互联网的普及，其商用模式将向通用化延伸。其中工业互联网的金融服务模式具有巨大的市场潜力，是未来工业互联网行业各企业的重点探索方向。

工业互联网的发展空间巨大，其商用模式的发展创新空间也巨大。“机遇与挑战并存”是工业互联网在中国发展的真实写照，也是商用模式发展的真实写照，准确把握工业互联网的特点与优势，结合商业金融知识把握行业发展的趋势，寻找出工业互联网的核心竞争力，不断探索工业互联网的商用模式，为工业互联网的发展添加动力，为国家经济的发展作出贡献。

习题

1. 工业互联网的主要商用模式。

2. IT 资源及工业服务软件普遍采用的订阅服务方式。

3. 工业互联网资源交易的资源主要包含。

4. 工业互联网金融服务产融结合的三条路径。

5. 工业互联网商用模式对传统工业企业盈利方式的影响。

6. 商业模式的关键要素。

7. 基于工业互联网的金融服务主要的五类要素。

参考文献

[1] 王欣怡，肖荣美. 中国工业互联网投融资现状分析与建议 [J]. 中兴通讯技术，2020，26（6）：42-46.

[2] 郑欣. 物联网商业模式发展研究 [D]. 北京：北京邮电大学，2011.

[3] 吕成华，左娟. 移动互联网商用模式剖析 [J]. 通信世界，2007（26）：10-11.

[4] 朱宗乾，尚晏莹，张若晨. 基于工业互联网的制造企业商业模式：如何从无到有？——以海尔为例 [J]. 科技管理研究，2019，39（10）：223-232.

[5] 原磊. 商业模式体系重构 [J]. 中国工业经济，2007（6）：70-79.

[6] 赵敏. 工业互联网平台的六个支撑要素——解读工业互联网平台白皮书 [J]. 中国机械工程，2018，29（8）：1000-1007.